A M A R
T U P A I S A J E
D E
M U J E R

Título original: LOVE YOUR LADY LANDSCAPE
Traducido del inglés por Elsa Gómez Belastegui
Diseño de portada: Editorial Sirio, S.A.
Maquetación: Toñi F. Castellón

© de la edición original
2016 de Lisa Lister

Publicado inicialmente en 2016 por Hay House UK Ltd.
Ilustración de la página 145 de Lisa Lister/Liron Gilenberg

© de la presente edición
EDITORIAL SIRIO, S.A.
C/ Rosa de los Vientos, 64
Pol. Ind. El Viso
29006-Málaga
España

www.editorialsirio.com
sirio@editorialsirio.com

I.S.B.N.: 978-84-19105-32-5
Depósito Legal: MA-1411-2022

Impreso en Imagraf Impresores, S. A.
c/ Nabucco, 14 D - Pol. Alameda
29006 - Málaga

Impreso en España

Puedes seguirnos en Facebook, Twitter, YouTube e Instagram.

 El papel utilizado para la impresión de este libro está **libre de cloro** elemental (ECF) y su procedencia está certificada por una entidad independiente, no gubernamental, que promueve la sostenibilidad de los bosques.

L I S A   L I S T E R
autora de B R U J A

A M A R
T U P A I S A J E
D E
M U J E R

*Confía en tu instinto y reclama el poder
femenino y salvaje de ELLA*

EDITORIAL
SIRIO

Le dedico este libro a ELLA

Índice

Tercera parte · Ama tu paisaje de mujer

Prólogo

E n cuanto una mujer oye *la llamada* que Lisa describe tan vivamente en estas páginas, una fuerza, una energía a la que Lisa llama con tanto acierto ELLA, empieza a dirigir su vida. En mi caso, gracias a Lisa me he dado cuenta de que ELLA ha estado al frente de mi vida desde la primera vez que vi un parto, siendo estudiante de Medicina, y me deshice en lágrimas ante la maravilla que estaba presenciando. Fue un momento sagrado, tan extraordinario, tan poderoso que marcó para mí un antes y un después. Supe al instante que aquello era a lo que me quería dedicar: a acompañar a las mujeres durante el proceso del parto y ayudarlas a dar a luz. Fue tan obvio y natural como que estaba respirando.

Aquella fue mi iniciación no solo a la obstetricia y la ginecología modernas, sino también, como iría descubriendo poco a poco, a la anonadante ostentación de poder que conocemos con el nombre de patriarcado.

No habría podido explicar con palabras lo que sentí mientras presenciaba aquel nacimiento, pero sabía con cada fibra de mi ser que estaba ante un acto de poder sagrado, que aquella matriz era un portal rebosante de magia y misterio cuyo poder era tan formidable como para transformar a todos los presentes. Y, sin embargo, ni a la mujer que estaba dando a luz ni a su bebé se los trató con el respeto y la admiración que merecían. En vez de honrar aquel primer contacto entre la madre y el bebé fuera de la matriz, aquel encuentro para el que su instinto más básico les había preparado a los dos, se pinzó y cortó de inmediato el cordón umbilical, y al bebé se lo llevó rápidamente a la sala de recién nacidos para «limpiarlo» y cuidar de que no se enfriara, lo cual no habría sido necesario si se le hubiera dejado quedarse sobre el pecho de su madre.

La lista de atropellos que se cometen sistemáticamente contra ELLA es interminable. No porque la gente sea mala, sino porque la energía de ELLA no ha despertado aún en su interior. Pero las cosas están cambiando. Y a gran velocidad. ¡*Amar tu paisaje de mujer* llega al rescate!

A lo largo de los años, he visto la cantidad de aspectos de la salud femenina a los que no se les tiene ninguna consideración, y sé que es responsabilidad mía hacer algo al respecto. Así que me he pasado décadas creando un lenguaje de la salud femenina, arreglándomelas a la vez para encajar en una profesión patriarcal, al menos durante un tiempo. He intentado explicar y demostrar todos los aspectos del cuerpo de una mujer que pueden fortalecerse y recuperarse, en lugar de hacer lo que me enseñaron, que es sobre todo a eliminar los escombros del paisaje ruinoso en que han quedado convertidos nuestros cuerpos a consecuencia del patriarcado, para el que todo lo que es femenino y suave debe someterse a lo que es duro y masculino.

Esto es perjudicial no solo para las mujeres, y para la propia Madre Tierra, sino también para el alma femenina de los hombres. ¿Cómo explicar, si no, que en una cultura (en la estadounidense, al menos) más del treinta por ciento de los partos sean operaciones de derivación vaginal (cesáreas) y que a una de cada tres mujeres se le haya practicado una histerectomía antes de los sesenta años? ¿Crees que los hombres tolerarían alegremente que a uno de cada tres se les extirparan los testículos y la próstata antes de cumplir los sesenta?

Todo esto ya se ha dicho, y no ha cambiado nada. Pero *Amar tu paisaje de mujer* ofrece un nuevo camino. No hay mapas, pero hay pistas. Y Lisa te mostrará cómo reconocerlas.

Este libro es la medicina que TODAS esperábamos.

Desde hace siglos.

No necesitamos más diatribas sobre lo que está mal. Ya lo sabemos. Es hora de regresar al único pozo que nos calmará la sed. A nuestra verdadera fuente de poder. La que a todas se nos ha animado a olvidar. E incluso a profanar. Porque nuestro verdadero poder reside precisamente en aquellos aspectos de nosotras que más se nos ha enseñado a temer. Como nuestro ciclo menstrual. ¡Ah!, te tengo que contar esto: ¿sabías que la sangre menstrual es la fuente más abundante de células madre conocida por la humanidad? ¿Te das cuenta de lo que eso significa? Prueba a añadir una pequeña cantidad de sangre menstrual a la tierra de tus plantas, y verás lo que pasa. Yo no me pude resistir.

Así que volvamos a aquel primer parto que presencié hace tantos años.

Al fin he comprendido, después de leer este libro, que el altar ante el que deberíamos habernos arrodillado siempre, entonces y ahora, era y es el altar contenido entre las piernas de aquella mujer que daba a luz. Y de todas las mujeres que dan a luz hoy. Ya demos a luz a un bebé, un libro o un jardín.

Y de eso trata *Amar tu paisaje de mujer*. De cómo rendir culto ante el altar y centro de poder que hay entre tus piernas. Te hayan practicado o no una histerectomía. Sangres todavía o no. Tengas o no tengas pareja. Hayas tenido o no hayas tenido hijos. Estés en la situación que estés. Nada de eso importa.

Porque el poder que hay entre tus piernas está presente siempre. Susurrando o gritando, según lo que exija la ocasión.

Hoy sé que la práctica de la ginecología moderna es, en definitiva, un intento por calmar los gritos. Así que, por favor, no esperes a que suenen a todo volumen.

Empieza a escuchar a tu precioso cuerpo ahora mismo. Este libro te mostrará cómo hacerlo.

Una cosa más. Algo está esperando a que lo dejes guiarte, y no es precisamente tu intelecto. Así es, al fin y al cabo, como yo conocí a Lisa Lister. La propia Diosa orquestó que nos conociéramos. El año pasado cumplí al fin mi sueño de peregrinar a Glastonbury, en Inglaterra. En realidad, no conocía demasiados detalles sobre el lugar, ni siquiera había caído en la cuenta de que Glastonbury es el Avalon de las famosas *Las nieblas de Avalon*, uno de los libros que más me han impactado en mi vida. Solo sé que algo me atrajo hasta allí. El día que íbamos a visitar la abadía, cuando estábamos a punto de llegar apareció al otro lado de la calle una presencia deslumbrante, que luego sabría que era Lisa, con una enorme flor roja en la lustrosa cabellera oscura e irradiando alegría por los cuatro costados.

Iba del brazo de su marido, el Vikingo, que, como pronto sabría también, es enfermero y tiene una filosofía médica muy similar a la mía. Congeniamos de inmediato. Lisa condujo a nuestro grupo al altar de la Magdalena, descubierto hacía poco, donde rezamos y depositamos una ofrenda de rosas, y luego nos llevó hasta una piedra sobre la que durante siglos las mujeres acostumbraban a sentarse y sangrar durante su luna nueva.

Cuando nos despedimos, Lisa hizo algo que le agradeceré siempre: me honró por haber abierto camino en el viaje de vuelta a ELLA y me dijo lo mucho que la había ayudado mi trabajo. La sororidad. Tan preciosa. No hay nada igual. Nos vimos el alma la una a la otra. Nos honramos mutuamente. Lisa, como yo, tiene un par de ovarios y un corazón enorme para equilibrarlos. Hay que tener ovarios y un gran corazón cuando se trabaja para la Diosa, «porque este no es trabajo para las pusilánimes».

Estoy encantada de pasarles la antorcha a ella y a sus hermanas, las diosas descaradas y elocuentes que están dispuestas a sostener la antorcha aún más alto. Desvergonzadas y con gran sentido del humor, pero que no están para tonterías. Deja que *Amar tu paisaje de mujer* te guíe de vuelta casa. A tu placer. A tu diosa interior. Y al poder que nunca te fallará ni te hará daño. Nunca más.

Bendita seas.

Christiane Northrup
Autora de *Cuerpo de mujer, sabiduría de mujer*
y *Las diosas nunca envejecen*

Agradecimientos

Profundas reverencias, choca esos cinco y besos con lápiz de labios rosa chillón Truly Outrageous de *Jem y los Hologramas*:*
A ELLA. Siempre.

A mi paisaje de mujer: mi matriz, mis ovarios y mi vagina, maestra, oráculo, creadora y receptora de placer. Os amo.

Al Vikingo, por atreverte a acompañarme en esta aventura de eterno descubrimiento de mi Paisaje de Mujer, pese a no saber nunca a dónde nos llevará. Por darme espacio para explorar el patriarcado, por darme espacio para explorar la feminidad. Por tus increíbles clases de *yoga nidra* de los viernes por la noche, que han sido la mejor medicina para escribir un libro. Por prepararme comidas deliciosas, por los viajes en coche, por quererme, apoyarme y ser mi compañero en esta vida. Tengo la fortuna de amarte y de que me ames.

A *Mamá*. Te echo de menos. Te quiero. Todos los días.

---

* N. de la T.: Serie de dibujos animados estadounidense creada en 1985, cuya acción se desarrolla en el ambiente musical de los años 80, mostrando su moda, estética y cultura juvenil.

A la familia Lister. MUCHAS gracias por todo vuestro cariño y apoyo, por vuestros paquetes regalo llenos de bombones y abrazos y besos de mis deliciosos sobrinos. Es una bendición ser parte de esta familia.

Al equipo del café Southsea, por los desayunos superalucinantes de los viernes, vuestra amistad, las cabezaditas a media mañana y el wifi gratuito mientras editaba este libro. ¡OS QUIERO A TODOS!

A Ani Richardson, por tu cariño, tu escucha, tu risa, y por ser tan valiente y una inspiración tan grande para quienes te conocen. TODO mi amor.

A K Dot. Estás hecha de magia, señora, y tengo la gran fortuna de que seas mi amiga.

A Sarah Durham Wilson, por echarle ovarios a la vida, por la desnudez de nuestras conversaciones, las risas y la hermandad. Te quiero, *lady*, gracias por ser mi hermana y amiga.

Al equipo de Hay House, por creer en este libro y en mí. ¡Sois lo más!

A David Wells, por las carcajadas, las ideas, los desayunos. Por ser mi animador. Cuánto te quiero, astrologuito. En especial cuando te enfundas en tu traje de licra y agitas de arriba abajo los pompones.

A Andrew Stark, por ser como un hermano, por tu cariño, por tu habilidad para hacerme llorar y partirme de risa, y por regalarme los más preciosos cristales de cuarzo. Te quiero.

A las SSS: Hollie Holden, Amy Kiberd y Rebecca Campbell, por las copas de *prosecco*, los viajes espirituales por carretera, los rituales, vuestra animación bulliciosa, la superabundancia de emojis en cada conversación de WhatsApp y vuestra amistad indescriptible. Profundas reverencias, masajes matutinos y todo mi amor para vosotras, preciosas mujeres.

A Aimee Richards-Welton y Sue Rains, por ser mis amigas del alma, por conocerme tan bien y quererme pase lo que pase.

A Cat y Leo, por ofrecerme una habitación y una soleada azotea en Malta donde poder trabajar. Algunas de las partes de este libro que más me gustan están escritas bajo el cálido sol de diciembre. Y por tener un corazón tan grande y generoso, siempre anhelante de compartir.

A Maya Hackett: me conquistaste con aquello de «estemos una en la vida de la otra para siempre». Te quiero, y adoro tu visión de la vida, mujer.

A Sephora, por hacer el lápiz de labios rosa chillón Truly Outrageous de *Jem y los Hologramas*. TODA… MI… GRATITUD…

Al equipo ELLA: queridas, vosotras sí que tenéis ovarios. Gracias por compartirme vuestras experiencias. Maria Fanoele, Keeley, Mel Oborn, Stephanie, Silvana Perelli, Lucie, Amy Biondini, Vanessa @womanspace, Bethany Barrow, Claire Bradford, Jane Caunce, Melonie Syrett, Leanne Lyndsey, Meghan Genge, Nikki Willis, Jocelyn Schade, Kylie Connell, Johanna Meriweather, Georgina Cooper, Laura, Amara Pinnock, Amy Perry, Luna Love, Emma Beal, Naomi Long Srikrotriam, Marleen Smit, Megan McGill, Orlagh Costello, Audrey Meissner, Bronwyn Nash, Sigrid Kleinjans, Ollie Neveu, Katie Hope, Ceryn Rowntree, Tallulah Moonshine, Ebonie Allard, Grace Quantock, Mara Koch, Emily Roberts, Matilda Lundin, Clare Fairhurst, Ali Baker, Kirstie Wilkins, Sarah Starrs, Hannah Lo, Katy King, Cassy Fry, Anna Sansom, Vesna, Vickie Greer, Laura Slowe, Stina Glaas, Jamie Lyn y Lucy Sheridan.

Introducción

La llamada

«Siempre has tenido el poder de volver a casa, querida».

GLINDA, LA BRUJA BUENA, EN El mago de Oz

Hubo una época, hace unos cinco mil años, en la que reinaba el poder de ELLA y se veneraban los paisajes de la mujer. Se construían templos en honor de nuestras curvas, con estatuas de diosas de tres metros de altura. La entrada, cuya forma emulaba las piernas abiertas de una mujer, era un poderoso vórtice de energía para conectar directamente con la Divinidad. Era bien sabido que en la matriz y el abdomen de una mujer residía la energía que alimentaba su intrepidez: la creatividad, la intuición y la capacidad de manifestación. Como lo oyes, ese lugar protegido entre los muslos de una mujer era un portal energético, un oráculo, un canal de adivinación, de conexión directa con la fuente.

Pero desde hace ya más de dos mil años, nuestras experiencias, nuestras verdades, nuestra sabiduría como mujeres se han distorsionado, censurado, quemado y acallado. Vivir en un patriarcado nos ha enseñado a despreciar la poderosa energía de nuestra matriz. Hemos aprendido a ignorar nuestra conexión con Mamá Naturaleza, con los ciclos lunares y las estaciones, y a relacionarnos con nuestro ciclo menstrual como si fuera algo «sucio» o «vergonzoso».

En la actualidad, no escuchamos la voz de nuestra sabiduría esencial porque ya no confiamos en que sabemos. Así que buscamos las respuestas fuera de nosotras. Sustituimos la sensualidad creativa por una sexualidad destructiva y herida. Gastamos tiempo y dinero tratando de encontrar un nuevo camino, una práctica espiritual, una comunidad, algo que pueda ayudarnos a comprender a la mujer que somos, pero nada nos sirve. Cuando nos emocionamos o expresamos sin reservas lo que sentimos, al instante nos disculpamos por nuestras lágrimas, reprimimos la ira, preocupadas por que puedan pensar que somos unas «histéricas». Y cada vez que hacemos ESO, luego corremos a anestesiarnos con cualquier cosa que nos insensibilice al dolor de que no se nos quiera oír: drogas, comida, alcohol, compras y más compras (*puedes tachar lo que no proceda*).

Lo peor de todo es la epidemia de dolor y *mal*-estar que sufrimos «ahí abajo»: tensión premenstrual, síndrome premenstrual, ovarios poliquísticos, endometriosis, fibromas… El agobio, el estrés, la ansiedad y la infertilidad nunca habían sido tan altos, y muchas intentamos reducir con hormonas sintéticas el sangrado menstrual, lo cual nos priva de hacer plenamente nuestro el poder de ELLA.

Así que choca esos cinco, golpe de puños: mi profunda reverencia a ti por abrir este libro y oír *la llamada* (tendrás ocasión de leer más sobre *la llamada* en la página 66), porque oírla no siempre es fácil.

En 2005, yo era básicamente una cabeza andante: funcionaba y tomaba todas las decisiones con la cabeza, completamente desconectada de la sabiduría de mi cuerpo. Trabajaba en un programa de televisión británico que emitían los sábados por la mañana. Los horarios eran una locura y tenía una vida acelerada y divertida. Bebía mucho, no dormía apenas, me daba atracones a escondidas, sentía aversión por el cuerpo en el que estaba y me pasaba el día esforzándome todo lo posible por «alcanzar» el siguiente objetivo y por «hacer» aquello con lo que conseguiría que la gente me valorara, me elogiara o quisiera acostarse conmigo. (*Uy. Nunca antes había dicho esto en voz alta*).

En definitiva, no escuchaba a mi instinto.

No confiaba en mi intuición.

E indudablemente, no me permitía sentir.

Así que, como es lógico, tampoco reconocía ninguna de las señales que me enviaba mi cuerpo pidiendo socorro. Pensaba que los dolores de regla que cada mes me dejaban hecha un trapo, el sangrado torrencial y la irascibilidad del síndrome premenstrual eran ni más ni menos que un puto fastidio. Pensaba que el dolor durante el coito y el no tener orgasmos formaban parte de ser una chica. Resuelta a ignorar los veinticinco kilos de más que llevaba puestos a modo de armadura, le corté la etiqueta de la talla a cada prenda de ropa y la sustituí mentalmente por la talla «gorda, divertida y dicharachera».

Hizo falta un episodio que parecía sacado de *Carrie*, de Stephen King, en el que la mancha de sangre que acababa de dejar en el sofá de mi amiga iba extendiéndose de forma bastante espectacular, y muy embarazosa, para que me decidiera finalmente a averiguar *por qué* en cada ciclo menstrual eran más los días que sangraba que los que no.

Al cabo de muchos meses, y de un diagnóstico equivocado tras otro, un tipo con bata blanca me dijo que tenía, por un lado, síndrome del ovario poliquístico y, por otro, endometriosis. ¿Qué me propuso? «Verás, como no vas a poder tener hijos, lo más sensato sería que te lo quitáramos todo».

Al oírlo, me di cuenta al instante de dos cosas:

1. De que aquel médico tenía cero habilidades comunicativas.
2. De que, en mi inconsciencia, había dejado que otros prestaran más atención a mis partes de mujer (de una manera interesada y no siempre respetuosa) de la que yo nunca les había prestado.

Fue entonces cuando oí *la llamada*. La llamada que desde entonces me ha guiado en la aventura de explorar, sanar y amar mi paisaje de mujer. La llamada que significó dejar mi carrera de periodista para dedicarme por entero a enseñar a otras mujeres a explorar, sanar y amar también sus paisajes de mujer.

Tal vez la llamada que a ti te ha traído hasta aquí no ha sido un *mal*-estar de «ahí abajo». Puede haber sido:

- La falta de sensualidad, de deseo sexual o de pasión por la vida.
- Una interrupción del embarazo espontánea o intencionada.
- El malestar durante la menstruación o en la menopausia.
- El estrés, la ansiedad o la depresión, o las tres cosas juntas.
- El enfado porque sangrar significa una vez más que no estás embarazada.
- Comer en exceso o abusar de cualquier sustancia para no sentir o para llenar un vacío.
- La falta de inspiración y el bloqueo creativo.
- Una baja autoestima y una sensación de desagrado hacia tu cuerpo.
- La incapacidad para expresar tu verdad.

- Una reducción de la intimidad con tu pareja.
- Sentirte desconectada de ti misma, de tu cuerpo, de los demás y del espíritu.

O quizá haya sido algún otro de los trillones de variantes con que ELLA (que es mi forma de referirme a la Diosa, la Feminidad Divina, todo lo que es, el espíritu) te está llamando de vuelta a la profunda y deliciosa comunión con tu cuerpo: a amar tu paisaje de mujer, a confiar en tu instinto, a cuidar de «ahí abajo» y a reclamar tu feroz energía femenina, el poder de ELLA que hay en ti.

Cualquiera que haya sido la llamada, me alegro de que estés aquí.

Te irás dando cuenta de que el título de este libro no es «*Cómo amar tu paisaje de mujer*» porque este no es un libro sobre cómo hacer nada. Nada más lejos de su intención. Esto no es un plan de acción con cinco tareas que deberás «cumplir» para alcanzar un objetivo final. El título de este libro no es un eslogan ingenioso ni una exigencia.

Amar tu paisaje de mujer es una invitación a recuperar lo que es tuyo.

Es una invitación a recuperar el poder de tu matriz. Nuestra matriz no es solo el lugar donde hacer bebés (y no es que eso no sea por sí solo absolutamente alucinante, claro). Es mucho más que eso. Cuando conectamos con el espacio de nuestra matriz (y si te han practicado una histerectomía, quiero que sepas que el espacio de la matriz sigue siendo igual de poderoso) y conectamos con su naturaleza cíclica, conectamos con ELLA: nuestra fuente común de poder femenino. Es aquí donde las más importantes revoluciones y revelaciones pueden soñarse y cobrar vida.

Pero solo puedes empezar el proceso de recuperarla si estás dispuesta a mostrarte tal como eres (desarreglada, sexual, no sexual, cansada, incongruente, asustada, entusiasmada, triste, enfadada, con las piernas llenas de pelos [*siéntete libre de insertar aquí lo que quieras*]) y a reivindicar tu poder.

Ha llegado la hora. ¿Entiendes?

Nuestra hora.

Si te apuntas, puedes abrir las cubiertas de par en par y empezar a intimar con tu paisaje de mujer, ¿quieres?

Con mucho amor y ovarios,

Lisa x

P. D.: Cuando hablo de las mujeres y de la humanidad femenina, me refiero a las mujeres que sangran, o que en el pasado sangraron pero ya no tienen ciclos menstruales por haber llegado a la menopausia o por una menopausia inducida mediante cirugía. Lo hago porque es necesario que restablezcamos la conexión con el espacio de nuestra matriz y recuperemos la fuerza que emana de sus ciclos, la sabiduría femenina y el poder matrilineal. Al mismo tiempo, soy consciente de que no todas las mujeres menstrúan y no todas las personas que menstrúan son mujeres, y estoy encantada de ofrecer un espacio en el que puedan expresarse todas aquellas personas que menstrúan, sea cual sea su identidad de género. Sois todas bienvenidas. Por otra parte, la expresión *humanidad femenina* es la manera en que yo personalmente suelo referirme a las mujeres, pero, si a ti no te dice nada, tómate la libertad de sustituirla por la que para ti tenga sentido.

Cómo usar este libro

Nada es para mí más VALIOSO que crear un espacio sagrado en el que encarnar plenamente la mujer que somos, sanarnos, liberar nuestras emociones y dar rienda suelta a nuestra creatividad, y *Amar tu paisaje de mujer* es precisamente eso.

Bajo la luna nueva establecí una intención de que se creara este libro, y luego dejé que la vida me llevara. Visité lugares sagrados, encendí velas, preparé perfumes en honor a ELLA con mis aceites esenciales favoritos, tomé elixires de cacao ceremonial, utilicé plantas maestras como sacramento, me pinté las uñas, bailé y dejé que mi cuerpo se entregara al fluir de ELLA, tuve orgasmos increíbles, caminé por la naturaleza y recibí talismanes como regalo de las almas amigas, mientras las palabras iban cayendo en las páginas de muchos, muchos cuadernos. (*Lo escribo todo con bolígrafo rojo de gel en papel reciclado sediento de tinta. Es como ELLA mejor se mueve a través de mí*).

A ver si me entiendes, yo tenía un plan, y era además un plan muy bueno, pero no es eso lo que tienes ahora en las manos. ¿Por qué?

**Cuando trabajamos con ELLA,
con la Feminidad Divina,
en lo más hondo del *espacio* de nuestra
matriz establecemos una intención y nos
entregamos plenamente a los resultados.**

Tiene que empezar por ti, por donde estás interiormente ahora mismo. Tienes que soltarte de cualquier plan o programa o visión de cómo QUIERES que sean las cosas, y abrirte entera, abrir la matriz, el abdomen y el corazón para que puedas recibir de ELLA la medicina que necesitas, llegue en la forma o de la manera que sea. No es fácil hacer esto viviendo en un mundo en el que se nos enseña a marcarnos un objetivo y a tomar las medidas que sea preciso tomar con tal de alcanzarlo. Ese es un enfoque androcéntrico que a la mujer, cíclica y en constante proceso de metamorfosis (*esa mujer somos tú y yo, por cierto*), la hace sentirse siempre en inferioridad de condiciones, nunca lo bastante competente, por lo que es aquí donde empezamos a bailar juntas.

Quiero que la lectura de este libro sea para ti una experiencia *sentida*. Hay una ceremonia de apertura y otra de cierre, y lo que se revela entre ellas no son enseñanzas inmutables basadas en demostraciones científicas, sino en su mayor parte experiencias sentidas, vividas y encarnadas, que encontrarás reunidas en tres secciones medicinales:

1. Reclama tu paisaje de mujer.
2. Conoce tu paisaje de mujer.
3. Ama tu paisaje de mujer.

Cada sección contiene:

- **Movimiento:** prácticas de *SHE Flow* que despertarán, removerán y sacudirán tu cuerpo para que fluir con ELLA te ayude a reconectarte con tu paisaje de mujer, a remembrarlo y a reverenciarlo profundamente.
- **Medicina:** enseñanzas y ofrendas que te permitirán recibir y recuperar plenamente el poder de ELLA.
- **Musas del *ioni*:** maestras, amigas, clientas y participantes de los talleres que imparto, mujeres que han compartido conmigo su saber y sus experiencias para este libro.

Cuando soñaba este libro, quería abarcarlo TODO.

Todo lo que comparto en talleres, clases y retiros. Quería hablar de la rabia, las experiencias traumáticas, el sexo fabuloso, el sexo espantoso, el hecho de que vivamos en un mundo en el que se sigue practicando a diario la mutilación genital... En serio, no quería dejarme absolutamente nada. Pero explorar la sangre y las tripas de ser mujer es el trabajo de toda una vida, y lo que quiero de verdad es animarte a que hagas de esa exploración una experiencia tuya. Así que considera lo que he compartido en estas páginas como una orientación para que elijas tú la aventura que personalmente quieres vivir con tu paisaje de mujer, ¿VALE?

Tengo que subrayar, además, que este libro y el trabajo que comparto en él NO son lineales. No hay un plan que debas seguir ni una manera correcta o incorrecta de hacer las cosas. Este libro es la medicina que he recibido de ELLA al reconectarme con mi cuerpo y sus ritmos una y otra vez, confiando en su sabiduría y rindiéndome a su fluir, para que ELLA pueda expresarse a través de mí. Y ahora se me llama a compartirla contigo.

CONFIDENCIA SOBRE ELLA

Si eres una de esas personas que suelen saltarse las partes del libro en las que se les pide que contemplen, respiren, se muevan o hagan un ejercicio escrito, entonces me dirijo a ti. Básicamente, la intención de las indicaciones y ejercicios que propongo a lo largo del libro es que sientas personalmente lo que digo, que lo incorpores. Son oportunidades de reconectarte con tu cuerpo, invitaciones a confiar en tu sabiduría y a entregarte a tu fluir esencial, y aunque no quiero que te sientas obligada a escribir respuestas interminables ni a completar TODOS los ejercicios, sí te pido que estés abierta a la posibilidad de que, si se lo permites, mejoren tu experiencia de amar tu paisaje de mujer.

¿Qué es SHE Flow?

SHE Flow es un movimiento de mujeres *Y* una práctica de movimiento para las mujeres. (¿Te das cuenta de lo que acabo de hacer?). A lo largo del libro, te invito a que experimentes con una diversidad de prácticas para *fluir con ELLA*, prácticas yóguicas, esencialmente, que a la vez son *mucho* más que eso.

Me ENCANTA el yoga, pero la primera vez que me puse sobre una esterilla, lloré. En aquellos momentos tenía un cuerpo de la talla 20 británica (3XL, talla 52) y, por primera vez en mi vida, lo sentí moverse de formas deliciosamente diferentes. Abrí las caderas, me estiré, inspiré y, con cada espiración, me estiraba un poco más. No voy a hacerte creer que fue una experiencia maravillosa y serena de principio a fin, pero fue la primera vez que mi cuerpo y yo nos conectamos de verdad.

Hice un curso para ser profesora de yoga, pero pronto me di cuenta de que:

- Por mucho que intentara que mi cuerpo adoptase ciertas posturas, no lo conseguía. (*O si lo conseguía, la sensación era terriblemente incómoda, todo menos placentera, y eso me hacía sentirme fatal*).
- Cuando estaba menstruando, mi cuerpo no quería hacer espectaculares posturas de guerreros, solo quería estar cerca de Mamá Tierra en la postura del bebé. (*Pero como no quería que mi profesora pensara que era una débil, ignoraba lo que me decía mi cuerpo y hacía las posturas que había que hacer, y luego me sentía fatal*).
- Cuando la profesora nos decía que mantuviéramos una postura y «metiéramos el coxis», mi coxis no se metía ni un milímetro, y lo que yo en realidad tenía ganas de hacer en esos momentos era mover las caderas como Shakira. (*Pero mantenía la postura, y... ya sabes lo que sigue, ¿verdad?*).

Por eso creé *SHE Flow*. Este *es* el yoga de mamá. Es el yoga para fluir con ELLA, Shakti Ma, una práctica de movimiento deliciosa y divina, femenina y salvaje, guiada por la luna y el ciclo menstrual, que contempla el hecho de que tenemos tetas, culo, caderas y matriz, y que te permite conectar plenamente con tu cuerpo y confiar en que te hará saber exactamente qué movimiento quiere y necesita.

SHE Flow es atrayente y divertido, y las posturas son energizantes sin que tengas que mantenerlas durante horas ni retorcerte como una contorsionista, y lo de ponerte o no unas sofisticadas mallas de licra es cosa tuya.

La verdad es que como mejor se hace *SHE Flow* es en pijama o con el pantalón más cómodo que tengas y una camiseta de «yoguini *SHE Flow*». ¿Sabes lo que pasa? Que lo que generalmente entendemos por yoga en Occidente, y lo que practicamos, son movimientos estructurados y asanas que se crearon para que las practicaran los hombres. Sin embargo, como predominantemente quienes hacemos yoga somos las mujeres, muchas veces nos cuesta un esfuerzo indescriptible poner el cuerpo en determinada postura, no digamos ya mantenerla, y al final el yoga se convierte en un látigo más con el que fustigarnos: «Tampoco valgo para esto». (¡Y eso sí que no, por favor, basta de látigos!).

Por eso, todo lo que constituye el *SHE Flow* —los movimientos, la respiración, la sanación energética y el descanso radical en la postura de *yoga nidra* (encontrarás más información en la tercera parte, página 285) está pensado para que:

- Te reconectes con el espacio de tu matriz.
- Entres en comunión con tu cuerpo.
- Cultives la Feminidad Divina, ELLA, dentro de ti.
- Desenredes y dejes que se revele cualquier energía emocional que haya reprimida en tu cuerpo.
- Escuches la sabiduría cíclica de tu cuerpo.
- Te entregues a *tu* fluir.
- Recojas tu medicina.
- Descanses y recibas plenamente.
- Integres tu medicina, y luego mantengas apasionadas conversaciones sangrientas sobre todo lo que es ser mujer. TODO.

El *SHE Flow* empezó siendo una práctica yóguica de movimiento para conectar con mi matriz y ayudarla a sanar. Luego mezclé el yoga con mi amor por la danza del vientre y la danza devocional, y los combiné con las enseñanzas femeninas ancestrales que había descubierto y reunido a lo largo de los años que llevaba trabajando como profesional de la salud menstrual y el bienestar de la mujer. En la actualidad incluye:

- Masaje del vientre y de la vulva o *ioni*.
- Tomar conciencia del ciclo.
- Técnicas de cuidado personal, como vaporizaciones del *ioni* y prácticas vaginales con huevos de jade.
- Elementos con poder medicinal, como el cacao y la percusión chamánica.

Así nació la experiencia completa de *SHE Flow*, y empecé a compartirla con pequeños círculos de mujeres en el salón de mi casa. Actualmente es un honor que en las clases, programas y talleres, tanto virtuales como presenciales en distintas partes del mundo, me pidan que la comparta, y me honra compartirla ahora en estas páginas contigo.

Y además de compartir aquí contigo algunas de mis prácticas favoritas para *fluir con ELLA*, he creado una clase completa de *SHE Flow* que encontrarás, junto con un paquete digital de herramientas de paisajismo femenino y otros recursos para descargar, en love-yourladylandscape.com (https://lisalister.com/lady-landscape-tools).

Ceremonia de apertura

En el aire flota un denso olor a incienso Lady Nada y estoy tocando mi tambor para invitarte a que te reúnas conmigo aquí, en las páginas de este libro, y recojas tu medicina: las enseñanzas y transmisiones de ELLA que más necesitas para amar tu paisaje de mujer. No todo lo que propongo será adecuado para ti, así que toma lo que te haga sentirte bien y deja lo demás.

Es un honor que me hayas elegido como guía. Gracias.

Una guía NO es alguien que ya ha estado donde estás tú y lo sabe todo, ni muchísimo menos. Es una profesora y una estudiante, una preguntona, una provocadora. Te ofrece un espacio protegido para que te despliegues, es testigo de cómo te desenredas y te hace señales para que profundices o encuentres la sanación que necesitas. Te invitaré a que participes y converses conmigo, pero no soy tu maestra, nadie te va a juzgar ni te va a dar ningún premio o diploma por leer este libro de principio a fin o por hacer todas las prácticas que propongo.

Has dado el paso y estás aquí. A veces con eso basta. A veces no. En cualquier caso, lo más probable es que, si se te ha llamado, es porque tienes trabajo serio que hacer, así que:

- Sé amable contigo.
- Trátate con compasión.
- Estate abierta a recibir. Ábrete entera.
- Responsabilízate radicalmente de la mujer que eres.
- Establece intenciones, pero no tengas expectativas, ni de mí ni del trabajo ni, principalmente, de ti misma.

∽ RESPIRACIÓN ABDOMINAL ⌒

Empiezo cada clase de SHE Flow, cada ceremonia y cada día con una serie de respiraciones abdominales.

Puedes hacer este ejercicio sentada o de pie pero, si estás de pie, asegúrate de mantener las piernas ligeramente separadas y deposita el peso del cuerpo en las rodillas, para que puedas conectar plenamente con Mamá Tierra. Con cada inspiración piensa en qué te gustaría invitar a tu vida, y con cada espiración piensa en qué te gustaría abandonar.

1. Ponte una mano en el corazón y la otra en el espacio de la matriz.
2. Inspira profundamente por la nariz, deja que el aire y la energía atraviesen el corazón y desciendan por los intestinos hasta entrar en la matriz (si no tienes matriz, deja que entren en el espacio de la matriz) y retén la respiración mientras cuentas hasta tres. Luego empieza

a espirar lentamente, sintiendo cómo el aire asciende por el intestino y atraviesa de vuelta el corazón, y déjalo salir por la boca en una larga exhalación hasta vaciarte: «Ahhh». Repite el proceso tantas veces como necesites.

3. Ahora establece tu intención. ¿Por qué has elegido este libro? ¿Qué es lo que quieres o lo que más necesitas recibir de él y del trabajo de recuperar, explorar y conocer tu paisaje de mujer? Exprésalo en este momento.

4. Respira profundamente de nuevo, coloca una mano sobre el libro y pide que su contenido sea tu guía. Pídele que te muestre la medicina que tú, tu cuerpo y tu paisaje de mujer necesitáis en este momento, o si lo prefieres pon tu intención por escrito; al fin y al cabo esta es tu ceremonia.

Si te gusta tenerlo todo bajo control, y la idea de dejarte llevar por tu fluir femenino y confiar en la sabiduría de tu cuerpo te aterroriza, o sientes tensarse las paredes de la vagina ante la sola mención de que tu matriz es un portal energético, es posible que no siempre te resulte cómodo lo que te dispones a leer.

Te pido que, a pesar de la incomodidad, mantengas viva la curiosidad por lo que puedes descubrir en estas páginas. No luches contra lo que sientes. Confía. Lo que a mí me parece natural o adecuado puede no serlo para ti. Quizá en algunos momentos notes resistencia a aceptar lo que digo. En realidad, he trabajado con suficientes mujeres en las clases de *SHE Flow*, en sesiones individuales y en retiros como para saber que, cuando se habla de paisajes de mujer, INEVITABLEMENTE afloran cosas de todo tipo. Te invito a que observes tus reacciones, lo que sientes, a que escribas sobre ello, pero por favor no intentes descubrir «qué está mal» ni trates de «arreglar» nada.

No es ese el propósito.

El propósito es simplemente que sientas curiosidad por tu cuerpo, por la naturaleza cíclica de tu matriz, y descubras maneras de reconectarte con ella que te hagan sentirte jugosa, sensual, animada y fabulosamente bien para que puedas remembrar y redescubrir en ti el poder de ELLA.

Puedes imaginar que abrir este libro es como entrar en una ceremonia sagrada oficiada por ELLA para reconectarte con tu paisaje de mujer. Siéntate tranquilamente, enciende una vela, quema una varita de incienso, o píntate las uñas de rojo y cómete un trozo de chocolate negro (*añade aquí tu propia versión de bondad ceremonial*).

Relájate, respira profundamente para que el aire y la energía entren en tu abdomen y tu matriz y, mientras lees, responde con naturalidad al lenguaje de tu cuerpo y ábrete a su medicina.

Tal vez recibas señales visuales: puede que estés al aire libre y veas la forma de un *ioni* en un árbol, que encuentres expuesto en un escaparate un pin que recuerda a un útero o que quieras rebautizar una de tus barras de labios con el nombre de «el Poder de ELLA» porque te sientes una auténtica leona cuando te pintas los labios de ese color.

Es posible que prestes atención a esa sensación inquietante que palpita en lo más profundo de tu matriz, esa sensación que hasta ahora has tratado de ignorar, y descubras que en realidad es ELLA que intenta florecer en ti, y tal vez, solo tal vez, entres para siempre en una deliciosa danza con tu feminidad.

Me encantaría que, sea cual sea la forma de expresión que elijas, compartieras en las redes sociales tus reflexiones sobre el *ioni* y los descubrimientos que hagas sobre tu paisaje de mujer usando las etiquetas #amatupaisajedemujer o #loveyourladylandscape, porque cuanto más manifestemos nuestras experiencias, cuantas más conversaciones sangrientas tengamos y más hablemos de nuestros orgasmos (o falta de orgasmos) con nuestras amigas mientras nos tomamos una copa de vino, en vez de comentar lo que les está pasando a las Kardashian, menos sufriremos, menos nos resignaremos a aguantar, menos mantendremos oculto el dolor de nuestra matriz herida.

Estoy impaciente por conectar contigo, por escucharte y ser testigo del viaje que estás a punto de iniciar, impaciente por ser tu guía en la eterna aventura de explorar, descubrir y, lo más importante, aprender a amar tu paisaje de mujer.

Primera parte

RECLAMA TU PAISAJE DE MUJER

Somos bravas guerreras
que hacemos magia
con la vagina

Capítulo 1

La verdad reside entre tus muslos

«Tenemos una profunda sabiduría enterrada en la carne;
¡si fuéramos capaces de despertar de una vez y sentirla!».
ELIZABETH A. BEHNKE

Amo mi paisaje de mujer.

Adoro mi vientre, y cómo la piel que tapizaba 82 kilos se estiró para envolver 146 y se encogió luego para ajustarse a todos los pesos intermedios hasta volver al principio. Me encantan las estrías que la cubren como relámpagos para demostrar que es un lugar de poder.

Adoro la curva de mis caderas.

Adoro las lorzas que se me forman en la barriga, como si fuera la de un buda.

Me encanta tener, gracias a mi herencia romaní, el pelo negro y, en el labio superior, un vello que requiere depilación semanal.

Me encanta que la tinta que me recorre la piel cuente mi historia convertida en arte.

Adoro mis pechos, pequeños, con los pezones abultados.

Adoro mi clítoris y sus ocho mil terminaciones nerviosas.

Me encanta mi vello púbico al estilo de los años ochenta, que haría dar un respingo a la actual ola de fanáticas de la depilación a ras de piel.

Amo mi ciclo menstrual (*sí, de verdad que lo amo*) y experimentar todos los meses la manifestación de mi naturaleza cíclica de mujer. Me encanta además que, mientras tengo la regla, soy como una de esas videntes que se sientan delante de una bola de cristal en el muelle de Brighton. A veces hasta aprovecho y me pongo un pañuelo en la cabeza y pendientes de aro.

Adoro mi matriz y el hecho de que su llamada sonara con tanta fuerza que ahora me paso el día entero hablando de vaginas. Adoro su creatividad, el poder que me da para hacer fuego y orgasmos, la magia femenina sin igual que se produce en ella.

Si me ofrecieran la posibilidad de tener un cuerpo diferente, no querría, porque este es el cuerpo que amo.

Quiero que sepas, de todos modos, que NO siempre ha sido así.

Cómo aprendí a amar mi paisaje de mujer

Cuando era adolescente, NO le tenía ningún amor a este cuerpo. Lo odiaba. CON TODAS MIS FUERZAS. Mi cuerpo no se parecía en nada al de las chicas de las revistas que leía obsesivamente.

Estaba gorda y tenía la piel lechosa, casi translúcida, salpicada de lunares, y unas cejas que se juntaban en el centro, a lo Frida Kahlo. Soñaba con tener, en vez del pelo grueso y ondulado, una cabellera brillante y sedosa, como recién salida de la peluquería. Y cuando empecé a sangrar por la vagina cada mes y me empezó a crecer descontroladamente el vello en el labio superior, en las axilas y «ahí abajo», a cualquiera que estuviera dispuesto a escucharme le decía: «Si alguien me pegara un tiro me haría un favor, porque ser chica en ESTE cuerpo es una mierda». (*Como ves, mi tendencia melodramática empezó a edad muy temprana*).

La relación de odio entre mi cuerpo y yo no mejoró lo más mínimo después de cumplir los veinte años. Si acaso empeoró, dado que terminé los estudios y me introduje (¡ironías de la vida!) precisamente en el sector que más había contribuido a provocarme aquel odio: el de las revistas de moda. Menos mal que tuve la suerte de conseguir trabajo en *Just Seventeen*. Era una revista diferente de las demás. Yo había crecido leyéndola, era excéntrica y divertida. Las modelos eran chicas «de verdad», y leerla había sido para mí como formar parte de la mejor pandilla de chicas de la historia. Desgraciadamente, como muchas otras revistas para adolescentes en aquella época, quebró al cabo de unos meses, y no vi otra posibilidad que abrirme camino en el mundo glamuroso, y mucho menos amable, de la televisión y las revistas de moda de brillantes cubiertas.

CONFIDENCIA SOBRE ELLA

NO es recomendable sumergirse en el mundo de las cabelleras lustrosas y los morritos pulcramente perfilados sin amar antes a la mujer que somos. Creo yo.

Cada entrevista con una nueva estrella del pop vestida con una camisetita de la talla XS y media barriga al aire hacía que se me encogiera la autoestima y me creciera la cintura. En apariencia, yo tenía una vida envidiable: conocía a estrellas del pop, escribía para revistas, viajaba y salía de fiesta (mucho).

Pero en cuanto llegaba a casa y cerraba la puerta, me lo comía TODO.

¿Por qué?

Me sentía una farsante. Estaba gorda en un mundo de delgadez, y comer se convirtió en el método de evasión por excelencia. En cuanto al asunto de sangrar por la vagina, adquirió nuevos niveles de asquerosidad.

Por aquel entonces, vivía con un tipo. Estábamos comprometidos y teníamos una hipoteca. Yo estaba convencida de que sería mi amor eterno y todo era de lo más adulto. Pero cada mes yo sangraba más y más días, y al que supuestamente sería mi amor eterno aquello le parecía un fastidio porque significaba que teníamos sexo con mucha menos frecuencia, y a él le gustaba el sexo.

A mí, en cambio, me parecía un fastidio porque sentía como si me estuvieran rajando la matriz con una sierra mecánica una y otra vez, y porque las gruesas compresas súper que me cubrían las bragas de arriba abajo eran lo único que impedía que se me conociera como la mujer propulsora de sangre a chorro. No es broma, empapaba de sangre las sillas de la oficina, los sofás de mis amigos, un día un vestido blanco mientras entrevistaba a una nueva banda de *rock* formada por cinco chicos (*por suerte, su encantadora relaciones públicas se apiadó de mí y, como una buena hermana, me avisó antes de que me lanzara a las calles de Londres*).

Llegó un momento en que las hemorragias se convirtieron en un problema tan grande que me hice autónoma para no tener que salir de casa. Entre mis amigos, me gané la reputación de informal y veleta porque muchas veces quedaba con ellos para salir y luego los llamaba para decirles que no porque estaba sangrando, normalmente con una bolsa de agua caliente de tamaño industrial atada a la barriga y drogada con analgésicos.

Los profesionales de la medicina no fueron de mucha ayuda: me propusieron que tomara anticonceptivos para «controlar» los síntomas. Por si la hemorragia y los dolores no eran suficiente, estar tomando la píldora me volvía además loca de remate, y en más de una ocasión amenacé al que supuestamente sería mi amor eterno con sacarle los ojos con una cuchara (*puede que en retrospectiva suene gracioso, pero en aquellos momentos me asustaba, porque sin duda lo habría hecho si no se hubiera apartado con agilidad felina*).

Luego, al cabo de dos o tres años de probar distintos medicamentos y de un diagnóstico desacertado tras otro, un tipo con bata blanca me hizo muchas pruebas, me pinchó, me hurgó mucho rato «ahí abajo» y después me llamó para que fuera a su consulta.

Le pregunté al que supuestamente sería mi amor eterno si podía acompañarme, porque bueno..., había estado buscando en Google y prácticamente me había autodiagnosticado muerte por sangrado vaginal, pero, como era de esperar, estaba muy ocupado, así que fui sola.

Como ya he contado (en la página 23), los resultados de las pruebas indicaban que sufría síndrome del ovario poliquístico y endometriosis aguda. Yo no tenía ni idea de lo que significaban esas palabras, pero por fin se le podía poner nombre a lo que me pasaba; de hecho, no un nombre sino dos... Y esa era una gran noticia, ¿verdad? Ahora que sabían lo que me pasaba, podrían hacer algo, ¿verdad? Mentira. Menos de diez minutos después me alejaba de la consulta del médico encantada de saber que mi matriz se llamaba también útero (¿cómo es que nadie me lo había dicho hasta entonces?) y con un folleto en la mano que explicaba cuál era el procedimiento para «quitármelo», el útero y todo lo que había conectado a él.

En una hoja de papel A5 estaba contenida toda la información que hacía falta darle a una mujer sobre la extirpación de su sistema reproductivo ENTERO.

¡QUÉ COJONES ERA ESTO!

Di un largo paseo hasta casa porque tenía cosas en que pensar. El que supuestamente sería mi amor eterno y yo ni siquiera habíamos hablado de la posibilidad de tener hijos, y me acababa de enterar de que no iba a poder tenerlos. Olvidémonos del que supuestamente sería mi amor eterno: yo no me había planteado nunca si quería tener hijos o no, y acababan de quitarme la posibilidad de planteármelo.

La matriz, también llamada útero, me dolía. No era el dolor persistente de los últimos años, al que ya me había acostumbrado, sino un dolor distinto, como si la matriz sacudiera el puño y gritara «¡estoy furiosa!», un dolor que ahora sé que era ELLA, la Feminidad Divina, despertando en mí. Entonces no lo sabía. Me gustaban los cristales de cuarzo y hacía conjuros cada luna llena, pero nunca habría imaginado, ni siquiera por un instante, que una feroz energía femenina alojada en mi matriz estaba atravesándome y gritando: «¡Despierta, mujer! Conecta con tu cuerpo, confía en ti. ¡Esa NO ES la solución!».

Sin embargo, lo intuía.

Lo intuía cuando llegué a casa y, después de explicarle la situación al que supuestamente sería mi amor eterno, contestó: «Vale, y después de que te operen podremos tener más sexo, ¿no?».

Lo intuía cuando varios días después, sin saber muy bien por qué, me apunté a un retiro de diosas en Glastonbury, mientras el folleto que me había dado el médico seguía plegado y sin leer sobre la mesa de la cocina.

Lo intuía mientras leí de un tirón *Come, reza, ama* y comprendí que una pila de ladrillos, una hipoteca y alguien que supuestamente sería mi amor eterno no eran suficiente, que yo valía mucho más que eso. *Elizabeth Gilbert, te quiero.*

Si has leído mis libros *SASSY** o Code Red [Código rojo], sabrás que el que supuestamente sería mi amor eterno resultó NO ser mi amor eterno. No te sorprende, ¿verdad? Siguieron a la ruptura muchos atracones de chocolate y mucha ginebra, mucha lástima de mí misma, mucho acostarme con gente con la que probablemente no me hubiera debido acostar para sentirme querida y valorada, y muchas discusiones sobre dinero y pilas de ladrillos con el que supuestamente iba a haber sido mi amor eterno.

Lo que siguió a ESO es donde la historia empezó *realmente*.

Curiosidad por lo que ocurre «ahí abajo»

Por si no habías caído en la cuenta, utilizo la expresión *ahí abajo* con la mayor ironía, dado que, haciendo el trabajo que hago, me paso EL DÍA ENTERO hablando de vaginas, chichis, chochos, vulvas, rajas, coños o *ionis*. (¿Cómo es posible que a estas alturas siga sin haber una palabra que sintamos nuestra para referirnos a nuestro paisaje de mujer? Añadámoslo a la lista de cosas sobre las que ya va siendo hora de que tengamos una conversación muy seria y subrayémoslo cinco veces, ¿vale?).

Sentí como si el dolor, el malestar, el hecho de haber tenido que dejar mi trabajo y el hecho de que el que supuestamente sería mi amor eterno resultara ser un imbécil fueran, en realidad, ELLA comunicándose conmigo a través de mis labios genitales.

ELLA no quería que tuviera sexo ni mantuviera una relación con alguien que no me amaba ni me apoyaba en cuanto las cosas se ponían feas.

---

* N. de la T.: *Sassy* puede traducirse como 'atrevida, descarada'. La autora juega con el término y lo utiliza como acrónimo [espiritual (**S**piritual), auténtica (**A**uthentic), sensual (**S**ensual) y sensacional (**S**ensational)].

ELLA no quería que tuviera un trabajo que me hacía sentirme mal conmigo y con mi físico.

Y, por encima de todo, ELLA estaba arañándome desde dentro desesperada por que me reconectara de una vez con mi cuerpo, con mi matriz, y la sanara, para poder ayudar a sanarse a otras mujeres, porque, señoritas, estamos juntas en esto.

Cuando una mujer se cura, esa gran herida sangrante que colectivamente arrastramos todas poco a poco se empieza a curar, metafórica y literalmente.

Sí, yo tuve una vagina muy mosqueada, y es probable que tú también la tengas.

¿Por qué?

Nos han dado la droga que borra la conciencia de lo poderosas que somos, convenientemente acompañada de la droga que borra la conciencia de que todo lo que necesitamos está ya en nuestro interior. En definitiva, el patriarcado nos ha insensibilizado a la presencia de nuestro coño y a nuestro poder, para que seamos más fáciles de controlar y de manipular.

Y ha funcionado.

¡JODER QUE SI HA FUNCIONADO!

Su historia

Hubo un tiempo en que el cuerpo femenino se consideraba encarnación viva de Mamá Tierra. Al igual que Mamá Tierra, ELLA experimentaba ciclos y estaciones, no solo a lo largo de la vida o del año, sino cada veintiocho días.

Nos han enseñado que el único propósito del ciclo mensual es que la mujer se quede embarazada, pero no es cierto. Durante el tiempo que tarda la luna en dar la vuelta a la Tierra, engendramos vida, cultivamos vida, nos aseguramos de que la vida sea fértil y permitimos que la vida muera.

Y luego volvemos a hacerlo todo otra vez desde el principio.

**Experimentamos un ciclo vital completo,
un auténtico *SHE Bang*, CADA...
PUTO... MES...**

Eso solo ya es pura magia mujeril. Pero hay más... Cada fase del ciclo menstrual representa además una fase de la vida de la mujer:

- Preovulación: la doncella.
- Ovulación: la madre, la creadora.
- Premenstruación: la mujer salvaje y sabia.
- Menstruación: la mujer madura, la anciana, la bruja.

Y en cada ciclo, durante cada una de las fases, podemos obtener enseñanzas de ese arquetipo en particular y comprender mejor su significado.

Aunque a muchas se nos haya inculcado la idea de que el sangrado, «esos días del mes», es una maldición, los pueblos indígenas del mundo entero saben que la función de «esos días» es supersagrada, porque cuando una mujer sangra, no solo se deshace del endometrio que revestía el útero para alojar al huevo fecundado, sino también de los sueños no cumplidos, el dolor y las emociones de ese ciclo. No solo suyos, sino también de toda su familia y su comunidad.

Por esta razón se retiraban en un tiempo las mujeres a tiendas rojas y cabañas lunares y se abstenían de realizar sus tareas cotidianas. Porque, mientras sangraban, sus matrices estaban siendo artífices de una épica y poderosa magia transformadora y purificadora. No se retiraban porque se las considerara «sucias» o «impuras».

Hacia el final del periodo de sangrado, una vez realizada la limpieza, la mujer tiene superpoderes intuitivos. Es capaz de establecer conexión directa con ELLA, la Madre Divina, y recibir ideas creativas, canalizaciones, sabiduría y perspicacia, para ella, su familia y su comunidad.

La magia de las mujeres es la MEJOR magia de todas. Es un hecho.

CONFIDENCIA SOBRE ELLA

Eso mismo ocurre en ti, en mí y en todas las mujeres que sangran. Tenemos el poder de desintoxicar, purificar y sanar nuestro cuerpo entero, nuestras emociones y las de nuestra familia y nuestra comunidad cada vez que sangramos.

Sé que es así, ¿entiendes? Somos bravas guerreras que hacemos magia con la vagina.

Nuestros poderes se consideraban mucho más que una colosal fuerza física, dado que eran reflejo directo de la Madre Naturaleza. La Gran Madre nos llamaba a celebrar todos los dones que nuestro cuerpo femenino, nuestro cuerpo de hembra, ofrecía: la capacidad de crear vida; de depurar, transformar, manifestar y purificar; de conectar con la fuente y experimentar una intuición acrecentada, y de aceptar por completo la necesidad de los ciclos de vida, nacimiento y muerte. Cuando lo hacíamos, sabíamos que la luz que veíamos era simplemente otra abertura vaginal que nos paría a nuestra siguiente experiencia humana, porque sabíamos que éramos eternas.

No le teníamos miedo a la muerte porque la experimentábamos cada mes cuando sangrábamos.

¡GRRRR!

¿Te extraña que la humanidad machuna se asustara, que hiciera todo lo posible por desconectarnos de nuestro cuerpo y de nuestra fuente de energía, que necesitara imperiosamente refrenar el espíritu de lo femenino?

Yo culpo al patriarcado

Bien, antes de que me cuelgues el cartel de *aporreadora* del patriarcado, conviene que aclaremos algunas cosas. El patriarcado es una estructura de poder dominada por los hombres que da a los hombres poder sobre las mujeres, y eso NO ESTÁ BIEN. Nada bien.

Sin embargo, NO es un término que utilice para culpar a los hombres de todos nuestros males. Me encantan los hombres (en especial los peludos con barba), así que cuando hablo del patriarcado, me refiero a los modelos y a las estructuras, no a los hombres DE CARNE Y HUESO.

Culpo al patriarcado de habernos cortado el cable para impedir que tuviéramos conexión instantánea con la fuente.

Culpo al patriarcado de haber «reposicionado» las enseñanzas de Jesús. (J. C. jugaba en el equipo de las mujeres, de eso no hay duda. María Magdalena y él enseñaron el camino del amor, honraron la feminidad y respetaron las expresiones artísticas femeninas del templo de Isis y las enseñanzas iniciáticas que allí se celebraban.

Estoy convencida de que fue así. Lamentablemente, su grupo de relaciones públicas estaba formado por jugadores del equipo patriarcal, que se encargaron de tergiversar a discreción sus enseñanzas).

Expulsaron a Eva del Paraíso Terrenal para crear universalmente en las mujeres el sentimiento de un merecido rechazo, convirtieron a María Magdalena en una prostituta y desterraron a Lilith al mito y la leyenda.

Nos impusieron la necesidad de contar con un intermediario espiritual para conectarnos con la fuente, y nos impusieron que ese intermediario espiritual fuera un hombre. Hicieron desaparecer de escena a nuestra Gran Madre, a la que se había rendido culto desde hacía miles de años, y nos impusieron que la fuente de la vida fuera nuestro padre.

Culpo al patriarcado de habernos impuesto una forma de experimentar el tiempo que ya ni reflejaba ni honraba los ciclos de las estaciones.

Culpo al patriarcado de haber hecho todo lo posible por que las mujeres ya no reconocieran su reflejo en Mamá Naturaleza y de que ahora, miles de años después, ya no reconozcamos nuestro reflejo en NADA.

Culpo al patriarcado de haber reprogramado y reconfigurado a las mujeres lentamente, generación a generación, para que actuemos como hombres o complazcamos a los hombres.

Culpo al patriarcado de haber obligado a madres e hijas a testificar unas contra otras en los juicios por brujería. De haber declarado que la persecución y el enjuiciamiento de las brujas (que, por si no lo sabes, era el nombre que se daba a las mujeres sabias y a las sanadoras) se hacía en nombre de la madre Iglesia, lo cual sembró en lo más hondo de la matriz de cada mujer la desconfianza hacia las demás mujeres e hizo pedazos para siempre el sentimiento de sororidad, como es evidente en nuestros días.

Culpo al patriarcado de que nos neguemos a nosotras mismas el placer, de que desoigamos nuestras necesidades, impulsos y deseos. De que desconfiemos de nuestra sabiduría y de la voz que suena en nuestro interior. De que nos privemos de la conexión con la fuente, con lo cual nos negamos nuestro poder.

Sí, culpo al patriarcado de TODO esto.

Una nota sobre los hombres

Cuando le leí esto al Vikingo (mi marido) su primera reacción fue: «Uf… ¿No crees que te has pasado de la raya?».

Veamos, el Vikingo es un tipo despierto. Es una influencia positiva en el mundo porque apoya, ama, venera y honra la Feminidad Divina y el trabajo que hacemos juntos en nuestra relación (*que no es poco*) para armonizar la unión de lo masculino y lo femenino. Me enriquece, revoluciona, inspira y hace crecer a diario, así que *no* era esa la reacción que esperaba de él.

Lo escribí llena de rabia. A la vez, estaba en fase premenstrual. No eran cosas independientes. Decidí escribir la sección anterior en esa fase del ciclo (encontrarás más información sobre cada fase y sus superpoderes en el capítulo cuatro) para asegurarme de que lo hacía con la vagina en la tierra, es decir, desde mi verdad más profunda. Era una rabia consciente, porque me atreví a sentir el infierno de llevar en los ovarios y en la matriz los más de dos mil años de rabia y dolor que habían vivido mis antepasadas por el hecho de ser mujeres. Así que, sí, estaba cabreada y, ¿sabes qué?, no voy a disculparme por ello.

Estaba furiosa contra el patriarcado y, si te digo la verdad, estaba furiosa con el Vikingo, porque pensaba que contestaría: «¡Claro que sí, hermana! ¡Bien dicho!». Pero a él también lo han anestesiado, nos han anestesiado a todos, hombres *y* mujeres, y aunque sé que no le intimida en absoluto que una mujer asuma su poder femenino, todavía está aprendiendo a asimilar la experiencia y lo que eso significa para él como hombre en este mundo, porque también lo masculino está herido.

Así que sé amable con los tíos. A menos que, como yo, estés también en fase premenstrual. En ese caso, grita unas cuantas obscenidades, da un portazo y pon a Taylor Swift a todo volumen.

En serio, para la mayoría de nosotras, conocer, respetar y amar nuestros paisajes de mujer sigue siendo una expedición a lo desconocido, así que esperar que los tíos comprendan hasta lo más hondo la experiencia femenina y se hagan miembros del Equipo de la Mujer es sin duda pedir demasiado. No es pedir algo *imposible*, pero sí demasiado por el momento. Tampoco a ellos les resulta fácil deshacer y desaprender mucho de lo que creían que era verdad.

El patriarcado nos ha dejado maltrechos. A todos, hombres y mujeres.

También las mujeres contribuimos a perpetuar el patriarcado. Hace un año me reuní en una sala con varias mujeres, todas ellas impresionantes en teoría, líderes en sus campos respectivos. Yo estaba deseando pasar unas horas con ellas, y fue una gran decepción que lo que podía haber sido una comunicación cálida y sincera se pareciera más a la clásica conversación de «mi pene es más grande que el tuyo».

La mayoría de mis clientas son profesionales muy ocupadas que no saben organizar su vida si no es apelando a su energía masculina. Se han desconectado de sus cuerpos para poder seguir trabajando sin descanso y alcanzando objetivos. Se ponen la máscara de la imperturbabilidad para ocultar el desvarío y las molestias del síndrome premenstrual, no tienen tiempo para las relaciones de pareja y usan estimulantes para aprovechar cada minuto del día y no quedarse atrás. La presión constante por estar a todo, por ser *Wonder Woman*, activa en ellas una corriente continua de competitividad y comparación con las demás: «Fíjate. Ha tenido un bebé, ha recuperado la figura y en cuatro semanas está otra vez trabajando. ¡Cómo la odio!».

Pero lo más probable es que esa mujer también se odie a sí misma. Señoritas, no necesitamos echarle huevos a la vida, necesitamos echarle vagina. Como decía Betty White, de *Las chicas de oro*:

«¿Por qué se dice que a la vida hay que ˝echarle huevos˝? Los huevos son débiles y sensibles. Si quieres ser fuerte, échale vagina, que es la que está acostumbrada a soportar embestidas de toda clase».

¡Di que sí, Betty!

«Actuamos según sabemos —decía la querida poeta y activista por los derechos civiles Maya Angelou—. Cuando sabemos más, actuamos mejor». Así que disponte a saber todo lo posible sobre tu paisaje de mujer, a conocer íntimamente las heridas —colectivas y personales—, tus deseos e impulsos, tu naturaleza cíclica. Conecta con ELLA a todos los niveles, físico, emocional y espiritual, a través del espacio de tu matriz. Luego comparte lo que descubras con los hombres con los que tengas una relación íntima y pídeles, si quieres, claro está, que te acompañen en la exploración. No siempre es fácil, y el Vikingo puede dar fe de ello, pero tenemos que comunicarnos con los hombres y dejar de despreciarlos porque «no entienden».

Es en la oscuridad donde echamos raíces

La anestesia patriarcal es de muy alta resistencia, y cada día hombres y mujeres se encargan de que perdure. En los anuncios que vemos, en las revistas que leemos, en el lenguaje que utilizamos.

Es la causa de que las mujeres:

- Avergüencen, manipulen y critiquen a las demás mujeres a diario.
- Hagan lo imposible por dar la imagen de que pueden con todo.
- Se comparen constantemente entre ellas y no se valoren.

Es también la razón por la que a los veinticinco años no me soportaba, era incapaz de vivir al ritmo que me imponía el trabajo, me atracaba de comida para evadirme y no sabía que una matriz y un útero eran lo mismo hasta que un tipo con bata blanca me amenazó con «quitármelo».

El patriarcado había escondido todo mi poder en la oscuridad y, muy hábilmente, me había enseñado a tener miedo de la oscuridad. Así es, todo lo que forma parte de ser mujer, todas las claves para acceder a nuestro poder en esta vida —nuestro ciclo menstrual, nuestro placer y nuestros deseos—, fue convertido en tabú y relegado a las sombras, para que nos diera tanto miedo acercarnos que jamás lo pudiéramos descubrir ni reclamar.

Bueno, hasta ahora.

Soy Escorpio y no me da miedo la oscuridad, y a ti tampoco debería darte miedo, ya que es en la oscuridad donde realmente echamos raíces.

Raíces profundas.

Raíces que nos dan estabilidad y seguridad.

Raíces que nos dan un filtro para que no se nos cuele ni una puta mentira más sobre competiciones y comparaciones y sobre ser menos que nadie y no estar nunca a la altura.

Raíces que te dan la fuerza para hacer tuyas TODAS las partes de ti.

Raíces fuertes.

Raíces que harán que a la publicidad y los medios de comunicación les cueste mucho manipularte.

Raíces que harán que te cueste mucho creer de verdad que no estás capacitada profesionalmente para hacer lo que quieres.

Raíces que harán que cueste mucho burlarse o aprovecharse de ti, culparte alegremente o avergonzarte.

Raíces feroces.

Raíces que significan que te atreverás a mostrarte como eres y te asegurarás de que te vean.

Raíces que significan que harás revoluciones y revelaciones.

Raíces que significan que denunciarás las mentiras.

Raíces conectadas.

Raíces que te reconectan con los ciclos naturales de Mamá Tierra.

Raíces que te reconectan con tus poderes cíclicos y su eterno y expansivo florecer.

Raíces que te conectan con tu verdad.

Raíces muy poderosas.

Raíces que te recuerdan que nunca pidas permiso.

Raíces que te recuerdan que ELLA eres tú y tú eres ELLA.

Raíces que te recuerdan que la vida no es una carrera, que es un viaje.

Cuando echamos raíces, recuperamos nuestro poder y miramos la vida de frente, con los pies en la tierra, con cuerpo.

⟡ RESPIRACIÓN DE RAÍZ ⟡

Para fortalecer y afirmar las raíces, la respiración de raíz utiliza el *mula bandha*, que significa 'llave raíz' o 'cierre raíz'. Esta práctica yóguica combina la contracción muscular y la estimulación energética para convertir la energía del chakra raíz, situado en los genitales (encontrarás más información sobre los chakras en la página 251 y siguientes), en creatividad y energía curativa para todo el cuerpo. No practiques la respiración de cierre raíz durante la menstruación.

1. Inspira profundamente por la nariz, retén la respiración y contrae el ano. Siente cómo los músculos del ano se elevan y se recogen.
2. Mantén estos músculos contraídos y luego contrae el área de la vagina. Experimentarás una ligera elevación, como cuando intentas detener el flujo de orina.
3. Ahora contrae los músculos abdominales inferiores y mete el ombligo, en dirección a la columna vertebral.
4. Aplica estas tres acciones juntas en un movimiento suave, rápido y fluido (¡tranquila, quizá necesites un poco de práctica hasta coordinarlo todo!) y deja que la energía suba por la columna vertebral y salga por la parte superior de la cabeza.
5. Espira por la nariz.
6. Repite el cierre raíz tantas veces como te resulte cómodo. Algunas lo hacen cinco veces, otras veinticinco, pero sus beneficios son mayores cuando se practica a diario. Ve despacio y deja que los músculos se fortalezcan poco a poco. Notarás que el movimiento va siendo

cada vez más fluido. Si quieres, puedes probar a hacer una serie de respiraciones abdominales (consulta la página 36) cada mañana, seguidas de diez respiraciones de raíz.

.

Capítulo 2

El poder de ELLA

«La mía es la clásica historia de un ser humano
que, con gran rigor y disciplina, intenta comprender
su relación personal con la divinidad».
ELIZABETH GILBERT

De modo que, en pocas palabras, empecé a amar mi paisaje de mujer cuando desde la matriz una voz, a la que ahora llamo ELLA, me produjo una fuerte vibración en los labios vaginales.

Soy TOTALMENTE consciente de lo friki que suena, de que da yuyu. Pero es la verdad. Antes de eso, nunca había conectado con mi cuerpo, conectar de verdad, quiero decir. De hecho, si mi cuerpo hubiera podido contar su historia, habría sido algo parecido a:

«Siempre he sido un cuerpo "gordito", lo cual ha hecho que
Lisa se avergonzara de mí y sintiera que tenía que disculparse
por tenerme. Cree que ocupamos demasiado espacio, que
somos excesivos, ella y yo. Ella cree que es una entidad
independiente de mí. Da asco la relación que tenemos».

Es cierto. Mi cuerpo y yo sencillamente no nos llevábamos bien.

Así que es un giro argumental bastante cómico que hicieran falta un diagnóstico de enfermedades «de ahí abajo» y una vibración de los labios vaginales provocada por la fuente de poder que habita en el espacio de mi matriz para que conectáramos.

Cuando era adolescente, no tenía un manual que me enseñara a quererme, como supongo que tampoco tú lo tenías, ninguna lo teníamos, pero lo que sé ahora que no sabía entonces es que no se necesita un manual. Ninguna lo necesitamos: el mapa, la guía, el plano de cómo ser mujer ¡está en nuestra matriz!

Cuando nacimos, lo teníamos ya dentro.

Lo que pasa es que nadie nos lo dijo.

Nadie se lo dijo tampoco a nuestras madres. O si se lo dijeron, muy pocas supieron comunicárnoslo.

Bien, óyeme, patriarcado. No voy a seguir señalándote con el dedo, pero quiero que sepas que no aparto los ojos de ti NI UN INSTANTE, y espero que este libro te sirva de recordatorio, porque cada letra y cada palabra que comparto en él es una flecha que apunta directamente a tu entrepierna.

Mi matriz es mi fuente de energía.

Repítelo unas cuantas veces; familiarízate con las palabras a medida que lo repites. Grítalo. Susúrralo. Nota en qué lugar del cuerpo choca o se encuentra con alguna resistencia mientras lo dices.

Es una verdad.

Es LA verdad.

Sin embargo, quizá no te la creas del todo, quizá todavía no. De hecho, quizá no te resulte fácil asimilarla o no la quieras asimilar; estate tranquila, no pasa nada. La única razón por la que sé que es verdad es porque la he SENTIDO, y hasta que sea una experiencia que tú sientas en TU cuerpo, tendrá para ti el mismo valor que cualquiera de los memes que se comparten en las redes sociales.

Cuando se nos dice a diario que nuestro cuerpo es mercancía y que tenemos que recortarlo, reducirlo, moldearlo a base de bisturí o matarlo de hambre, para que se ajuste a un supuesto ideal de perfección que es inalcanzable, que es producto de las manipulaciones y retoques fotográficos, ¿cómo lo hacemos para sentir esa verdad? ¿Cómo lo hacemos para sentir que el espacio que tenemos entre los muslos, el espacio que en el caso de tantas mujeres encierra culpa y vergüenza, dolor y memoria traumática, es nuestra fuente de poder? ¿Cómo lo hacemos para SENTIR, cuando llevamos tanto tiempo viviendo cómodamente anestesiadas del cuello para abajo?

Poco a poco.

Esto es un viaje, no una carrera. Es una invitación a que emprendas la aventura de explorar tu paisaje de mujer, y esa exploración no tiene fin. Y una cosa más. La mayoría de la gente cuando se va de aventura llena la mochila de toda clase de cosas, algunas que le serán de utilidad y otras que posiblemente no, pero cuando una se va de aventura a explorar su paisaje de mujer, pronto te darás cuenta de que lo primero es aligerar y aligerar el equipaje.

Para qué te voy a engañar, destapar tus experiencias, tus patrones de pensamiento, tus creencias y falsas verdades, y no solo las tuyas, sino también las de las mujeres de tu familia y las de tus amigas, las de tu cultura y las de la sociedad en la que vives, no es una broma, y a esto se suma, aunque no es mi intención presionarte, la responsabilidad de estar haciéndolo en nombre de *todas* las mujeres que han existido y de *todas* las mujeres que existirán. Lo bueno es que el trabajo de hacerlo, y cuando digo «trabajo» me refiero a trabajo del bueno –profunda sanación pélvica, juego, placer y alegría—, empieza y termina en ti. Es decir, cuando hagas el trabajo de sanarte, SANARÁS a todas las mujeres.

Nuestra posición de partida no será la misma, el terreno en el que estamos, en sentido físico y metafórico, será distinto, pero la razón para dar el primer paso...

¡Ah!, esa es la misma en todas y cada una de nosotras.

Señorita, has sido llamada a escena.

Ser una *chica llamada*

Bien, te prometí hace unas páginas que te hablaría de *la llamada*, y es porque yo soy una *chica llamada*. (Que no es lo mismo que una *call girl*.* Eso es algo muy diferente. Aunque, si en vez de escuchar a tu gran corazón palpitante estás prestando tus servicios en un trabajo o en una vida en los que te dejas explotar, quizá haya también algo de eso).

Una *chica llamada* experimenta la vida momento a momento. Está en sintonía con los ciclos, ritmos y estaciones femeninos que le permiten ser plenamente dueña de su feminidad divina, del poder de ELLA. Trabaja dentro, no fuera. Confía en sí misma y disfruta a conciencia de habitar un cuerpo de mujer.

Una *chica llamada* sabe que aceptarse
es el requisito para superarse.

Una *chica llamada* no pone demasiado empeño en conseguir unos resultados concretos: se planta, extiende sus raíces en Mamá Tierra, escucha a su vagina, confía en su instinto, eleva el corazón y

---

* N. de la T.: Término inglés que se utiliza en el ámbito de la prostitución para referirse a una trabajadora sexual a la cual se puede contactar o citar por teléfono. *Call* en inglés es 'llamada'; la autora juega con la posible confusión entre ambos términos.

las tetas al sol y permanece abierta a las infinitas posibilidades que se presentan cuando colaboramos con ELLA.

Suena bien, ¿verdad? Pero ¿qué pasa si...

... la cagas,

... o las cosas no salen como te habría gustado,

... o salen tan de puta madre que te sientes desbordada?

Deja que el miedo y la ansiedad se queden donde están, y actúa a pesar de ellos.

Actúa sin preocuparte por cuál sea la acción, o cómo pueda resultar, o a qué pueda conducir. Actúa simplemente porque has sido *llamada*.

Te desafío.

Si echo la vista atrás, veo que ELLA me fue dejando pistas durante toda mi infancia, y la más clara fue un personaje de dibujos animados, She-Ra. Mi ídolo. Veía *She-Ra, la princesa del poder* todas las semanas, y su historia era más o menos esta:

She es secuestrada nada más nacer por una fuerza maligna controladora de mentes que la retiene cautiva. (*Desde que nacemos, una fuerza controladora, el patriarcado, nos tiene cautivos a TODOS*).

She recibe de una hechicera una espada de poder para que lidere la Gran Rebelión contra la fuerza controladora de mentes. (*TODAS tenemos acceso a una fuente de poder y cuando la reconozcamos en la raíz de nuestro cuerpo de mujeres, la humanidad femenina ya no será tan fácil de manipular y controlar*).

She llama a sus aliadas, cada una con su particular poder, para luchar contra la fuerza controladora de mentes. (*Nuestras aliadas son las demás mujeres. Si cada una conectamos con nuestro cuerpo y nos sanamos, nos hacemos fuertes y ya no necesitamos competir y compararnos entre nosotras. Entonces podemos ayudarnos y apoyarnos mutuamente*).

She pide consejo a una fuerza superior en un momento de crisis. (*Cuando conectamos con ELLA, estamos conectando con una fuerza que está en nosotras y que a la vez es superior a nosotras, y ELLA nos cubre las espaldas. Siempre).*

She era fundamentalmente pacífica y solo recurría a la violencia cuando no tenía otro remedio. *(No hace falta que recurras a la violencia cuando puedes disparar rayos del poder de ELLA desde la vagina, metafóricamente hablando, se entiende).*

She-Ra me contó, básicamente, la historia de la humanidad femenina decidida a recuperar su poder, y el momento en que apuntaba al cielo con su espada al final de cada episodio era mi llamada a actuar.

Solo que en aquel momento yo tenía ocho años y estaba comiéndome una rebanada de pan con mermelada.

ELLA me llamó varias veces más, desde que tenía ocho años hasta que aquel tipo me amenazó con «quitarme» la matriz. Por supuesto, fue sutil, más una vibración susurrante de los labios vaginales que un auténtico grito vaginal, pero yo decidí no escucharla, porque para ser una *chica llamada* hay que tener ovarios. Ser una *chica llamada* significa atreverte a deshacer todo lo que hasta ahora habías creído que era verdad. Significa identificar los hábitos y comportamientos que te hacen seguir viviendo anestesiada porque te da demasiado miedo sentir.

Sentir es un superpoder. Hecho.

Significa examinar tu relación contigo misma, con tu familia y con tu cultura, porque la percepción que tienes de ellas y cómo te relacionas con ellas en la actualidad es reflejo directo de cómo percibes y experimentas el poder de ELLA.

Así que, sí, durante mucho tiempo elegí la opción más cómoda, la de «mejor me quedo como estoy».

CONFIDENCIA SOBRE ELLA

La comodidad no dura demasiado. Es posible que ELLA te deje salirte con la tuya cuando tienes ocho años pero, si siente que la ignoras, puede hacer que Kali Ma (la diosa oscura) se pegue a tu culo y te haga bailar como si tuvieras la vagina en llamas. Si ELLA se siente ignorada durante demasiado tiempo te hará arrasar con todo, hará que se tambalee todo lo que crees saber y te gritará y te arañará por dentro hasta que escuches. Esta es mi experiencia de ELLA. La tuya quizá sea distinta. Lo más probable es que esperes y supliques que lo sea, pero, si quieres que te diga la verdad, en este momento yo no querría que nada hubiera sido distinto.

Déjame presentarte a ELLA.

ELLA es la Divina, la Gran Madre, la Diosa, sacerdotisa, sanadora, bruja, mujer sabia, mujer salvaje, chamana, amiga espiritual, arpía. ELLA es todos los arquetipos femeninos que conoces y todos los que aún te quedan por descubrir.

ELLA es yo y ELLA es tú.

ELLA es el instinto.

ELLA es esos momentos en los que bailas como si no te mirara nadie y ELLA es esos momentos en los que bailas como si TODOS te estuvieran mirando.

ELLA es anárquica, salvaje e indómita.

ELLA te anima a perder el control, una y otra vez.

ELLA te lleva a la oscuridad porque sabe que serás capaz de arreglártelas.

ELLA te impulsa a destruir y dejar atrás las partes de ti o de tu vida que ya no te sirven.

ELLA quiere que te pongas en pie, de eso no hay duda, pero quiere también que tengas unas raíces fuertes que te sostengan.

ELLA da sentido a tu voz.

ELLA es incatalogable y no admite ninguna clase de etiquetas.

Tu intuición y tu saber profundo son la dirección que ELLA te marca desde lo más profundo de tu matriz, y sus indicaciones son tan acertadas que cuanto más en contacto estás con ELLA, cuanto más la conoces, más sensible te vuelves y también más audaz a la hora de reclamar tu poder, pase lo que pase.

ELLA se presenta sin que nadie la haya invitado y exige que tú lo hagas también.

El patriarcado la pisoteó hasta enterrarla, pero eso la hizo fuerte porque, a pesar de lo que el patriarcado quiere hacernos creer, la energía femenina NO tiene miedo a la oscuridad. De hecho, es donde mejor se desenvuelve porque ELLA ES la oscuridad.

Por eso, si notas cualquier clase de *mal*-estar «ahí abajo», si el síndrome premenstrual te pone fuera de ti, o si la depresión, la ansiedad, el miedo o la vida en general son como una patada en la vagina, te ruego que mires hacia abajo.

Te ruego que inspires por la nariz profundamente, hasta que el aire entre en el espacio de tu matriz, que retengas la respiración durante unos instantes, sueltes el aire por la boca y dirijas hacia abajo la atención.

Entra en tu cuerpo, entra en el espacio de tu matriz y encuéntrate con ELLA allí.

Hace mucho que ELLA te espera.

⤺ PRESENCIA CORPORAL ⤻

No es suficiente con que tengas una comprensión intelectual o emocional de este trabajo, necesitas sentirlo en el cuerpo. Ya, normalmente hacemos lo que sea para *salir* del cuerpo, queremos escapar de la experiencia humana, pero esta es una invitación a que hagas justo lo contrario, es una llamada a *entrar*.

Te invito a que cada mañana, antes de levantarte, conectes con tu cuerpo y estés presente en él. Disfruta de estar EN tu cuerpo. Acarícialo, acaríciate la tripa y dile a tu matriz: «Te quiero». Estate atenta a lo que está ocurriendo en ella. Con esa imposición de manos, establece una relación carnal entre tú y ella. Es esencial, fundamental.

Es algo tan sencillo que tu mente y tu ego se pondrán furiosos. Tu mente quiere que todo sea complejo: quiere respuestas, le gusta complicar las cosas. Familiarízate con la sencillez.

El propósito de compartir contigo esto y todo lo demás es que lo sientas, no que lo intelectualices, así que, si tienes dudas, ponte una mano encima del espacio de la matriz, respira profundamente y estate presente en tu cuerpo. Tu cuerpo es tu casa, así que vuelve a él una y otra vez.

Mi conexión con ELLA

Mientras *soñaba* de qué trataría este libro, leí mucho sobre la prehistoria de Malta, sobre ELLA y su paisaje de mujer sagrado. Esta pequeña isla situada al sur de Sicilia es el epicentro de ELLA; más de cincuenta templos de la Diosa y sepulturas megalíticas con forma de matriz de más de cinco mil años de antigüedad adornan su paisaje. Oí *la llamada* y reservé un vuelo. Por si aún no lo habías adivinado, sí, ahora Malta es mi lugar favorito del mundo.

Una tarde calurosa, el Vikingo y yo visitamos Hagar Qim y Mnajdra, dos de los templos más grandes, en el lado oeste de la isla. Cuando entramos en el recinto sagrado, el guía, un maltés bajito y sonriente, me hizo una seña con la mano para que me acercara. Eso hice, devolviéndole la sonrisa. (El Vikingo está acostumbrado a esta clase de cosas. Tengo cierto éxito entre los hombres de más de cincuenta años). El guía, sin sonreír ya, me tocó suavemente la mano y en un tono superbajo y muy serio me dijo: «Eres la Soñadora Maltesa, estás aquí para hacer el trabajo de ELLA».

Te lo juro.

Un escalofrío me recorrió de la cabeza a los pies, señal inequívoca de que estaba a punto de vivir algo sagrado, lo cual es un privilegio espeluznante.

(Por si no conoces a la Soñadora Maltesa, es la escultura de una diosa dormida de enormes caderas que se encontró en el Hipogeo de Hal Saflieni, una necrópolis subterránea).

El guía, o *mi* guía como lo llamo ahora, estuvo sentado con nosotros durante más de una hora hablándonos de los templos y de que nadie se refiere a su carácter femenino prehistórico, hasta el punto de que la versión oficial duda de si las estatuas de la Diosa de más de dos metros de altura encontradas en el templo de Hagar Qim no representarán en realidad a luchadores de sumo. (*Sé que no, ¿vale?*). Habló de que eran un lugar de culto a la Diosa y de que su principal propósito era atraer el poder de las estrellas a la matriz de la Tierra.

Mi guía me confió un ritual que me indicó que hiciera en la primera cámara del templo de Mnajdra. Me dijo que estaría sola, y que ELLA me recibiría allí. Al mirar a mi alrededor vi que el recinto estaba lleno de turistas, pero mi guía me aseguró que todo iría bien y nos condujo al Vikingo y a mí hacia el camino de la costa que baja por el acantilado hacia Mnajdra. A la entrada del templo, la multitud se dispersó y me encontré sola en la primera cámara, tal y como mi guía había predicho.

Recité en un susurro el conjuro que me había dado, me quedé en pie con las piernas separadas a la distancia de las caderas y respiré larga y profundamente hasta que el aire me llenó por completo la matriz (como explico en la página 36). Empecé a sentir que subían raíces desde las profundidades de la tierra, desde los huesos de todas las mujeres que me habían precedido, que habían venerado y rezado a la Diosa y habían sangrado en aquella tierra. Me sentí amada, me sentí fuerte y sentí encarnado mi poder, porque sabía que ELLA era yo y yo era ELLA.

Estaba conectada directamente con la fuente a través de mi cuerpo. No buscaba fuera de mí un poder superior, estaba enraizada en lo más profundo de la Madre Tierra, en las profundidades en las que el patriarcado había enterrado a la Diosa. Sentí las experiencias de mis predecesoras, de mi misma sangre y hueso, correr a través de mí rogándome que les diera voz en un momento de la historia en el que de verdad se quisieran oír y sentir. Y me sentí en casa.

Escucha con la matriz

Tal vez reconozcas su voz como tuya. Tal vez no. Tal vez provenga de un lugar más profundo o suene más autoritaria, o más amorosa, o más fuerte que la voz que usas a diario en tu vida. Tal vez no oigas nada. Tal vez te entren ganas de darle un puñetazo a tu cojín de meditación por lo frustrada que te sientes. Pero sigue presentándote. Sigue haciendo preguntas, sigue respirando y sigue abierta a recibir.

ELLA se revela cada vez que escribo en mi diario, así que tengo un precioso diario de cuero rojo dedicado a ELLA en el que escribo, sin corregir nada, todos los días. Programo el temporizador para veinticinco minutos y escribo y escribo sin interrupción. Escribo lo que sea para quitar de en medio cualquier tontería de mierda y dejo que ELLA hable a través de la palabra escrita.

También puedes usar las cartas del tarot y un juego del oráculo. Yo utilizo las cartas del oráculo de SASSY SHE, una herramienta de adivinación que creé a la luz de trece lunas llenas, y que son las distintas caras, apariencias y aspectos de ELLA. Cada carta tiene una palabra clave que puede servir para romper el hielo entre tú y ELLA al iniciar la comunicación.

◠ PREPARA UN ALTAR O UN ESPACIO SAGRADO ◠

Prepara en tu casa un espacio sagrado que sea solo para ELLA y para ti.

Inspira profundamente y pídele a ELLA que se manifieste en ti. ¿Qué colores, sensaciones, texturas, imágenes, música aparecen?

Quizá necesites hacerlo unas cuantas veces antes de notar nada, pero puedes estar segura de que ELLA te guiará y te enviará señales. Ve reuniendo imágenes, texturas e iconos del poder femenino que te llamen la atención.

Crea un espacio todo lo sagrado, divertido y precioso que quieras. Añade cualquier cosa que lo haga más personal para ELLA y para ti: una vela, flores, incienso... Cuida tu espacio sagrado cada día y añade más elementos que te vayan *llamando*.

Puedes sentarte en este espacio y escribir, respirar, meditar o cantar cada mañana, siéntelo como tu punto de contacto. Si no tienes demasiado sitio en casa, puedes hacerte un mini-altar portátil en una pequeña lata con tapa (de pastillas de menta, por ejemplo) o hacer un altar virtual utilizando Pinterest. Cualquiera de los dos es estupendo para ponerte en contacto con ELLA.

Confía en ELLA

Esta es la parte difícil. ELLA quiere hablarte, de verdad que quiere, pero probablemente estés tan acostumbrada a que la voz superfuerte de la duda te dé vueltas en la cabeza repitiéndote como un disco rayado lo desastrosa e inútil que eres que tal vez te cueste confiar en que una fuente de poder amorosa, atenta, feroz y femenina quiere inspirarte y ayudarte a sanar. Pero en esto consiste precisamente el trabajo. Es un trabajo para toda la vida, y cuanto más te entregues a él, más descubrirás. Cuanto más cuides de atender tus necesidades, más podrás esperar que, cuando confías en ELLA, confías en ti. Cuando la conoces a ELLA, te conoces a ti. Y es entonces cuando realmente puedes acceder al poder de ELLA que hay en tu cuerpo.

Cuando hablo del poder de ELLA, no me refiero al tipo de poder que se demuestra llevando hombreras al estilo de los años ochenta y sombra de ojos azul hasta las cejas, depiladas como hilos. No, estoy hablando de tu increíble poder deliciosamente divino y femenino a rabiar.

El poder de ELLA es la sabiduría de tus antepasadas, de tus abuelas y de las abuelas de tus abuelas. La sabiduría de todas las mujeres sabias que nos han precedido: Isis, Astara, Kali Ma,

María Magdalena, Joan Jett, Boudica, Juana de Arco, Cleopatra, Maya Angelou, la Virgen Negra, Sheena Na Gig, Lalita Devi, Akhilanda...

El poder de ELLA es tu sabiduría. Es fuego ardiente, es Shakti (la energía femenina) que vibra en el caldero de tu matriz, en toda tu cavidad pélvica, y se desata con cada ciclo menstrual.

Es antiquísima, es poderosa, es mágica y potente.

Es tu intuición, tu saber divino.

Es tu GPS interior.

Es sustancia de la buena, sustancia sangrante jodidamente buena.

Pero ser llamada a reclamar tu poder y a dar un paso al frente, a hacerte ver y a expresarte es jodidamente aterrador, sobre todo si has estado desconectada por completo de las raíces de la feminidad.

Vivimos en una sociedad que ni está estructurada para dar cabida a la experiencia femenina ni ofrece, por tanto, ninguna orientación sobre cómo vivir siendo mujer. Se nos dice que para lograr algo, para «realizarnos», tenemos que «hacer» vida de hombres. Los anuncios de productos para la menstruación nos dicen que no dejemos que «esos días del mes» nos impidan «comernos el mundo» y las películas y la pornografía se han convertido en el barómetro del aspecto que deberían tener nuestros genitales y de cómo deberíamos comportarnos sexualmente. La realidad, sin embargo, es que muchas nos encontramos en zona de no deseo o no tenemos ovarios para pedir lo que *realmente* queremos, necesitamos, merecemos. ¿Y nos extraña que se nos haya borrado todo vestigio del poder de ELLA, cuando la sociedad nos ha desconectado completamente de él?

El poder de ELLA está en ti; simplemente tienes que despertarlo, asumirlo, encarnarlo de nuevo.

Entiéndeme, *simplemente* no es sinónimo de *fácilmente*. No hay atajos.

Tienes que seguir escuchando y cumpliendo las tareas que te ponga la vida. Más aún, tienes que afrontarlas con la cabeza, el corazón y la matriz. Tienes que sentirlas de verdad, con el cuerpo entero, porque las reacciones físicas que te provoquen y el lugar del cuerpo en que se manifiesten serán pistas de lo que cada tarea te intenta enseñar. Entonces, y solo entonces, podrás desprenderte de tu anterior forma de ser y encarnar plenamente el poder de ELLA.

Como comprenderás, no hay cabida para dudas e inseguridades.

Tienes que entregarte entera a la posibilidad de algo nuevo.

A una nueva forma de percibir.

Puede que la novedad y la vastedad de lo desconocido te den un poco de vértigo, pero ten cuidado de no interpretar como miedo el vértigo de la expectación.

La expectación es buena.

Redescubre el poder de ELLA que hay en ti

Y se trata realmente de *re*descubrirlo, porque, créeme, lo has tenido en ti toda la vida, ha estado siempre ahí, DENTRO DE TU MATRIZ.

Es así, conecta con ELLA dentro de tu maravillosa, imperfecta y caótica «tuidad» en lugar de buscar las respuestas en el exterior y siempre, siempre, siempre encontrarás la verdad. Serán cada vez menos los momentos en los que te sientas desvalida y necesitada, y perderá fuerza la inseguridad.

Eso sí, tienes que estar dispuesta a zambullirte.

Llevo más de una década trabajando en mi relación con ELLA, con el poder de ELLA que hay en mí, pero eso no significa ni mucho menos que lo tenga todo resuelto. Mientras escribía este libro, me han surgido GRANDES preguntas sobre mis experiencias como mujer, autora, esposa, madre potencial, empresaria, amante y todos los demás títulos que se nos ofrecen.

Ha sido una época interesante.

CONFIDENCIA SOBRE ELLA

«Interesante» es una manera de decir caótica, emocional, de gran dolor de corazón y de soltar muchos tacos, juramentos y gritos. Solo para que entiendas.

Me ha removido un cenagal de miedos y rabia que yacían ocultos en el fondo de lo que, superficialmente, parecían aguas bastante claras. Si te ocurre, tienes la opción de:

1. Ponerte yóguica y observar las ondas; observar cómo asciende la mierda hasta la superficie —los miedos, las preocupaciones, la ansiedad— y darte cuenta de que tú no eres los miedos, las preocupaciones ni la ansiedad.

O de:

2. Darle la patada a todo lo que has aprendido en las clases de yoga o en los libros de autoayuda y lanzarte de coño a la ciénaga para vértelas cara a cara con la Divinidad.

¿Qué quieres que te diga? A mí me encanta una buena lucha de barro.

El Vikingo se puso a cubierto mientras la luna crecía y menguaba y volvía a crecer y a menguar, mientras yo luchaba, me fundía en el abrazo y en el amor y lloraba con Kali Ma, intentando descubrir qué significa de verdad para mí ser mujer: esta mujer.

Independientemente de lo que te diga ninguna gurú, autora o maestra, es imprescindible agacharse y enfangarse con la parte más agria que dulce de ser mujer. Pero a muchas nos da miedo. Nos preocupa lo que podría pasar si nos dejamos sentir rabia, ira y un profundo pesar en cada fibra de nuestro ser durante tanto tiempo como sea necesario.

No nos atrevemos a descender. Tenemos miedo de hurgar en las partes más oscuras y difíciles de nuestra personalidad.

Sin embargo, el propósito del descenso es precisamente mirar de frente y en detalle nuestra mierda, integrar lo que aprendamos y ponernos en pie más felices y sabias, y un poco más maravillosas, de lo que éramos antes. Es el viaje de la heroína, es la antiquísima historia de la diosa Inanna.

Es la iniciación femenina. El problema es que, poco a poco, los antiguos ritos y rituales femeninos han sido reemplazados por empalagosos cuentos de princesas «felices para siempre» y sesiones maratonianas de las Kardashian, un capítulo tras otro, porque vivimos en una cultura en la que las emociones suelen calificarse de «peligrosas», «histéricas» o «irracionales» y, para que no se nos tache de locas, ponemos la mayor distancia posible entre nosotras y lo que sentimos.

AMAR TU PAISAJE DE MU*J*ER

Cada una tenemos nuestras maneras predilectas de anestesiarnos. (Las mías son el azúcar y los *reality shows*).

Enterramos el material oscuro porque oímos todo el tiempo que tenemos que «pensar en positivo».

Luego nos vamos a *buscarnos* a sesiones de terapia, a lugares exóticos, a rclaciones que sabemos desde el primer momento que no van a hacernos ningún bien, colgándonos del hombro un bolso de diseño y poniéndonos unos zapatos bonitos.

Y nos preguntamos desconcertadas quiénes somos.

Bajamos nuestra intensidad de luz y nos mostramos sonrientes y complacientes. Porque nos han dicho que si nos expresamos plenamente y gritamos, si chillamos cuando tenemos un orgasmo, somos unas salvajes, no sabemos controlarnos. En palabras de Isadora Duncan:

«En un tiempo, aquí, fuiste salvaje.
No te dejes domesticar».

Pero la verdad es que nos han domesticado, y llevamos a cuestas la vergüenza y la culpa con las que ha cargado nuestra estirpe. Por eso hablamos de la menstruación, del sexo y del placer en voz baja. Por eso no confiamos en nuestro instinto. Por eso dejamos que los medios de comunicación nos dicten qué pensar y qué sentir sobre los demás y sobre nosotras. Por eso nos anestesiamos comiendo hasta reventar o con drogas o con alcohol. Por eso competimos con nuestras hermanas y sentimos resentimiento y animosidad hacia ellas cuando su vida, escenificada con fotos en Instagram, Facebook o Twitter, parece mejor que la nuestra.

Lo que sé con toda seguridad es que, en el fondo del cenagal, hay oculta en cada una de nosotras una rabia que le pertenece a nuestra madre, a nuestra abuela, a nuestra bisabuela, y que tenemos que remover el lodo, dejarla salir, sentirla y expresarla.

Ahora bien, entiendo perfectamente el sentido del no apego, y entiendo que revolcarme en el barro significa que iré dejando luego las huellas de las manos embarradas por las impolutas paredes blancas del camino hacia la iluminación espiritual, pero lo que las luchas con Kali en el lodazal me enseñan una vez tras otra es que necesito experimentar plenamente lo que es ser esta mujer: el dolor, la furia, la alegría, el placer, el caos, la suciedad.

Soy mujer, y VOY a rugir.

También voy a llorar. Voy a gritar a pleno pulmón cuando tenga un orgasmo y me va a importar una mierda lo que piensen los vecinos. Cada mes, voy a darme unos días libres para sangrar. Voy a dirigir mi negocio en total sincronía con la luna y con mi ciclo menstrual. Voy a sentir y a expresar con cada célula de mi cuerpo la rabia de mi estirpe.

Te desafío a que tú también la sientas.

Te desafío a que la experimentes.

Te desafío a que la expreses.

Sin pedir disculpas.

Es hora de que te encuentres cara a cara con la realidad de ser tú.

Invita a jugar a Kali Ma y atrévete a entrar en el lodazal con ella. Es una compañera de juegos brusca, pero su brusquedad es el amor de la Gran Mamá. Desde él, haz luego lo que quieras: crea, ama, monta un negocio, disfruta del sexo, escribe un libro, baila, canta, viaja… En el mundo faltan mujeres que estén dispuestas a vivir la vida metidas hasta la cintura en el barro y la inmundicia de lo que en verdad es ser mujer.

¿Cómo saber que has conectado con el poder de ELLA?

Te sentirás conectada y plenamente en tu poder. Respirarás relajadamente. Te sentirás rebosante, con independencia de lo que esté ocurriendo en tu mundo exterior, y exudarás una seguridad que proviene directamente de tu centro, la clase de seguridad que no se puede fingir.

Por el contrario, no vivir tu verdad, no estar conectada con el poder de ELLA, se traducirá, por ejemplo, en:

- Compararte continuamente con las demás mujeres.
- Quejarte a todas horas.
- Hacer ver que eres alguien que no eres.
- Ponerte frenética por cualquier cosa, sentirte ansiosa o desbordada.
- Recurrir a la comida, el alcohol, las drogas, las redes sociales o la televisión para poder con la vida.

En cada mujer se manifestará de una manera, pero tener una idea de las diferencias básicas entre lo uno y lo otro te ayudará a saber cuándo estás sintonizada con el poder de ELLA y cuándo no.

Por ejemplo, si me comprometo con un nuevo proyecto o acabo de conocer a alguien, la prueba de fuego es preguntarme: «¿Cómo estoy respirando, qué siento?».

Ser consciente de tu sentimiento más profundo es la clave para mantenerte en tu camino de la verdad. Y el camino de la verdad hay que cavarlo con pico y pala. Así que para despertar el extraordinario poder de ELLA que está deseando manifestarse a través de ti:

- Sé consciente de cuándo estás fuera de sintonía con tu verdad.

- Fíjate en cómo actúas, hablas, piensas y respiras cuando no estás alineada con tu verdad.
- Presta mucha atención a las diferencias de cómo te sientes en unos momentos y en otros.

Ten por seguro que, si prestas atención, las cosas empezarán a cambiar, y que ver las cosas de distinta manera es el catalizador de Kali Ma para los cambios espirituales.

A veces, esos cambios pueden ser «un poco» incómodos (*¡Ja! me estoy quedando muy, muy, muy corta*), pero es algo bueno.

Cada experiencia, cada situación en la que te encuentras o cada persona que conoces es una magnífica oportunidad para que fortalezcas tu anclaje en ELLA. Repite el mantra «Estoy dispuesta a conocer mi verdad» y confía en que ELLA te guiará.

Siente tu verdad.

Permite que el poder de ELLA pase a través de ti, que te oriente y te dé energía para experimentar una nueva manera de ser consciente de ti. Básicamente, ELLA te está pidiendo que desaprendas todo lo que el paradigma masculino te ha enseñado a creer que eres.

Piensa menos y siente más.

Esta es la nueva historia de la mujer que somos.

Esta es la historia que estoy reescribiendo sobre las mujeres porque la que nos han hecho creer que era verdad resulta ser una puta mentira.

La historia en la que somos «demasiado» o «no lo suficiente».

La historia en la que nos hemos olvidado de bailar, de tocarnos, de darnos placer.

La historia en la que no entramos en profunda y jugosa comunión con la Divinidad, con ELLA.

La historia en la que ignoramos nuestra naturaleza salvaje, indómita y cíclica.

La historia en la que no celebramos la menarquia y no honramos nuestro tiempo de sangrado menstrual, sino que lo maldecimos, y lo que más querríamos es que no existiese.

La historia en la que no tenemos ni puta idea de quiénes somos porque no nos atrevemos a reclamar y encarnar el poder de ELLA, o no sabemos cómo hacerlo.

Por ESO estoy aquí.

ES mi misión hacer todo lo posible por que hablar de nuestros úteros, ovarios y vaginas o de nuestra naturaleza cíclica sea menos científico y más relevante para nuestra vida diaria, y así cuando un médico te proponga «quitártelo todo», o te sientas culpable por haber abortado o por no concebir, o pienses que te estás volviendo loca o entres en una depresión, sepas qué hacer al respecto y por qué, y puedas también ayudar a una hermana que se encuentre en una situación similar.

Quiero que las amigas hablen de periodos y hormonas, del dolor, de la ira, de la sensualidad y de lo que les dé la gana delante de una copa de vino tinto, comiendo chocolate negro y vaporizándose el *ioni* (consulta la página 292).

Quiero que nunca tengamos la sensación de que hablar de nuestras partes femeninas es de mal gusto.

Quiero que tengamos formas de entender y tratar la sequedad vaginal, la disminución de la libido o la falta de deseo.

Pero no puedo hacerlo sola.

Hacen falta TODAS nuestras voces.

Puede que tu *llamada* tenga una presentación diferente, puede que no se te llame, como a mí, a escribir libros que hablen de «disparar rayos de PODER DE ELLA desde la vagina» pero, sea cual sea el título que te asignes —asistente de relaciones públicas, mamá, consultora, bailarina de *burlesque*, directora de recursos humanos, esposa, paseadora de perros, amante, profesora de yoga, editora, cuidadora–, lo que se nos está pidiendo a TODAS es que contemos de nuevo la historia de ELLA.

Capítulo 3

Sentir para sanarnos

«En la vida no hay nada que temer, solo hay que tratar de comprenderlo. Ahora es el momento de comprender más, para poder temer menos».

MARIE CURIE

¿Qué relación tienes actualmente con tus partes femeninas? El formidable, feroz y femenino poder de ELLA, contenido en el caldero alquímico del cuerpo de la mujer, su pelvis, es la energía que más necesita nuestro mundo en estos momentos. Cuando pregunté a las magníficas mujeres del aquelarre de ELLA, un círculo virtual con el que colaboro, qué relación tenían con sus partes femeninas, me inundaron de respuestas:

«Detesto cada mes ese dolor que me revuelve el estómago y me baja hasta las rodillas. Tengo unas reglas tan abundantes y llenas de coágulos que a veces me preocupo. Porque sé que a estas alturas ya debería haber sido madre, o haber tenido al menos

algún "accidente". Así que me pregunto si podré tener hijos, y espero que sí, porque ahora es lo que más me gustaría».

«Estoy orgullosa de mi vagina. Da y recibe un placer alucinante y ha parido a mi precioso hijito, aunque, si tengo que ser sincera, la veo un poco vieja y castigada».

«Me encantan mis partes femeninas, pero necesito cambiar la idea que me han inculcado de que las vaginas son feas y asquerosas. Durante mucho tiempo pensé que me pasaba algo raro porque tenía los labios vaginales demasiado grandes, o porque tenía un clítoris que no era normal. Creo que las vaginas necesitan una voz para gritar que son bellas sean cuales sean su forma y su tamaño».

«Estoy en ello. Me han hecho dos biopsias en el cuello del útero y desde entonces no me he atrevido a comprobar lo que siento. No quiero saber cuál será la sensación ahora, quiero que mi vagina vuelva a ser como antes. El médico me ha dicho que con el tiempo tendrán que hacerme una histerectomía, y la verdad es que no quiero, no puedo imaginarme no tener la regla».

«Aquí estoy, explicándoles a mis partes femeninas que la perimenopausia no es el fin de la feminidad».

«Sensaciones contradictorias. Poco a poco empiezo a asimilar que soy una mujer y no un hombre, y hay cosas que no puedo o no quiero hacer por el momento para honrar mis partes femeninas. Tratarlas con delicadeza y cuidarlas será el siguiente paso. Incluso el sexo me cuesta un poco en este momento: mis partes femeninas quieren que se las obsequie de vez en cuando con un orgasmo, pero no es algo que pueda conseguir *fácilmente con la penetración, así que por lo general las ignoro y doy prioridad al placer de mi marido, y yo consigo el mío cuando puedo».*

«Me siento desconectada. Estoy embarazada y tengo pérdidas de orina constantes, lo cual es normal pero muy molesto. Me ha desaparecido POR COMPLETO el deseo sexual, y de todos modos a mi pareja le espanta que tengamos sexo durante el embarazo, así que no hemos conectado con regularidad desde hace tiempo, y estoy un poco preocupada. Solo espero que las cosas no sigan así después de que dé a luz, pero la verdad es que ya no tengo nunca ese deseo que recuerdo haber tenido siempre. Además, ya no puedo verme ahí abajo, me resulta muy difícil depilarme y me preocupa desgarrarme entera ahí abajo durante el parto. Intento ser cariñosa y enviar ahí abajo buenos pensamientos».

«En general, no es una relación demasiado fantástica. Tengo días mejores que otros, pero cuando la matriz decide darme guerra y me causa tanto dolor y malestar, no me resulta fácil sentir amor por ella. Los días en los que me siento en sintonía con mi ciclo y con mi cuerpo son épicos. Me siento invencible, y eso es alucinante. Pero, en general, no es lo que se dice una relación genial».

Puedo hablarte de lo imponente y asombroso que es estar presente en tu cuerpo de mujer, puedo hablarte del portal de poder que es el espacio de tu matriz, pero si has sufrido un prolapso, si sangras la mayor parte de los días del mes, si estás en una relación en la que no te atreves a pedir lo que TÚ quieres, si te han violado, o has tenido una experiencia traumática, o te han hecho una histerectomía, o tienes fibromas dolorosos o cualquier otro de los cientos de trastornos de «ahí abajo» posibles, que yo te diga que ames tu paisaje de mujer solo va a servir para que tú y tus partes femeninas me mandéis a la mierda.

¿Cuál es *tu* relación con tus partes femeninas?

Aquí nadie juzga nada, ni hay ninguna respuesta correcta o incorrecta. Solo te pido que te pares y descubras en qué punto te encuentras, en este preciso momento, en relación con «ahí abajo». Simplemente estate abierta a lo que tus partes de mujer te digan o no te digan.

Si necesitas un pequeño empujón, el «amor de matriz» es mi práctica diaria innegociable para establecer conexión y relación con mis partes femeninas.

⟨ AMOR DE MATRIZ ⟩

Utiliza todas las mañanas esta sencilla técnica para conectar con tus partes femeninas. Practicarla a diario te ayudará a sentirte dueña del centro generador de energía creativa y a operar desde ELLA, así como a reconocer el aspecto más sagrado de quien eres.

Lee hasta el final las siguientes instrucciones, y luego empieza.

1. Respira profundamente y cierra los ojos.
2. La energía fluye hacia donde diriges tu intención, así que pon tu atención directamente en tu cavidad pélvica y crea un *yoni mudra*. (El *mudra* es un cierre energético que creas con las manos). Coloca las manos estiradas delante de ti con las palmas hacia abajo, junta las yemas de los dos pulgares y luego las yemas de los dos dedos índices para formar un rombo, y sitúalas debajo de tu ombligo, en el espacio de tu matriz, en total reverencia y amor a ella. Un gran suspiro.

3. Acompáñala. Abrázala. Dale las gracias.

4. Dile: «¡Matriz, eres lo más!» o «Creo que eres una *crack*» o «Te quiero con locura, ¡seamos compañeras de cuerpo!», o inventa las frases de amor a tu matriz que prefieras y compártelas usando la etiqueta #ama-tupaisajedemujer (o #loveyourladylandscape). ¡Quiero hacer una colección de pegatinas!

5. Observa cómo empieza literalmente a palpitar y a aligerarse el espacio de tu matriz (puede que no ocurra la primera vez que lo practiques, pero ten paciencia) a medida que el óxido nítrico (ON) se sintetiza en el endotelio (el revestimiento interior de los vasos sanguíneos) y por su efecto vasodilatador crea un abundante flujo de sangre en el espacio de la matriz. El ON es la destilación del jugo corporal que nos hace sentirnos bien, la fuerza vital del cuerpo, su supercombustible. Básicamente, es sustancia de la BUENA. Aunque no hagas ningún otro ejercicio del libro, por favor, por el amor de ELLA, haz este.

6. Envíale amor.

7. Cuando sientas que es el momento de poner fin a esta práctica de conexión —la mía puede variar desde un contacto de cinco minutos antes de entrar en la ducha hasta una fusión amorosa de treinta minutos tumbada sobre la piel de oveja delante del altar, entonando cánticos en su nombre y enviándole amor— junta las manos delante del corazón en posición de orar.

Esta práctica tendrá unos efectos más agradables unos días que otros, sobre todo si tu matriz lleva mucho tiempo reteniendo ira o alguna experiencia traumática. Si no sientes amor, si estás enfadada o furiosa, si tienes ganas de llorar, te pido que te quedes con esos sentimientos tanto tiempo como te sea posible y que los sientas realmente. Tus sentimientos son hechos y, si les das la oportunidad, pueden procurarte la medicina que necesitas.

Confía en tu medicina

Cuando hablo de medicina, no me refiero a medicamentos como los que se dispensan en el mostrador de la farmacia, sino a la medicina que reunimos a lo largo de nuestra vida para ayudarnos a aprender y crecer.

Mi abuela (la bruja gitana más impresionante que puedas imaginar) me enseñó a trabajar con plantas y hierbas maestras, a hacer pociones y tinturas para elevar el ánimo, a utilizar la energía de los ciclos lunares y de las estaciones para plantar, y a cambiar de estado de conciencia para acceder a mi intuición más profunda. También me enseñó que «todo pasa, incluso lo que creemos que no podremos superar», cuando las palabras de alguien me herían en lo más hondo. Pero lo más importante de todo lo que me enseñó fue que la verdadera medicina rara vez está guardada en el botiquín del cuarto de baño; la verdadera medicina proviene de Mamá Naturaleza: de las experiencias, las palabras y los sentimientos.

Lo que pasa es que, seducida por el chocolate, las bandas de *rock*, los hombres malos, una profesión y los artículos de consumo, lo olvidé. Tal vez tú también lo hayas olvidado.

Podemos hacernos nuestra propia medicina.

Para mí, el movimiento es medicina. Las ceremonias y rituales son medicina. Es medicina el cacao. La sabiduría de la matriz. Los baños de vapor vaginales. Es medicina la menstruación. Son medicinas que me ayudan a comprender e integrar lo que estoy aprendiendo en esta vida.

A través de la reconexión y el recuerdo, a través de la exploración de mi paisaje de mujer y a través de mi trabajo con las clientas, he cultivado una profunda y minuciosa capacidad de escuchar, de trabajar con dedicación, de confiar y de asumir responsabilidad por lo que hago, todo lo cual creo que es imprescindible cuando se trabaja con la medicina de la matriz.

Espero que eso sea lo que estés cultivando en ti en este momento.

Espero que estés empezando a confiar en ti misma y en tu sabiduría interior.

A escuchar profundamente qué le sienta bien a tu cuerpo y qué le sienta mal.

A reconocer los guiños cósmicos cuando aparecen y a prestarles atención y entregarte plenamente a su mensaje.

Y por encima de todo, a asumir responsabilidad por TODO... ELLO...

CONFIDENCIA SOBRE ELLA

Tal vez te dé tranquilidad trabajar con una terapeuta o sanadora mientras te abres a las prácticas y experiencias que comparto.

**Llevamos demasiado tiempo
anestesiadas, y necesitamos sentir.
Necesitamos sentir para sanarnos.**

Es hora de sanar la herida femenina

Cada vez que percibas en tu ser un patrón de pensamiento o comportamiento patriarcal, como preocuparte por tu medida de cintura, que alguien te diga que no está bien lo que haces y creértelo, compararte con otra mujer, pensar que no te mereces nada, que no das la talla, que no puedes aspirar a una vida mejor; cada vez que te resignes a sentirte mediocre, que te empeñes excesivamente en conseguir un resultado preciso o que adviertas cualquier otro patrón venido de fuera que esté definiendo tu experiencia diaria como mujer, admite la verdad.

Admítelo TODO, porque la verdad y la integridad son posibles cuando un momento tras otro lo admitimos todo.

Admítelo todo sin temer que se te juzgue por ello. Admite que, a pesar de todo lo que has aprendido, necesitas que te recuerden una y otra jodida vez que el mundo necesita lo que tú tienes.

Admítelo y lo haremos saltar por los aires.

Mi amiga Annu Tara dice: «Sé su revelación». ¿No te encanta? Me lo voy a tatuar.

Reaprópiate de las herramientas que perpetúan esos patrones: las redes sociales, por ejemplo. ¿Y si no te ciñes a las reglas? ¿Y si dejas de lado las palabras de moda y los memes y haces que tus publicaciones en todos los medios sociales cuenten algo sustancial, algo que honre tus necesidades y tu voz y tu naturaleza eternamente cambiante?

¿Y si no tuvieras que ser «una sola cosa»? ¿Y si tu «marca» o tus *feeds* o tus *tweets* en las redes sociales fueran una expresión simple y llana de quien eres: una mujer en constante expansión? Yo, por ejemplo, publico en Instagram casi a diario porque me encanta. No publico en Twitter porque no me gusta. No tengo un canal separado para mi negocio y para mí porque no estoy separada de nada. Si vamos a abrazar la totalidad de quienes somos, basta ya de máscaras. Mostrémonos tal y como somos.

Para mí, eso implica llevar pintalabios rosa chillón un día y hablar de personajes de dibujos animados de los años ochenta al día siguiente; hablar del poder del cacao como planta maestra chamánica y expresar, mientras experimento el síndrome premenstrual, toda la rabia que siento por la forma en que estamos devastando a nuestra Madre Tierra. Porque soy TODAS... ESAS... COSAS...

La coherencia es una ilusión. Señoritas, somos cíclicas, y llevamos ya demasiado tiempo encajonadas, actuando, creando y comportándonos dentro de los márgenes lineales del modelo asfixiante que se nos ha asignado. Siente todas las expresiones de ELLA en ti a lo largo de tu ciclo menstrual, siéntelas plenamente y deja que esa sea la fuerza que te guíe.

Esta es la energía de ELLA en acción.

Sé vulnerable.

Percibe qué es tuyo y qué, decididamente, NO es tuyo. Y actúa en consecuencia.

Confía en ti, confía en ELLA y deja que sean tus labios vaginales los que hablen.

Siéntela a ELLA en tu cuerpo de una manera gloriosa, descarada, confiada, luminosa. Vuélvete hacia tu interior y conecta directamente con la sabiduría colectiva de la feminidad sagrada, que siempre ha estado en ti y que se manifiesta a través de cada mujer que escucha el susurro, el chillido, el grito, los aullidos de su matriz. Cuando lo hagas, te devolverá y nos devolverá a todas a la esencia de ser mujeres: a todo lo vivo, libre, salvaje, intuitivo, espontáneo, cíclico y ferozmente amoroso.

La historia de Mamá

Solo hay un problema: que es muy difícil ser un recipiente feroz y femenino de la energía de ELLA sin haber identificado antes en nuestro interior los lugares de los que nos hemos sentido desterradas, que hemos abandonado, en los que nos hemos desconectado de ELLA.

Yo sé que, hasta que oí el aleteo de mis labios vaginales por primera vez, la idea de la Diosa se reducía para mí a una lámina de Kali Ma colocada en mi altar. Sentía un profundo respeto por ella, como por Frida Kahlo y Cleopatra: una rebelde con los ovarios bien puestos, de la que estaba totalmente separada.

Veneraba a Kali, le rezaba y le hacía ofrendas en cada cambio de estación, pero no dejaba de ser una deidad a la que rendía culto desde la distancia. Aunque está claro que ahora la conozco íntimamente, y luchamos en el barro como fieras cuando las cosas se ponen serias, hubo un tiempo en que ELLA y yo no éramos una. La razón es que el primer encuentro que tenemos con ELLA, la Diosa, la Feminidad Divina, es el primer verdadero encuentro con nuestra madre, así que hasta que tengamos el valor de «entrar» de verdad en la relación con nuestra mamá, ELLA seguirá siendo simplemente la imagen de una diosa colocada en un altar, una fantasía de cómo podría haber sido todo.

Mi relación con mi madre había sido... tempestuosa.

De niña, quería con todas mis fuerzas recibir su amor y atención y buscaba en ella aprobación constante. Pero mi madre venía de una familia numerosa, se había casado con un hombre que reclamaba su atención en todo momento, y ella, que inevitablemente había tenido que pelearse por recibir atención en su familia, lo que necesitaba por encima de todo era que la quisieran y la atendieran a ella también.

Y así empieza todo.

Ni ella ni yo recibíamos lo que necesitábamos. Mi historia era su historia y su historia era la historia de su madre.

Luego, cuando yo tenía trece años, se fue de casa y me dejó al cuidado de mi padre. Dijo que se había enamorado por primera vez, que nunca había sido tan feliz, y no supe nada de ella durante los cuatro años siguientes.

Me sentí abandonada, rechazada. Sentía que nadie me valoraba ni me quería.

Ahora sé que aquellas heridas eran una de las razones por las que durante mi adolescencia comía sin parar. Necesitaba adormecer el dolor de no sentirme querida precisamente por la persona cuya aprobación más me importaba. Es la razón por la que luego he llevado una gruesa capa de grasa como armadura, porque no podía soportar la idea de que alguien me hiciera daño de nuevo. Así que «entrar» en la relación con mi madre fue un trabajo considerablemente laborioso y doloroso, pero fue también una liberación.

Nuestra madre nos ofrece el modelo de cómo ser mujer en el mundo. Bethany Webster escribe sobre esto con una claridad impactante en su blog «*Why it's crucial to heal the mother wound*» [Por qué es crucial curar la herida materna] en womboflight.com. Cualquier patrón y creencia limitadores que hayamos podido experimentar de pequeñas en la relación con nuestra madre, consciente o inconscientemente, lo hemos interiorizado y se ha convertido en nuestra verdad. La forma en que nuestra madre se trataba a sí misma es la forma en que nos trató a nosotras, y es lo que hoy pensamos de nosotras mismas en lo más profundo de nuestro ser.

Del mismo modo que no toda la culpa del patriarcado la tienen los hombres, tampoco nuestra madre tiene toda la culpa de lo que experimentamos. Las madres son humanas. Tienen defectos, como tú y como yo. La realidad, sin embargo, es que cuando nos transmiten creencias como «mejor no aspirar a mucho, es más seguro» o «mejor no hablar muy alto» o «mejor no destacar», aunque quizá sean mensajes bienintencionados, no nos dejan conectar con la energía de ELLA que hay en nosotras y vivirla plenamente.

Por suerte, lo que hayas heredado de tu madre no tiene por qué ser tu destino. ¡Hurra! Puedes transformar lo que antes creías que era verdad. Yo, después de mucho «entrar» en la relación, me sentí finalmente agradecida a mi madre por que me hubiera enseñado que los patrones familiares se *pueden* cambiar. Ella se atrevió a seguir su corazón, sin importarle las consecuencias. Se atrevió a llenar en primer lugar su pozo emocional, a anteponer sus necesidades a las mías, y gracias a ello pudo hacerme partícipe de su amor en los años anteriores a su muerte.

UN AMOR... TAN... BESTIAL.

El dolor de ser mujer en esta cultura se ha transmitido de generación en generación, así que cuando trabajas para sanar la historia de tu madre, empiezas a transformar y a sanar la historia femenina colectiva. Sanas a las mujeres que te han precedido y a las que están por venir.

Estoy chocando contigo esos cinco, haciéndote una profunda reverencia y enviándote un gran amor por ESO.

En los primeros días, semanas y meses de tu vida, tu mamá y tú estáis unidas. Sois una. Así que cualesquiera que fueran las experiencias y heridas que hubiera en ella durante esos primeros días y momentos de tu vida, esas experiencias y heridas se convirtieron en las tuyas.

Para encarnar el poder de ELLA que hay en nosotras, tenemos que reflexionar sobre la historia de nuestra madre. Contiene mucha información sobre de dónde venimos, por qué somos como somos y cómo nos hemos ido enredando en esos modelos de comportamiento.

**La relación con tu madre
es una de las principales claves
para conocerte a ti misma.**

Tus circunstancias, las situaciones y experiencias que has vivido serán sin duda diferentes de las mías: quizá tu madre bebía y no estaba en condiciones de atenderte, quizá fue sobreprotectora, quizá trabajaba tanto que no la veías nunca, quizá te dejó cuando naciste, quizá no supo mostrarte afecto... Hay un millón de variantes, y no somos quién para criticar ninguna. Tenemos simplemente que deconstruir el relato antes de poder reescribir uno nuevo.

¿Tienes la impresión de estar renunciando a hacer lo que verdad te gustaría porque así te sientes más segura? ¿Sientes como si tu vida hubiera quedado en suspenso, esperando el permiso de mamá para vivirla? ¿Temes que mamá pueda sentirse amenazada si brillas? ¿Tienes una tendencia compulsiva a dedicarte al cuidado emocional de los demás? ¿Necesitas que otros te den su aprobación? ¿Te preocupa que, después de todo lo que tu mamá luchó y se sacrificó por ti, puedas abandonarla si triunfas?

Lo que yo he descubierto, a partir de mi propia experiencia y la de mis clientas de *coaching* a lo largo de los años, es que la mayor herida materna para muchas mujeres es sencillamente que nunca nos sentimos a salvo. Llevamos el miedo en los huesos y nuestra madre lo llevaba en los suyos, lo mismo que su madre. Nos quemaron por ser sanadoras, brujas y herejes: ¡cómo no vamos a tener miedo! Pero ser testigo de la historia de tu madre y de las heridas que trae consigo puede cambiar eso, porque las heridas están ahora dispuestas a mostrarse abiertamente.

Están más que dispuestas.

Sé una madre para ti

Mi madre abandonó su cuerpo en un momento en que la sociedad, mi reloj corporal, mis amigos y los padres del Vikingo me pedían a gritos que fuera madre.

No estoy segura de que mi cuerpo sea capaz de hacer bebés y no estoy segura de que, aunque lo fuera, quisiera hacerlo, pero de lo que *sí* estoy segura es de por qué mi madre abandonó su cuerpo en ese momento.

Fue una llamada de ELLA a que confiara en mi instinto maternal para ser una mujer de verdad, directa y audaz en el mundo.

Amo y echo de menos a mi madre todos los días, y es tras su muerte cuando estoy recibiendo de ella INNUMERABLES enseñanzas sobre nuestra relación y sobre quién soy como mujer que, en su mayor parte, no habría sido posible que me transmitiera estando viva.

La relación con nuestra madre está en la base de nuestra relación con lo que somos como mujeres. Si de niña no recibiste de tu madre lo que necesitabas de ella, eso tendrá un impacto COLOSAL en lo que te cuentes a ti misma sobre quién eres. Tu autoestima, tu capacidad para mostrar amor hacia ti y hacia los demás, la evaluación que haces de ti como ser humano y como mujer, todo ello está dictado por la medida en que tu madre fue capaz de mostrarte amor a ti cuando eras niña y de celebrar (o, en la mayoría de los casos, no celebrar) tu menarquia, tu primer sangrado, tu iniciación a la feminidad.

Esta es la historia de TODAS las mujeres. Y al decir esto, no pretendo ni mucho menos trivializarla, sino invitarte a que explores la relación que tienes con tu madre y cómo ella, o las figuras maternas de tu vida, han condicionado, moldeado y definido tu experiencia como mujer.

Esa relación determina también que seas capaz o no de hablar de ti. Si de niña cada vez que hablabas te decían que parecías tonta, lo más probable es que ahora tengas dificultades para expresarte.

Si no recibiste el amor y los abrazos que te hubiera gustado, tal vez no creas que tienes nada importante que decir, nada que valga la pena escuchar. Para tu información: importa, y mucho. Por si lo dudabas.

Son bloqueos como este lo que nos impide vivir de verdad, ser la propia protagonista de nuestra vida y compartir nuestra valentía con el mundo. Por eso, si has leído *Code Red*, sabrás que me apasiona organizar ceremonias de Reconexión Roja con mujeres. Esas ceremonias le permiten a una mujer volver a vivir su menarquia, volver a entrar en el cuerpo de cuando era una jovencita y encontrarse allí consigo misma. De lleno. Es tan extraordinario el poder de esta experiencia que a algunas mujeres les cambia la vida por completo (consulta «Recursos», en la página 327).

Hasta que reviví mi menarquia, no me di cuenta de que en su día nadie había prestado particular atención a mi primer sangrado. Mi madre me ignoró, le quitó importancia, y eso marcó el tono de la relación que tendría conmigo misma como mujer y de mi capacidad para hablar y compartir mis experiencias con el mundo.

Por eso me expreso mejor a través de la palabra escrita. Cuando hablo en público, a veces me hago un lío con las palabras y me tiembla la voz. Hablo de todos modos, porque *yo* importo, mi historia importa.

Lo bueno es que podemos reescribir la historia, organizarnos una fiesta para celebrar nuestra menarquia (consulta la página 182) o hacer una ceremonia de Reconexión Roja a cualquier edad, y ser la persona que dé a esa niña que se está haciendo mujer exactamente lo que necesita.

Tanto si tu madre sigue estando en el plano terrestre como si ya lo ha abandonado, es importante que te conviertas en una madre para ti, que reconozcas y asumas la responsabilidad de atender tus necesidades y, lo que es más importante aún, que sepas que tus necesidades son dignas de atención.

Tu medicina de mamá

No hay ningún ejercicio que, con solo rellenar los espacios en blanco, pueda ayudarte a descubrir la relación con tu madre y a arreglarla de un plumazo, ni creo, lamentablemente, que hacer el ejercicio que te propongo a continuación sea el único trabajo que necesites hacer al respecto. Yo estuve yendo a una terapeuta una vez por semana durante tres meses para que me ayudara a llegar al punto en el que poder ver mis heridas, qué estaba haciendo para anestesiar el dolor que me causaban y por qué y cómo estaban condicionando mi capacidad, o incapacidad, para mostrarme plenamente en el mundo como mujer. Sigo yendo a su consulta cada seis meses para continuar descubriendo y depurándome, y ser una vasija lo más vacía posible. También voy todos los años a recibir los abrazos de Amma. Hay quienes la llaman «la santa de los abrazos». Yo la llamo simplemente «Ma».

Amma es la encarnación viva del amor.

Cuando murió mi madre, Amma fue mi guía. Ella dice: «Una corriente ininterrumpida de amor fluye de mí hacia todos los seres del universo. Este amor es mi naturaleza innata».

Estar entre los brazos de Amma es como me imagino que debe de ser estar acurrucada en la matriz cósmica donde solo hay amor, compasión, generosidad y bondad. También a ella, Ma Devi, le rezo delante de mi altar cada mañana, la invoco en cada clase que recibo y en cada ritual y ceremonia que comparto, básicamente en el trabajo que hago cada día.

Las siguientes prácticas te ayudarán a arañar la superficie de lo que para ti es verdad. Cuando conectes con tu relación maternofilial y lo que experimentaste de niña, te resultará más fácil empatizar contigo misma y darle a tu niña interior (*esta frase me produjo rechazo absoluto durante mucho tiempo, así que entiendo si a ti te pasa lo mismo*) la atención maternal que necesita para sentirse querida y a salvo. Al crear ese vínculo interior de seguridad, sentimos realmente que nuestras raíces se empiezan a fortalecer: raíces profundas que nos permiten mantenernos firmes en el poder de ELLA, hacer realidad nuestros sueños, destacar, meter la pata y ser fieles a nuestras percepciones y principios.

Esta versión de ti, la tú imperfecta y caótica que da un paso adelante y expresa lo que piensa y lo que siente, es justamente lo que el mundo está esperando. Muchas hemos tenido que llevar una máscara para sobrevivir, pero ha llegado la hora de que te quites la máscara y confíes en que eres importante tal como eres, y tu experiencia también. Ah, y por si no lo sabías, creo que eres alucinante.

ꙮ EXPLORA LA RELACIÓN CON TU MADRE ꙮ

Descarga la clase de *SHE Flow* (encontrarás el enlace en la página 328) y, mientras te mueves, ten presentes las preguntas que indico más adelante.

Transpira, grita, llora y reza las respuestas. Siéntelas DENTRO de tu cuerpo, y luego empieza una página en blanco en tu diario y deja que tu matriz, tus entrañas y tu corazón se fundan con el papel y el lápiz. (Puedes teclearlas si lo prefieres, pero creo de verdad que tiene un poder diferente escribir a mano).

La mejor forma de que las siguientes preguntas lleguen a donde tienen que llegar es moviendo el cuerpo. Ahora bien, es cosa tuya cómo te acerques a lo que surja y lo proceses. Escribe un poema o una canción, dibuja o crea algo que represente lo que sientes. Exprésalo de la manera que sea más auténtica y natural para ti.

- ¿Cómo es/era tu relación con tu madre?
- ¿Cómo era esa relación cuando eras pequeña?
- ¿Cómo viviste la menarquia? ¿Puedes volver a ese momento de tu primer sangrado y recordar cómo te sentiste, qué te dijeron, cómo reaccionaron tus padres? (*Quizá te cueste un poco, dado que la experiencia de muchas de nosotras es que se le prestó tan poca atención que no hemos pensado más en ella. Pero trata de volver allí, de contar con el corazón aquel momento tal como vaya saliendo, sin corregir nada, y luego trata de conectar con las emociones que surjan en ti mientras lo revives: ¿estás triste, estás enfadada, te da vergüenza?*).
- ¿Cómo solía demostrarte amor tu madre?
- ¿Cómo te demuestras amor a ti misma y se lo demuestras a los demás? (*Cuando hablo de amor a ti misma, no me refiero a darte un baño perfumado, aunque obviamente es algo delicioso, sobre todo si añades unas gotas de aceite esencial de granada y rosas, sino a un amor implacable que significa que eres capaz de decir que no, de poner límites, de saber lo que necesitas y asegurarte de que lo recibes, de no pedir disculpas... ESA clase de amor a ti misma*).

- ¿Qué necesidades *tienes*? Y ¿eres capaz de ser tu madre, la madre que necesitas? *(Esto no es cualquier cosa, así que sé amable contigo y no temas pedir ayuda. Tal vez quieras contar con el apoyo de una consejera o una terapeuta que haya cerca de donde vives. Asume la responsabilidad de procurarte lo que necesites y recuerda que te quiero, mucho).*

Una vez que empezamos a procesar el dolor de la relación con nuestra madre, ya no es necesario que el dolor permanezca en la oscuridad, y desde ella se manifieste veladamente como manipulación, competencia con otras mujeres y odio a nosotras mismas. Ahora podemos sentirlo, experimentarlo y, con el tiempo, incluso transformarlo en amor, un amor que se revele como feroz apoyo de unas a otras y como profunda y radical aceptación de nosotras mismas, un amor que nos libere para que encarnemos todas plenamente el poder de ELLA. ¡GRRRR!

✍ MANTRA A LA MADRE: VISHWA SHAKTI AVAHAM ✎

Utilizo este mantra cada mañana como parte de mi práctica diaria de conexión con ELLA. Mientras voy haciendo girar de una en una entre los dedos las cuentas del *mala* (un rosario de ciento ocho cuentas más una principal, llamada *Sumeru*, que ayudan a la mente a concentrarse en la meditación o a contar los mantras en series de ciento ocho repeticiones), recito el siguiente mantra (que se pronuncia *vishua-shakti-avahám*) ciento ocho veces.

Vishwa Shakti Avaham

Lo utilizo para conectarme con mi matriz. Este mantra vuelve a conectarnos, a través de nuestra línea materna, con el punto de creación en el que se originaron todas las cosas: la matriz de ELLA, la matriz cósmica. Recitar este mantra te permite reconocerte plenamente como ELLA: madre; amante; *Shakti*, pura energía femenina.

Vishwa significa 'universal'; *Shakti*, 'energía de la Madre Divina, todo lo femenino que hay en el universo' (madre, hija, amante, amiga), y *Avaham*, 'ven, manifiéstate, haz que sea, hazme saber que estás aquí'. *Vishwa Shakti Avaham* llamará a tu interior la energía de la Madre Divina, que despertará a la ELLA que hay en ti.

Para cargar el mantra con el poder de ELLA, ve haciendo girar entre los dedos las cuentas de tu *mala* mientras fijas los ojos en el *Sri Yantra* de la Diosa Madre, un complejo círculo sagrado, que puedes descargar, entre otras Herramientas de Paisajismo Femenino (*Lady Landscaping tools*), en loveyourladylandscape.com (https://lisalister.com/lady-landscape-tools). Cuando trabajamos conjuntamente con este mantra y el *Sri Yantra*, podemos entrar en la matriz cósmica, lo que significa estar en su interior mirando hacia fuera. Esta práctica mueve una poderosa energía. Si quieres intensificar la sanación, ponte delante una foto de tu madre, o visualízala en tu mente, y cada día, durante veintiún días seguidos, recita el mantra mirándola a los ojos, con las manos juntas en posición de orar, y dale las gracias por haberte parido. Dile: «Te perdono. Por favor, perdóname. Te quiero».

NO es fácil hacer este trabajo, sobre todo si has tenido con tu madre una relación traumática o cualquier cosa menos positiva. Es posible que cada día surjan en ti diferentes cuestiones, emociones, sentimientos. Estate con cada uno, con todos. No los juzgues; sé testigo de ellos, siéntelos y sánalos.

Siéntelo todo

El trabajo, y *es* auténtico trabajo, es estar dispuesta a sentir TODOS los sentimientos.

La mayoría aprendimos, siendo muy pequeñas, que el dolor es inadmisible, así que hemos hecho todo lo posible por distanciarnos de él. No teníamos forma de saber cómo tratar los sentimientos abrumadores y dolorosos que forman parte de estar vivas, el sentimiento de soledad, el desamor, la tristeza profunda, así que aprendimos formas estupendas de no sentirlos. Es cierto que en su mayoría eran comportamientos adictivos y controladores, pero el caso es que funcionaban y nos evitaban sentir dolor. ¡Qué más se puede pedir!

La única pega es que, para que pueda producirse una verdadera sanación, en ti, en mí y en Mamá Tierra, es *necesario* sentir el dolor. Es necesario que nos permitamos sentir los sentimientos dolorosos, porque todos ellos contienen información importante, y la necesitamos. Tus sentimientos, muchos de ellos almacenados en el espacio de tu matriz, son una fuente de saber y una guía. Y es tu misión, si decides aceptarla, y te recomiendo encarecidamente que lo hagas, estar presente y muy atenta dentro de tu cuerpo, darte cuenta de lo que sientes, responsabilizarte de ello y dejar que la sanación comience.

Mira, sea cual sea tu religión o creencia espiritual, el destierro de Eva del Jardín del Edén nos ha dejado a toda la humanidad femenina una sensación de merecido rechazo y abandono, que es la razón por la que muchas *nos abandonamos* como método de protección sistemático.

Cuando los sentimientos son demasiado intensos, para protegernos del dolor, la mayoría de las veces utilizamos alguna forma de comportamiento controlador. Mi conducta controladora preferida era (y a veces sigue siendo) comer compulsivamente, pero hay muchas, muchísimas otras formas de abandonarnos:

- Vivimos en la cabeza en lugar de en el cuerpo, porque cuando estamos en la cabeza podemos no sentir nuestros sentimientos.
- Nos juzgamos, avergonzamos o criticamos para tapar lo que sentimos.
- Nos hacemos adictas a anestesias diversas: alcohol, drogas u otros hábitos y comportamientos adormecedores.
- Ponemos nuestros sentimientos en manos de «un profesional» porque no queremos enfrentarnos a ellos o no sabemos cómo hacerlo.

Cuando nos abandonamos de cualquiera de estas maneras, las heridas profundas que se traducen en culpa y vergüenza, el discurso mental autoaniquilador y las percepciones distorsionadas nos provocan ansiedad, un sentimiento de soledad, depresión, pero es el modo en el que conseguimos escapar de los sentimientos esenciales a los que sencillamente no sabemos, o no queremos, hacer frente porque… ¡joder, duelen mucho!

El miedo a sentir

El dolor no es divertido. El dolor no es placentero. Esto es un hecho, ¿verdad? Tenemos miedo de que el dolor no termine nunca y de no ser capaces de soportarlo, o nos preocupa que, si «entramos» de verdad en las cosas, igual nos volvemos locas y ya no somos capaces de funcionar en el mundo. La verdad es que el único dolor que no termina nunca es el que nos causamos a nosotras mismas por tratarnos como nos tratamos.

Si tienes la valentía de examinar los dolores o traumas del pasado, la herida femenina, la historia de tu madre, experiencias tuyas que te hayan causado dolor, si eres capaz de mirarlo todo de frente con GRAN compasión y un profundo deseo de aprender, de conectar con ELLA y de INCORPORAR su amor y su medicina, te sorprenderá lo rápidamente que ese dolor puede circular a través de ti y desaparecer.

Ten curiosidad y trátate con amor

Así que dejemos esto claro: como decía al principio del libro, lo único importante es que tengas curiosidad, que quieras descubrir, que estés abierta a recibir la medicina que pueda ofrecerte cualquier situación, persona o experiencia. Y luego, que estés dispuesta a abordar cualquier sentimiento, y sobre todo a ti misma, con amor. CON MUCHO AMOR.

⤙ CONVERSACIÓN CON TU MATRIZ ⤚

Sí, esto significa, entre otras cosas, que mantengas *literalmente* una conversación con tu matriz. Yo suelo dar un paseo por el parque y los bosques que hay detrás de mi casa, pero puedes hacerlo sentada en una esterilla de meditación o tumbada en la cama antes de levantarte, o mientras te das un baño. Personalmente, he descubierto que estoy más receptiva cuando me siento abrazada por Mamá Naturaleza.

8. Estate presente en tu cuerpo, haz varias respiraciones abdominales profundas (página 36) y establece tu intención de descubrir con curiosidad tu paisaje de mujer. A continuación, dirige tu atención al espacio de la matriz, tu barómetro y guardián de la sabiduría, y pregúntale: «¿Cómo estás?».

9. Háblale con compasión. Esto no significa que tengas que poner voz de profesora de yoga (jajjjjjjj, la voz de profesora de yoga es insoportable!), sino que imagines que tienes delante a una niña que está triste o enfadada. Con ESA voz, pregúntale: «Hola, cariño, ¿qué tal te trato?».

10. Escucha su respuesta. Quizá, por ejemplo, te conteste: «No me gusta que me digas a todo que no. Me hace sentirme sola, como si no me quisieras».

11. Entonces pregúntale a ELLA: «¿Por qué lo hacemos? ¿Por qué decimos a todo que no cuando queremos decir ¡claro que sí!?».

12. Luego escucha. No va a ser tu mente la que hable, así que estate abierta a oír lo que sea. Puede que ELLA te diga: «Crees que no das la talla. Tú solo dices que sí cuando crees que eres de verdad buena en algo, y, como nunca lo crees, nunca dices que sí». En este caso, estarías atenta para descubrir lo que estás evitando sentir cuando te dices eso. Decirte a ti misma que no

eres lo bastante competente, por ejemplo, te da una sensación de control. Porque si no eres lo bastante competente, puedes buscar la manera de superarte, y eso te da la sensación de que tienes control sobre las cosas, lo cual, por supuesto, es una fantasía: no tienes control sobre nada. Nunca.

13. Así que, primero, consulta a tu matriz cómo se siente y luego habla con ELLA, y pregúntale también: «¿Qué acto de amor puede hacer que me sienta segura?». Y esta es la parte importante: tiene que ser un acto de amor; de lo contrario no se transmitirá a tu centro, a tu matriz, a tu raíz. Cuando avanzamos hacia lo que nos da miedo, cuando más vulnerables somos, avanzamos hacia nuestro verdadero ser, y eso tiene un poder sagrado.

14. ELLA podría decirte: «Llama de nuevo a esa persona y dile que sí». O tal vez: «Ahonda más y mira a ver dónde puedes empezar a aflojar la tensión: ¿a qué te estás aferrando exageradamente? ¿Qué puedes hacer en este momento sin preparativos?».

15. Y luego hazlo, haz el maldito trabajo con curiosidad y amor. Muéstrate que estás contigo, que te importas, porque en eso precisamente consiste TODO.

A base de acercarte a ti, de conectar contigo una y otra vez, desarrollas confianza y seguridad. Dite a ti misma: «No voy a abandonarte. No voy a recurrir a la comida, las drogas, las compras ni te voy a ignorar. Estoy aquí para oírte y cuidarte. Estoy aquí». Este acto de amor a una misma tiene poderes mágicos. Yo lo he hecho muy a menudo desde que murió mi madre. Me recuerda que tengo que ser yo la que me cuide, la que me dé lo que necesito, la que me defienda y me apoye.

Te sugiero que lo practiques a diario, para que puedas empezar a estar conscientemente presente en tu cuerpo, y luego, si a lo largo del día sientes una punzada de ansiedad o de tensión, puedes conectar al instante con tu ser más íntimo, preguntar, consultar con ELLA la respuesta, y poner manos a la obra de inmediato. Por supuesto, hace falta mucha práctica para que sea así de fluido, pero con el tiempo puede convertirse en una parte sustancial y enormemente efectiva de cuidarte como mereces.

Quítate la máscara, sé vulnerable

Cuando encarnas el poder de ELLA, es menos probable que sientas la necesidad de llevar esa máscara protectora de la que hablábamos. Estás más enraizada en la verdad y, por tanto, eres capaz de tomar decisiones con mejor criterio. ASÍ es como aprendemos a querernos a nosotras mismas: nos dejamos guiar por aquello en lo que de verdad creemos, y nos damos cuenta de que no pasa nada malo, más bien lo contrario. Entonces empezamos a valorar de verdad nuestra perspectiva, en lugar de juzgarla.

Eso sí, cuando vivas de esta manera, prepárate para que la gente se mosquee. No todo el mundo está preparado para que una mujer viva su verdad y se exprese plenamente. La mayoría de la gente está de acuerdo con ello como idea, como concepto, pero *no* en realidad. Te encontrarás con silencios y expresiones boquiabiertas cada vez que le digas a alguien: «Cuando ayer te dije "sí", lo que en realidad quería decirte era "no", pero muchas gracias de todos modos por tu oferta», y no sientas la necesidad de disculparte o de dar una explicación. O cuando en una conversación cara a cara, telefónica o vía correo electrónico le digas a tu interlocutor que estás en el día 26 de tu ciclo menstrual, que no estás para gilipolleces y que, a menos que quiera oír una respuesta clara y contundente, igual mejor espere hasta que estés en el segundo día de sangrado. Habrá también quienes se hagan toda clase de ideas estrafalarias sobre ti y tu cambio de personalidad. Déjalos que piensen lo que quieran. Es inevitable que lo hagan, porque habrás empezado a poner límites firmes para cuidar de ti, y transmiten una sensación cortante de fuerza, directa desde la raíz de quien eres.

Lo que yo me he propuesto, y lo que hago, aunque no siempre me sale bien, es ser autentica expresión de cómo soy en cualquier momento dado. Es un acto tan poderoso en sí mismo que requiere mucha menos energía que intentar dar una imagen de chica simpática que los demás consideren «agradable».

Puedo hacerlo con facilidad gracias a mi conexión con ELLA. Me sentía muy, muy sola en el mundo antes de que conectáramos, pero ahora ya no tengo que decidir las cosas sola. Puedo confiar en la sabiduría de mi matriz y dejarla que guíe mi vida. Y ELLA es así de brava.

Confía en ti

Nos han enseñado a pasar por encima de la sabiduría del cuerpo y a ignorar cómo se siente; así es como, a base de esfuerzo, hemos conseguido sobrevivir en una cultura dominada por los hombres. Resistir, lograr, construir y adquirir es lo que se premia, mientras que escuchar al cuerpo, que es a lo que me refiero cuando hablo de conectar con él para comprobar cómo nos sentimos físicamente en cada momento, no.

Pero cuando sientes con TODOS tus sentidos, y esta es una enseñanza supersagrada de la Escuela de Misterios de Isis y María

Magdalena, cuando dejas que tu corazón, tus entrañas y lo más hondo de tu vientre despierten, respondan, se comprometan, se enfurezcan, cuando sientes que lo que sea que estés sintiendo proviene de una profundidad que está más allá de ti, la sensación física que se manifiesta en tu cuerpo es una verdad en la que puedes confiar: TU verdad.

Son muchas las decisiones que tomamos apelando a un sistema de pensamiento ajeno a nosotras, y a veces tiene que ser así, pero cuando prestamos atención a cómo nos hace sentirnos tomar una decisión o tomar otra distinta, empezamos a preocuparnos cada vez menos por lo que supuestamente *deberíamos* decidir y a dejarnos llevar por comportamientos que provienen de un lugar de nosotras más auténtico.

**Te dejas guiar por tu saber interior.
Tu instinto. Tu fuego.**

Hace falta práctica. Repito, hace falta práctica.

Quema, nena, quema

Cuando decidimos quitarnos la máscara y aprender a expresar lo que sentimos de verdad, una manera radical y transformadora de ponernos definitivamente en el camino de la verdad y la sanación es quemar todas las ilusiones, todos los cuentos que nos hemos contado hasta ahora. El fuego tiene propiedades mágicas, y puede ser hipnótico establecer una relación con él, sentir sus majestuosas cualidades lamiendo la leña y calentándonos la cara.

El fuego es luz y calor. Puede ser acogedor y amenazante, destruir y transformar. El fuego ha sido durante miles de años elemento central en las celebraciones, iniciaciones, ceremonias y rituales de todas las civilizaciones y todas las tribus. Pero si pudieras cambiar una ley universal y hacer que el fuego fuera inofensivo, ¿qué diría eso de la realidad y de tu papel en su creación? ¿Cuáles son tus limitaciones, realmente? ¿Qué otras posibilidades quedan sin descubrir, sin realizar?

El Vikingo y yo utilizamos el fuego en todas nuestras ceremonias y rituales de iniciación, pero mi forma favorita de experimentar la energía del fuego es caminando sobre él, es decir, caminando descalza sobre un lecho de brasas sin quemarme. No al estilo del orador motivacional Anthony Robbins, que repite «musgo fresco, musgo fresco» para engañar a la mente mientras camina, sino con la firme intención de superar el miedo, con decisión; es entonces cuando la experiencia resulta verdaderamente transformadora.

Caminar sobre las brasas tiene el poder de transformar el miedo y nos inspira a hacer cosas que hasta ese momento no creíamos posibles. Puede mostrarte que la «realidad» es más de lo que piensas, que muchas de las limitaciones que experimentamos son autoimpuestas y que podemos crear nuestra propia realidad en el trabajo, en las relaciones y en la vida.

Es, con mucho, la práctica más emotiva y poderosamente transformadora que conozco. La noche que puse por primera vez los pies sobre las brasas, en Glastonbury, en el suroeste de Inglaterra, mi vida experimentó un cambio fundamental para siempre. La ceremonia de encender el fuego me dio la oportunidad de escribir las preguntas a las que de verdad buscaba respuesta en trozos de papel y colocarlos en las llamas: «¿Por qué estoy aquí? ¿Quién soy? ¿Quién he venido a ser?». Luego la oportunidad de ver quemarse todas las ilusiones en el transcurso de la noche.

Había más de treinta caminantes de fuego aquella primera vez. Cada cual tenía sus razones para hacer la caminata: había quien lo hacía para recaudar fondos con fines benéficos, para enfrentarse a sus miedos o con un propósito espiritual. En mi caso, la intención era quemarlo todo —los miedos, las creencias limitadoras— y crear un nuevo comienzo.

Los Tamborileros de Avalon hicieron sonar con fuerza sus tambores reproduciendo el potente latido de Mamá Tierra durante toda la ceremonia, mientras nuestro orientador nos enseñaba a acoger el miedo y a hacernos amigos de él. ¿Con qué propósito? Crear un estado de energía de alta intensidad que coincidiera con la energía del fuego, de modo muy similar al de los chamanes de *chi kung* que caminaban sobre el fuego para el fortalecimiento y la sanación de toda su comunidad.

La caminata en sí me provocó una emoción que iba mucho más allá de lo que hasta ese momento me creía capaz de sentir. Al mirar fijamente las llamas y notar cómo crujían las brasas bajo mis pies descalzos, se accionó dentro de mí el interruptor emocional que hacía un rato había puesto en posición de «apagado», y una vez que las lágrimas empezaron a salir ya no pararon. Mientras cruzaba el lecho de brasas me fui desprendiendo de todo: mi dolor, el dolor de mi madre, el dolor de mi abuela. Me solté del dolor de todas las mujeres que han sufrido el fuego de la vergüenza, o a las que quemaron vivas por lo que habían hecho o por lo que eran, y dejé que el calor ardiente de las brasas y el fuego llameante me limpiaran.

Durante hora y media, lloré. Abrazaba a mis amigas del alma que se acercaban a animarme y sollozaba. Abrazaba a mis nuevos colegas caminantes y sollozaba. Cuando las caminatas terminaron, me senté en el círculo que habían formado alrededor del fuego a escuchar lo que la experiencia había significado para cada uno de ellos y sollozaba.

Todavía hoy, cada vez que el Vikingo y yo organizamos una caminata de fuego, vuelvo a aquella primera elevación de la energía, a las emociones que se compartieron aquella noche y a los miedos de los que me desprendí mientras cruzaba las brasas, y doy gracias al fuego llameante.

Es un honor enseñar y compartir el sagrado arte de caminar sobre el fuego, ser testigo del cambio que se produce en los caminantes. Cuando empiezan a caminar sobre los carbones encendidos, rojos, que arden a más de 650 °C, es muy emocionante formar parte de la magia que se manifiesta: ver cómo se van quemando los condicionamientos y creencias limitadoras, y cómo dejan paso a las auténticas cualidades del ser, que confía en sí mismo, que es libre y poderoso. Es pura alquimia.

No temas al fuego. SÉ EL FUEGO.

⌯ DEJA QUE ARDA ⌯

No es necesario caminar sobre el fuego para experimentar sus cualidades purificadoras, transformadoras, curativas, pero tal vez quieras hacer tu propio ritual de quema, al estilo chamánico.

Como toda bruja buena, yo tengo un caldero para cada ocasión, pero una olla, sartén o cuenco ignífugo de buen tamaño, o un fogón al aire libre, pueden servir. (No utilices una de tus mejores cacerolas; vete a una tienda de segunda mano y busca una marmita vieja o una fuente de horno que puedas adecuar para la ceremonia).

1. Encuentra un espacio al aire libre para hacer tu ritual, quizá el jardín de tu casa o una playa, y bajo la luna nueva piensa en todos los roles que asumes como mujer y escríbelos: esposa, madre, amante, escritora,

cuidadora, protectora, amiga, hermana, tía... Sigue nombrándolos hasta llegar al final de la página.

2. Luego, al lado haz una lista de todos los calificativos que te han aplicado a lo largo de tu vida que te avergüenzan, te hacen sentirte insignificante o rebajada: agresiva, gorda, loca, excesiva, engreída, melodramática, incompetente, egoísta, insensible, salvaje, emocional, directa, demasiado segura de ti misma, arpía, mandona, frívola, *sexi*, fea, temible... *(Estos son solo algunos de los que me han llamado a mí mientras escribía este libro. ¡Al fuego con todos, nena!).*

3. Sentada o en pie frente al fuego con el papel en las manos, lee en voz alta cada una de esas palabras y siéntela en el cuerpo al pronunciarla. Si estás de pie, puedes acompañar cada una dándole un pisotón a Mamá Tierra.

4. Cuando hayas terminado, arroja el papel a las llamas diciendo: «Me libero de vosotras. Estoy entera. Estoy completa. Soy lo más».

5. Siente la alquimia, a medida que las llamas van devorando esa energía del pasado y transmutándola en espacio y posibilidad. Deja que todo se vaya. Por eso es importante que hagas este ritual al aire libre, para que la vieja energía se difumine en el viento y puedas sentirla marchar. Si lo haces dentro de casa, aun con la ventana abierta, tal vez parte de la energía se quede atascada en un rincón o detrás de algún mueble, ¡y queremos que se vaya TODA!

6. Permite que el ritual te dé una sensación de compleción, pero asegúrate también de honrar cualquier emoción que surja. Este es un trabajo de gran poder. Deja

que el caldero se enfríe antes de guardarlo y cuida de alimentarte bien y de conectarte a tierra.

¿La mejor manera de conectarte a tierra después de un ritual? El sexo o el chocolate. O ambos.

Puedes utilizar este mismo ritual para cualquier cosa de la que quieras soltarte: creencias, pensamientos y sentimientos limitadores que te tienen atrapada. Escríbelos, díselos en voz alta a ELLA, al Universo, a la Gran Madre bajo la luna nueva, y luego échalos al fuego y deja que se conviertan en cenizas.

Lo primero es reclamar el poder de ELLA

Para encarnar el feroz y femenino poder de ELLA, debes empezar por reclamar lo que es legítimamente tuyo. Si tienes un concepto negativo del poder, asociado a imágenes de matones prepotentes y especuladores sin escrúpulos enfundados en trajes elegantes, es hora de que te reconcilies con lo que significa ser un poderoso exponente de la bondad femenina.

- **Gloria Steinem:** escritora, conferenciante, activista política, organizadora feminista y frecuente portavoz sobre temas de igualdad.
- **Kiran Gandhi:** después de haberse entrenado durante un año para correr en Londres los cuarenta y dos kilómetros de su primera maratón, al acercarse el día de la carrera se dio cuenta de que iba a estar menstruando en esa fecha. Estuvo a punto de retirarse de la maratón, pero finalmente decidió correr, y lo hizo sin tampón ni compresa, sangrando

libremente durante todo el recorrido, e hizo un tiempo de cuatro horas, cuarenta y nueve minutos y once segundos, ¡una puta y sangrante maravilla!

- **Malala Yousafzai:** nació en Pakistán y era firme defensora del derecho de las niñas a la educación, a pesar de las numerosas amenazas de muerte que había recibido por ello. En 2012, Malala volvía a casa de la escuela cuando los talibanes le dispararon en la cabeza. Afortunadamente sobrevivió, y hoy es una reformadora, símbolo mundial de la lucha en favor de la educación femenina, y ha recibido el Premio Nobel de la Paz.

NO tengo la menor duda de que, a pesar de su determinación, estas mujeres debieron de ponerse nerviosas a veces, debieron de tener miedo: no serían humanas si no fuera así. Pero confiaron en sí mismas y utilizaron toda su fuerza para provocar cambios reales. No hace falta que tú te hagas activista ni que corras una maratón sin tampón ni compresa, pero reclamar tu poder legítimo te ayudará a sentirte más entera y completa.

⤳ RECLAMA EL PODER QUE ES LEGÍTIMAMENTE TUYO ⤸

Como sabes, me encantan las ceremonias, así que te invito a que le des a esto un carácter tan sagrado como te resulte natural.

Primero busca un sitio con el que tengas una conexión especial: un bosque, una playa, delante de tu altar... Vístete con algo que te haga sentirte feroz y unge tus puntos de poder —el tercer ojo, el corazón, los ovarios y el espacio de tu matriz— con una mezcla de aceites esenciales (las esencias que yo uso para celebrar el poder de ELLA son de incienso y rosa). Por último, encuentra un talismán, un objeto que represente el poder de ELLA y al que puedas transmitirle tu intención. Yo tengo un colgante maravilloso de la artista Allie Pohl que representa el poder pélvico, con un rayo que atraviesa la matriz.

1. Enciende una vela. (Puedes ungirla con aceite de incienso para invocar fuerza o con aceite de rosa para invocar amor y apoyo. Después, podrás encenderla cada vez que necesites recordarte el poder que tienes).

2. Respira profundamente, quema salvia o palo santo para limpiar tu espacio áurico y hacer desaparecer cualquier yuyu negativo e invita a la Gran Madre, a tus antepasadas y a tus guías a presenciar tu invocación del poder de ELLA.

3. Inspira profundamente por la nariz, hasta que el aire llene el espacio de tu matriz por completo, y luego frunce los labios, como si estuvieras a punto de silbar, y suelta de golpe el aire, con todas tus fuerzas. Con cada espiración, expulsa de ti cualquier situación, creencia o persona que hasta ahora hayas consentido que te impida reclamar tu poder. Respira tantas veces como sea necesario para expulsarlas a todas, y luego vuelve a inspirar y a espirar profundamente con normalidad como acostumbras a hacer en estado meditativo.

4. Ponte de pie, descalza si es posible, abre bien los dedos de los pies y enraízate profundamente en Mamá Tierra. Flexiona ligeramente las rodillas, cierra los ojos y estira los brazos hacia los lados con las palmas hacia arriba abiertas a recibir.

5.   Ahora di: «Reclamo que todo el poder de ELLA vuelva a mí ahora». (Inspira profundamente y, al espirar, forma con las manos el *yoni mudra* uniendo entre sí las yemas de los dos pulgares y luego las yemas de los dedos índice con las palmas de las manos mirando hacia el cuerpo, y sitúa el *yoni mudra* delante del espacio de tu matriz).

6.   Di: «Estoy entera. Soy valiosa. Estoy completa y soy imparable». (Inspira y luego, al espirar, con las rodillas aún flexionadas, saca la lengua como Kali Ma y forma con cada mano el *mudra* de la «estrella de rock», doblando hacia dentro los dedos corazón y anular y sujetándolos con el pulgar, mientras el dedo índice y el meñique están estirados. ¡GRRRR!).

7.   Repítelo tres veces, o tantas como quieras.

Estás invitada, además, a escribir tu poema, canto o encantamiento personal; haz que suene intencional y feroz. Las circunstancias seguirán haciendo que muchas veces te sientas cualquier cosa menos completa y poderosa, así que utiliza este ritual tan a menudo como sea necesario.

Yo reclamo el poder de ELLA cada vez que menstrúo, pero si quieres puedes hacerlo cada luna llena, para cargarlo con una dosis extra de amor lunar, o en cada cumpleaños, como forma de señalar otro viaje más alrededor del sol. Sigue reclamando tu feroz poder femenino cada vez que se quede atrapado en algún sitio o alguien trate de retenerlo. Cuanto más hagas este ritual, más situaciones y oportunidades se te irán presentando en la vida para que expreses el poder de ELLA de una forma saludable.

Tómate un respiro y baila

Señorita, a estas alturas has hecho ya MUCHO trabajo, y te animo a que ahora mismo, y cada vez que estés en un momento como este, hagas un descanso para bailar, y lo hagas con regularidad.

Tomarse un respiro de baile significa desconectar de lo que sea que estás haciendo y mover el cuerpo. Sienta muy bien y es necesario.

Mi amiga Jess Grippo, de jessgrippo.com, es una bailarina de *ballet*, profesora y creativa neoyorquina que comparte a diario «respiros de baile» a través de Periscope. Me encanta recibir una alerta en el móvil que diga «*Jess Grippo Live: Dance Break*» para dejar al instante lo que esté haciendo y mover el cuerpo con ella.

Jess tiene una práctica llamada *Dance Shuffle Solution* ('la solución del baile en modo aleatorio') que me encanta hacer cuando estoy bloqueada intentando resolver algo. Le he pedido que comparta contigo esta técnica, sencilla pero asombrosamente eficaz. Te dejo con ella.

MUSA DEL *IONI* - JESS GRIPPO

¿Alguna vez te has dicho: «Ya se me ocurrirá cómo resolverlo»?

Yo he decidido retirar esa frase de mi vocabulario y te animo a que hagas lo mismo.

«Resolver» una situación la convierte en una intrincada ecuación matemática. «Resolver» es un ejercicio mental para organizar las piezas del rompecabezas e idear la mejor manera de ensamblarlas. Y es una táctica estupenda cuando realmente son ecuaciones o rompecabezas lo que tenemos entre manos, pero una manera nefasta de enfocar las situaciones de la vida real.

La vida real nos exige que estemos presentes con TODO nuestro ser, no solo con la cabeza. Cuando te quedas sin trabajo, cuando estás viviendo un desencuentro amoroso o tienes un problema de salud, cuando te levantas sin ganas de hacer nada un día detrás de otro… Estas son cosas para las que no sirve decir: «Ya se me ocurrirá cómo resolverlo». Yo he descubierto otra manera de abordar cualquier situación que es, figurada y literalmente, «entrar en las respuestas bailando». Para bailar hay que utilizar todo el cuerpo, canalizar las emociones y mover el alma. Bailar hace que se calle la mente parlanchina y te abre a la espaciosidad, a nuevas posibilidades y a un nuevo ritmo, es decir, te abre a respuestas que nunca habrías descubierto si hubieras seguido sentada, rígida, dándole vueltas a la cabeza.

Puede ser tan sencillo como dejar de hacer lo que estés haciendo, poner música y bailar. Mi ejercicio favorito cuando estoy en una situación en la que no sé qué hacer es este, al que llamo «Dance Shuffle Solution», que es como sigue:

1. Empieza por ponerte en contacto con la cuestión o el dilema ante el que te encuentras.

2. Pulsa *SHUFFLE* en tu iPod o inicia una lista aleatoria de canciones en cualquier reproductor multimedia.

3. Disponte a bailar las tres próximas canciones que suenen. El sentido de hacerlo así es que no sepas qué canción va a sonar y dejes simplemente que el cuerpo responda a la música.

Luego, es estupendo hacer un poco de escritura libre, o simplemente sentarte en silencio e integrar lo que ha ocurrido mientras bailabas. A veces las respuestas aparecen en forma de una nueva idea, a veces inspiradas por la letra de una de las canciones, a veces acompañando a un nuevo deseo o impulso que surge en ti.

¡Pruébalo!

Trata la vida como la danza que es y ábrete paso bailando hacia respuestas que ni siquiera se te habrían ocurrido. Es un proceso mágico.

HERRAMIENTAS DE PAISAJISMO FEMENINO

La medicina de ELLA

- **Conecta con el espacio de tu matriz.** Ponte en contacto con el poder de ELLA todos los días a través de la respiración, el tacto y la conversación; esto te ayudará a crear una relación con ella para toda la vida.
- **Oye la llamada.** Sé una *chica llamada*, alguien que, a pesar de la interminable corriente de información que recibe cada día, es capaz de cultivar en su interior el poder de ELLA y de confiar en la verdad de su propia sabiduría.
- **Permítete sentir para sanarte.** Sabes que el patriarcado te ha herido profundamente, pero cuando empiezas a trabajar para tu sanación, sanas a todas las mujeres que te han precedido y a todas las que vendrán.

Mantra

Repite este mantra cada vez que necesites un recordatorio: «El lugar más seguro en el que puedo estar es mi cuerpo».

Inicios de #ConversaciónSangrienta

Puedes usarlos como punto de partida para escribir en tu diario, como cuestiones en las que profundizar, como temas que tratar en un club de lectura o un círculo de ELLA o, ya sabes, para iniciar conversaciones sangrientas en las redes sociales. Por ejemplo:

- ¿Qué relación *tienes* con tus partes femeninas?
- ¿Qué pasaría si te quitaras la máscara, si abandonaras la cara de imperturbabilidad que llevas puesta para el mundo y te permitieras ser vulnerable y mostrarte como eres?
- ¿Qué significa para ti «el poder de ELLA»?

Lee

Tsultrim Allione, *Alimentando tus demonios*.
Louise Hay, *El poder está dentro de ti*.
C. J. Johnson, *Wombology*.
Monica Sjoo y Barbara Mor, *The Great Cosmic Mother*.
Marianne Williamson, *El valor de lo femenino*.

Segunda parte

CONOCE TU
PAISAJE
DE MUJER

¡La ROJOrevolución
empieza aquí!

Capítulo 4

Los ciclos de ELLA

«La naturaleza salvaje contiene todas las claves para
la curación, todo lo que una mujer necesita saber
para ser ella. Contiene la medicina para sanarlo todo.
Contiene relatos y sueños y palabras y canciones y
signos y símbolos. Es a la vez vehículo y destino».
CLARISSA PINKOLA ESTES

Me encanta Mamá Naturaleza. Es una fuente de poder cíclico que me recuerda una y otra vez que yo soy ELLA y ELLA es yo.

Las estaciones, los ciclos de vida y muerte, los ciclos lunares… Nos regimos por sus ciclos, y las mujeres tenemos también nuestro propio ciclo, un ciclo menstrual que es nuestro mapa interior, un mapa fascinante que puede orientarnos en todo lo que hacemos.

Durante miles de años, el ciclo menstrual de la mujer formaba parte del ritmo natural de la vida. Éramos nuestras propias guardianas del tiempo y disponíamos de nuestros propios servicios de información, pero lamentablemente hemos perdido la conexión con esa naturaleza cíclica.

Nos han desarraigado de Mamá Naturaleza. Comemos fruta fuera de temporada, condensamos el tiempo de descanso en una o dos semanas de vacaciones cada varios meses y alguna que otra escapada de fin de semana, y así y de tantas otras maneras hemos abandonado nuestros ciclos y los hemos sustituido por el control y la uniformidad.

Hemos dejado que la sociedad ordene nuestra realidad, que la tecnología y la telefonía móvil a las que vivimos conectados nos repitan que tenemos que ser, hacer y sentir todos lo mismo y comprar cosas que nos hagan a todos «sentirnos mejor».

No estoy diciendo que deberíamos llevar ropa «teñida con nudos» y zapatos Birkenstock y quemar varitas de incienso con aroma de pachuli, pero desde que vivimos con las raíces al aire, desconectadas de Mamá Tierra, nos hemos desconectado gravemente de nosotras mismas, lo cual se ha manifestado en ciclos menstruales molestos y dolorosos, en vergüenza por ser mujer, en un espantoso síndrome premenstrual y en trastornos reproductivos.

Ya no dejamos que nuestra naturaleza cíclica nos guíe; dejamos que nos controlen el dolor y el malestar que sufrimos cada mes, y estamos decididas a demostrar que, si conseguimos hacerlo todo —ser madres, tener una profesión y una vida social—, seremos dignas de admiración, adoración y respeto.

La verdad es que YA somos dignas de admiración, adoración y respeto por el simple hecho de ser mujeres. Lo que pasa es que vivimos en una sociedad masculina adoradora del sol, en la que es prioritario esforzarse todo lo posible por triunfar en la vida, y eso no es algo con lo que las mujeres nos sintamos particularmente cómodas, al menos no siempre.

Las mujeres somos cíclicas.
Las mujeres fluimos.
Las mujeres somos fluidas.

Las mujeres no somos constantes. (Durante mucho tiempo se nos ha dicho que esto es un signo de debilidad, cuando en realidad es un superpoder; significa que, en cada fase de nuestro ciclo menstrual nos presentamos a la vida de forma diferente y que cada una de las fases nos permite manifestar distintas habilidades y talentos).

No somos lineales. No estamos configuradas para «hacer» TODO el tiempo. Al ir pasando por las sucesivas fases del ciclo menstrual, regidas por distintas hormonas, tenemos diferentes niveles de energía, estados de ánimo y necesidades.

La primera mitad del ciclo menstrual, la fase folicular, es de carácter masculino. Suele ser un momento de gran energía y creatividad desbordante en el que nos resulta mucho más fácil pensar con lógica, en sentido lineal. La segunda mitad del ciclo, la fase lútea, es femenina, y en ella empezamos a volvernos hacia dentro y sentimos el deseo de retirarnos del mundo. Queremos estar tranquilas y sentimos una profunda necesidad de contemplación.

Tristemente, muy pocas sabemos siquiera que esto es así, o, si lo sabemos, creemos que seremos menos productivas, menos útiles, si nos permitimos seguir el ritmo de nuestro ciclo menstrual, que es nuestro sistema íntimo de instrucciones. Así que lo ignoramos y hacemos lo imposible por funcionar como si no fuéramos mujeres, por mantener la energía masculina de conquista durante todas las fases del ciclo. Pero al hacerlo, y desatender las necesidades fundamentales que tenemos como mujeres, apenas si conseguimos sobrevivir a la segunda mitad del ciclo menstrual.

Siente el miedo

Nuestro cuerpo, si se lo permitimos, está en íntima sintonía con los ciclos de las estaciones, los elementos y la luna.

Por no querer adaptarnos a nuestros ritmos naturales, cada vez somos más las mujeres que vivimos con un sutil pero persistente sentimiento de ansiedad, debilidad o depresión, y que sufrimos estrés, agotamiento y, lo que es aún más alarmante, problemas de salud relacionados con la menstruación. Cada día hacemos cuanto podemos para que nuestra existencia se parezca más y más a la de los hombres. Creamos solo cosas que podemos controlar, nos esforzamos hasta donde haga falta por conseguir nuestros objetivos, y esa forma lineal de pensar y de vivir nos hace perder el contacto con ELLA, el contacto con el poder de nuestra naturaleza femenina, con ese poder que es precisamente la capacidad de apreciar y abrazar las cosas que escapan a nuestro control, las cosas que nuestro corazón y nuestra matriz más desean: intimidad, expresión creativa, autenticidad, hermandad, verdadero compartir. No es de extrañar que la vida moderna nos cree tanto estrés, cuando se nos ha obligado a someter toda nuestra energía física, mental, emocional y creativa a una estructura esencialmente ajena a nuestra manera femenina de fluir.

Y entiendo por qué. Se nos ha obligado por miedo.

Miedo a que no favorezca los intereses de una sociedad patriarcal y consumista «dejar» que las mujeres descubran y reclamen el poder de ELLA.

Miedo a lo que podría ocurrir si cada mujer despierta a su poder innato y echa raíces en él y se planta de una vez por todas.

Así que la sociedad se ha encargado de que sean pocas las mujeres que se atrevan a plantarse. Llevamos grabado en los ovarios el recuerdo de que nos quemaron en la hoguera, nos apedrearon, sepultaron nuestra verdad y manipularon o silenciaron nuestro saber, y ahora somos nosotras las que tenemos miedo.

Durante mucho tiempo, me dediqué a explorar la periferia de la mujer que era, en este cuerpo, en una etapa concreta de su trabajo. Arañé la superficie, experimenté con algunas cosas, compartí en Internet algunas experiencias sobre la menstruación, pero pecaba siempre de precavida. No quería ofender, ni equivocarme, ni arriesgarme a que alguien se me enfrentara. Cuando ELLA me llamó, dije: «¿Qué? ¿Quieres que entre en esto de verdad, que luche por esto metida hasta los ovarios en el barro? No gracias, prefiero quedarme en mi cómodo nidito virtual hablando de amor corporal y autoestima».

Bien, ya ves de lo que me sirvió.

Entra. ELLA te cubre las espaldas.

El código femenino

Todos los días desde que publiqué *Code Red*, la guía básica para comprender y liberar tus superpoderes mensuales, he recibido correos y mensajes de mujeres de todo el mundo en los que me daban las gracias por compartir mis descubrimientos sobre el ciclo menstrual, pero en los que expresaban también un profundo, profundo enfado.

«¿Por qué no me explicaron esto cuando era niña?». «¿Por qué no se enseña esto en las escuelas?». «¿Por qué se me han negado mis superpoderes?».

Os oigo, hermanas.

En un mundo en el que constantemente se nos venden nuevas formas, a cual más ridícula, de mejorar todos los aspectos de nuestra vida y nuestra salud, resulta que cada mujer tenemos un código personalizado que nos da acceso a cuanto podamos necesitar para tener una vida superalucinante, solo que, hasta ahora, el patriarcado había tenido la clave escondida en una caja cerrada a presión.

No estoy hablando de un nuevo concepto de vida ni de una moda más en materia de salud, sino de una sabiduría ancestral que se transmite a través de la sangre, y cada vez que sangramos tenemos acceso a su poder.

Estoy hablando de una sabiduría que es esencialmente sagrada, y mi trabajo como guía tuya y experta en menstruación es hacer que sea no solo accesible sino relevante para las mujeres modernas que somos.

La mayoría estamos cansadas de ir siempre a contracorriente de nuestros ritmos naturales. Hemos perdido la conexión con ELLA, la conexión con nuestra fuerza vital creativa, y nos hemos dejado convencer de que el síndrome premenstrual, los dolores menstruales y cualquier otro malestar de nuestras partes femeninas son «normales», cosas que tenemos que aguantar, cosas que están incluidas en el hecho de ser mujer.

Sin embargo, gran parte de nuestro paisaje femenino es un territorio inexplorado, y la experiencia de ser mujeres en este mundo es tan caótica porque nos empeñamos en actuar en contra de nuestra naturaleza, lo cual tiene unos efectos física y emocionalmente traumáticos en el cuerpo.

TODAS sangramos.

Es el hilo rojo que nos conecta.

Es sagrado.

Es indómito.

Es poderoso.

**Eh, patriarcado, llámanos Pandora,
tenemos la clave de *nuestra caja*
y la vamos a abrir.**

Los ciclos de la mujer

Para entender bien nuestro ciclo menstrual, primero tenemos que entender los ciclos de ser mujer.

Sueña, sueña, soñadora

Pasas de niña a mujer en la menarquia (tu primer sangrado) y esto señala la apertura de tu segundo chakra, *svadhistana*, situado en la zona pélvica (encontrarás más información sobre los chakras en la página 251 y siguientes). Choca esos cinco, tu fuerza vital espiritual, la *kundalini*, ha despertado. Ahora eres mujer, y el ciclo menstrual, que experimentarás aproximadamente cuatrocientas cincuenta veces entre este momento y la menopausia, te revelará enseñanzas, si se lo permites, en todos y cada uno de los ciclos. Es un revoltijo de crecimiento y aprendizaje, y el espacio donde se crean por primera vez los sueños y la ambición. La sensación de ser invencible como *Wonder Woman* es muy fuerte, y a menudo se te dirá que «puedes comerte el mundo». Figuradamente.

La manifestadora experta

A continuación, entras en lo que se conoce como tus años «fértiles», que es cuando te conviertes en la creadora, la dueña de tu destino. Puedes engendrar, crear, dar a luz y sustentar lo que sea: un bebé, una profesión, un arte, un hogar, CUALQUIER cosa. Te abres paso por la vida afrontando sus desafíos, y estás en un ciclo de aprendizaje constante, creciendo, manifestando y soltando lastre.

Los años de la transformación

Después de haber representado los papeles que la sociedad te dicta —una breve etapa profesional seguida de la maternidad—, la sociedad considera que puede prescindir nuevamente de ti. Ya no eres necesaria. En un momento de tu vida en el que estás experimentando una auténtica evolución emocional y psicológica, físicamente se te rechaza.

Ah, los años de la transformación, la perimenopausia.

¡A la mierda la sociedad! Esta debería ser la fase más esplendorosa del ciclo de una mujer. Es cuando has aprendido todas las lecciones que te ha ido dando tu desarrollo cíclico y estás lista para ocupar tu trono de mujer sabia y salvaje en toda tu plenitud. Esta fase representa un momento en el que te desprendes de las viejas ideas condicionadas de quién *deberías* ser y te conviertes en expresión de quien auténticamente eres.

No es fácil envejecer en nuestra sociedad; de hecho es algo que provoca rechazo, está mal visto. Por eso muchas mujeres sufren durante esta fase, porque nos enseñan a tener miedo de envejecer, a combatir la edad con cosméticos y cirugía, a renegar de la historia que cuentan nuestras arrugas. Ahora bien, si haces cualquier intento por detener el proceso de deterioro físico, es muy probable que se te ridiculice por tus esfuerzos o que se te insulte si te atreves a expresarte de una manera que los medios de comunicación consideren que «no es propio» de tu edad.

La mujer sabia

Es en tus años de sabiduría, en tu fase posmenopáusica, cuando eres plenamente dueña de tu poder: se ha acabado el trabajo interior. Algunas de mis maestras favoritas son mujeres posmenopáusicas. No tienen filtros, no están para gilipolleces, y comparten un conocimiento profundo que es el único tipo de enseñanza que realmente necesitamos. Sin embargo, lo más frecuente es que la sociedad ignore a nuestras ancianas y no demuestre ningún respeto por su sabiduría. Y ellas se sienten invisibles, en un mundo obsesionado con las apariencias y la eterna juventud, cuando debería venerárselas por todo lo que son, saben y comparten.

Y ¿sabes qué? Durante unos veinticinco o treinta años, las mujeres experimentamos todos los meses la energía de cada una de estas fases de la vida en los distintos momentos de nuestro ciclo menstrual. Así es, cada mes experimentamos la oportunidad de soñar y plantar nuevas semillas, de manifestar y crear, de transformar y dejar atrás lo innecesario, y de compartir lo que hemos aprendido. Y a la vista de cómo nos hace sentirnos la sociedad después de la menopausia, es fácil entender por qué somos tantas las que sufrimos durante la fase premenstrual y menstrual de nuestro ciclo.

Mi ciclo y el tuyo son un reflejo de lo que está ocurriendo en el paisaje de la mujer a escala global.

La ROJOrevolución empieza aquí

Hasta hace muy poco, la menstruación se consideraba tabú y, aunque trabajo con mujeres que han empezado a acoger con gusto su ciclo menstrual y están aprendiendo a amar sus paisajes de mujer, me recuerdan casi a diario que hablar de la menstruación con la «voz exterior», como la llamaba mi madre, sigue siendo casi subversivo.

¿La buena noticia? Que la ROJOrevolución está en marcha.

Las mujeres están empezando a hablar abiertamente de sus periodos en las redes sociales, se están vendiendo miles de ejemplares de libros como *Code Red* que los medios de comunicación convencionales contribuyen a difundir y revistas como *Nylon* y *Rookie* se refieren a la menstruación como un «acto sagrado». El nuevo feminismo empieza finalmente a aceptar que no tenemos por qué ser «iguales» a los hombres, a entender que nuestro verdadero poder está en ser cíclicas y en no fustigarnos cuando no conseguimos rendir de la misma manera lineal y competitiva que los hombres. (*Por supuesto, sí que PODEMOS rendir así, pero solo durante cierto tiempo, el tiempo que tardamos en destrozarnos los nervios o en sentir un dolor y un malestar que no beneficia a nadie, a nosotras las que menos*).

Lena Denham habla abiertamente sobre la menstruación, la endometriosis y los úteros. Como contaba en el capítulo anterior (página 119), Kiran Ghandi, la baterista del grupo MIA, corrió la maratón de Londres «sangrando libremente», lo cual hizo del «sangrado libre» un hecho real. Trabajo con clientas que se atreven a mantener conversaciones sangrientas, y la etiqueta #sharemycycle (comparte mi ciclo) les da a las mujeres la posibilidad de compartir en qué día de su ciclo menstrual se encuentran y se utiliza a nivel global para hablar de la experiencia menstrual en Internet. También hay programas de televisión, obras de teatro y fanzines que hablan de sangrar; antes se hubieran considerado marginales, pero ahora se incluyen entre los medios de comunicación mayoritarios. Es un comienzo alentador, pero va a hacer falta que empecemos todas a hablar abiertamente de sangre con nuestras «voces externas», muy alto y a menudo, para que se produzca un cambio verdadero y definitivo.

Así que hagámoslo de una vez, ¿vale? ¡Es hora de surfear la ola carmesí!

Nociones sangrientas básicas

Cada mes, es decir, cada mes menstrual, el tiempo que media entre un sangrado y el siguiente puede ser una especie de mapa que te oriente sobre cuál es el momento óptimo para todo, desde aceptar una cita, redactar un texto para tu sitio web o tener una conversación incómoda con tu pareja hasta disfrutar al máximo del sexo, pedir un aumento de sueldo o echarte una siesta.

CONFIDENCIA SOBRE ELLA

Tu ciclo menstrual no se reduce a los días que sangras, sino que abarca todo el mes menstrual, y lo natural es que lo conozcas y lo utilices para optimizar lo maravillosa que ya eres.

Se puede trazar un mapa de tu ciclo menstrual igual que de los ciclos lunares y de las estaciones. Cuando empiezas a entender tu ciclo mensual como un activador del poder de ELLA, y no como una carga que tienes que soportar, te conviertes en una hermana cíclica dotada cada mes de superpoderes con los que puedes crearte una vida de lo más alucinante. (*Ponerte un ceñido disfraz de licra, echar el lazo y llamarte* Wonder Woman *es opcional*).

El ciclo menstrual rige el flujo femenino, no solo de cada sangrado mensual, sino también de la información que nos llega, las emociones que nos mueven, la espiritualidad y la creatividad. Nos muestra que en cada fase tenemos acceso a increíbles superpoderes que podemos utilizar para mejorar nuestra vida y expresarnos más plenamente. Cuando percibimos estos cambios de energía y ajustamos nuestra vida para vivir en armonía con ellos, tenemos una asombrosa oportunidad de ser creativas y tener éxito (lo que quiera que eso signifique para ti) de una manera mucho más relajada, pues ELLA será nuestra guía.

Por ejemplo, este es el segundo libro que he escrito en completa sincronía con los poderes de mi ciclo. Sé que durante la fase premenstrual llamo a las cosas *de verdad* por su nombre, lo que significa que escribo desde las entrañas y las palabras me salen con mucha más facilidad; siento un impulso creativo cósmico que no experimento de un modo tan perceptible, o que sencillamente no experimento, en las demás fases. Esto no significa que no pueda escribir en las demás fases del ciclo, significa solo que todos los meses tengo durante unos días un superpoder que me ayuda a escribir con soltura.

Conocer tu ciclo repercute favorablemente en tu salud, tu trabajo, tus relaciones y tu estado general. El flujo y reflujo de nuestros sueños, de la creatividad y las hormonas en cada una de las fases nos ofrece una valiosa ocasión para profundizar en la conexión con nuestro saber interior y para vivir en equilibrio con las diferentes energías creativas que hay a lo largo de cada ciclo mensual. ¿Cómo influiría en tu vida saber que puedes utilizar tu fase preovulatoria para planificar el trabajo de todo el mes y que mientras ovulas eres la reina de la comunicación? ¿Qué te parece saber que durante la fase premenstrual puedes llegar al fondo de las cosas y ver qué tiene sentido para ti y qué no, y que durante la menstruación puedes revisarlo y ratificarlo? Genial, ¿no?

Esto es solo el principio; si quieres saber todo lo que te ofrece cada fase, vas a tener que hacer un gráfico. Creías que lo de hacer un gráfico les estaba reservado exclusivamente a aquellas que quieren quedarse embarazadas, pero resulta que no, que tu ciclo es una auténtica mina de información y, si estás atenta, te dirá cómo hacer un buen uso de tu energía, tu intuición y tu poder, el poder de ELLA. (Puedes descargar, e imprimir si quieres, un gráfico del ciclo acompañado de instrucciones sobre cómo rellenarlo y utilizarlo en loveyourladylandscape.com [https://lisalister.com/lady-landscape-tools]). Yo llevo mucho tiempo ya haciendo gráficos y, con cada ciclo menstrual, aprendo un poco más sobre la mujer que soy en el mundo. Cuanto más aprendo, más capaz me siento de reclamar mis poderes, cuidarme, expresar mi experiencia y vivir una vida de la que estar contenta, una vida con sentido.

Saber que dentro de mí está ocurriendo algo que emana de ELLA, algo de cualidad divina, me ha hecho mucho más tolerante con mis tendencias, con mi cuerpo y conmigo misma. La relación que he establecido poco a poco con mi ciclo de sangre me ha traído literalmente de vuelta a casa.

Cuando una trabaja en la relación con su ciclo menstrual y deja que su sabiduría aflore y que esa sabiduría sea su medicina, está emprendiendo un viaje sagrado hacia lo más profundo de sí misma, un viaje que la humanidad femenina ha hecho desde el principio de los tiempos.

A muchas se nos contó que el ciclo menstrual era el periodo de entre cinco y siete días de sangrado, y es a ese tiempo de sangrado al que llamamos nuestros «días del mes». Pero, señorita, ¡«tus» días del mes son TODO el puto mes! De hecho, prácticamente todas las partes del cuerpo reciben la influencia de cada etapa de tu ciclo menstrual: el ritmo cardíaco, la presión arterial, la temperatura corporal, incluso la frecuencia con la que necesitas hacer pis están influidos por tu ciclo los trescientos sesenta y cinco días del año.

Bien, al igual que la luna, tu ciclo menstrual se ajusta aproximadamente a un ciclo de veintinueve días y, lo mismo que la luna crece y mengua, nosotras también.

Cada mes, hacemos un viaje a través de las partes claras y oscuras de la mujer que somos; tenemos la oportunidad de renovar y reavivar todo nuestro ser: física, mental, psicológica y espiritualmente.

Tanto es así que, en muchas tribus indígenas, las palabras *luna* y *menstruación* son sinónimas, y esto se debe a que, en uno u otro momento de la historia, la mayoría de las sociedades han comprendido que existe un vínculo entre los ciclos menstruales de las mujeres y los ciclos lunares. Este libro y las prácticas que contiene son una invitación a que recuerdes que tú también sabes que es así.

El ciclo lunar

Como mujeres que vivimos en este mundo, estamos regidas por la luna. Ella es el símbolo por excelencia de la energía femenina, y tarda unos veintinueve días en dar la vuelta a la Tierra, el mismo tiempo que dura por lo general el ciclo menstrual de una mujer, luego nada más lógico que hacer un gráfico del ciclo de *la Luna*.

Luna creciente

La luna creciente, como su nombre indica, va aumentando de tamaño en el cielo en su transición desde la luna nueva hasta la luna llena. Es el momento de concebir nuevos proyectos, conocer gente, conceptualizar ideas y atraer nuevos amores. La fase creciente de la luna dura unos catorce días.

Luna llena

Cuando la luna está llena, forma en el cielo una perfecta esfera plateada que es pura belleza. Es el momento de «ponerse en marcha»: te sentirás superenergética, pero te conviene saber también que en este momento tu fertilidad está en su punto álgido, así que ¡estate preparada! Es además un momento auspicioso para manifestar y hacer realidad los sueños. El periodo de luna llena se extiende, aproximadamente, desde tres días antes hasta tres días después de la luna llena consumada.

Luna menguante

La luna menguante va disminuyendo de tamaño en su paso desde la luna llena hasta la luna nueva. Es el momento perfecto para romper con los malos hábitos o las adicciones, para poner fin a las relaciones insanas y para profundizar en tu intuición.

Luna nueva

Es el momento en que la luna se interpone directamente entre la Tierra y el sol, y por tanto no se ve. Es un momento ideal para planificar nuevos comienzos y establecer nuevas intenciones, y reservar un poco de «tiempo de cueva» para leer, ver películas y mimarte con la mayor dulzura.

Cómo sincronizarte con la luna

Las mujeres sabias que nos precedieron vivían en total sincronía con la luna, sabían que nuestro periodo está poderosamente influido por el movimiento lunar. El ciclo hormonal y de sangrado de aquellas mujeres obedecía fielmente al flujo y reflujo lunares. En la transición de la luna nueva a la luna llena, a medida que la luna crecía, los niveles de estrógenos aumentaban, lo que daba lugar a una superfertilidad cuando la luna estaba redonda y llena a rebosar. Durante la transición de la luna llena a la luna nueva, es decir, durante la mitad menguante del ciclo, la progesterona estaba al mando y provocaba el sangrado en el momento de la luna nueva.

Hoy en día, estamos totalmente desincronizadas de los ciclos lunares. Estamos tan ocupadas con las cosas de nuestra vida que ignoramos casi por completo los cambios cíclicos de Mamá Naturaleza: las estaciones, la luna, el flujo y reflujo de las mareas, que en otras circunstancias serían indicaciones importantes de cómo vivir. En la actualidad, tenemos un ciclo menstrual regido con frecuencia por hormonas sintéticas; no dejamos que la sangre fluya de nuestro cuerpo libremente, sino que le obstaculizamos el paso con tampones, y recurrimos a la medicina occidental para acallar cualquier dolor o molestia que acompañe al sangrado, todo lo cual significa que no hacemos el mejor caso de los mensajes que nos envían Mamá Naturaleza, nuestro cuerpo y nuestro ciclo. ¿Y qué pasa cuando hacemos esto? Pasa puto caos, en otras palabras, vivimos estresadas, agotadas, sin energía, deprimidas.

Silenciamos la sabiduría femenina ancestral a base de utilizar la cafeína, las drogas, la televisión y los medios sociales para crear destructivos ciclos con los que anestesiarnos, ciclos que nos hacen seguir viviendo encerradas en el mito de que ser mujer es durísimo y doloroso, y de que plantearnos descansar un poco o no esforzarnos tanto es señal de debilidad.

Asómate un momento a la ventana. ¿Qué estación está viviendo la parte de la Tierra en la que te encuentras? ¿Qué caracteriza a esta estación? ¿Es invierno? Tal vez los árboles han perdido ya las hojas y entra frío por la ventana, y la has cerrado rápidamente para volver a sentir calor, o tal vez es primavera y todo está intensamente vivo y resplandeciente.

Cuando nos sintonizamos con el ciclo de las estaciones, podemos utilizar cada una de ellas, como hacíamos con las fases de la luna, para entender mejor nuestro ciclo de sangrado.

Fundamentos del ciclo

Tu ciclo menstrual *ES* realmente la herramienta más extraordinaria de que dispones para cuidarte, por eso tiene una importancia vital que hagas un mapa de él, lo explores, lo conozcas y empieces a establecer una relación con tus necesidades, deseos y tendencias en cada fase del ciclo completo, no solo en las dos primeras con las que estamos más familiarizadas.

En un sentido superpráctico y cotidiano, hacerlo significa poder «navegar» por tu vida desde un lugar de poder. Pero a nivel espiritual y emocional, puede abrirte de par en par a conectar con ELLA, con tu cuerpo y con tu paisaje de mujer.

Por tanto, descarga el gráfico de ciclos de *SHE Flow* que encontrarás en la Caja de Herramientas de Paisajismo Femenino (página 331); el primer día de sangrado, empieza un diario, comprueba dónde está la luna y emprende el apasionante viaje de descubrir la mujer que eres.

> **Cada mes, imagina que eres Dorothy**
> **en *El mago de Oz*, solo que tu**
> **camino, en vez de ser amarillo,**
> **es rojo sangre.**

Tu ciclo menstrual

Ah, y una última cosa. Si tomas la píldora, o ya no menstruas porque has llegado a la menopausia o te han inducido una menopausia mediante cirugía, sigues teniendo acceso a la sabiduría que se revela en cada fase del ciclo. Aunque tu cuerpo no experimente un sangrado menstrual, seguirá experimentando sus propios ciclos, solo que quizá mucho más sutiles, por lo que, para acoger plenamente la energía cíclica, te recomiendo que trabajes con las fases de la luna para percibir la energía de cada una de ellas (en el gráfico anterior he especificado qué fase menstrual representa cada fase lunar). Todos los rasgos, arquetipos y superpoderes siguen siendo los mismos. La diferencia está en que, mientras tienes el ciclo menstrual, los experimentas a través de tu cuerpo y de tu sangre, lo que hace de la práctica cíclica una experiencia singularmente tuya.

Preovulación

- **Correlación lunar:** luna creciente.
- **Estación:** primavera.
- **Arquetipo:** la doncella.
- **Días:** 7-13.

La preovulación es la primera fase de tu ciclo y suele empezar alrededor del día 7 y durar hasta el día 13. Obviamente, esto variará en función de la duración de tu ciclo, y es posible que necesites trazar los gráficos varios meses seguidos hasta darte cuenta con claridad de dónde se inicia y concluye cada fase, ¡pero eso forma parte de la exploración de tu singular paisaje de mujer!

Acabas de sangrar, y ahora existe el potencial para un nuevo comienzo. Somos TAN afortunadas que cada mes tenemos la oportunidad de empezar de nuevo. Después de la pesadez de la hemorragia, este momento del mes menstrual tendrá una cualidad de ligereza y frescor, te sentirás como nueva, y eso te permitirá empezar a planificar con claridad. Comenzarás a salir de tu capullo invernal, el aumento gradual de estrógenos incrementará en el cerebro los niveles de serotonina, y eso supondrá una mayor energía, un entusiasmo por... prácticamente todo. Estarás mucho más animada que en los anteriores días de sangrado. ¡Bien!

En realidad, estarás muy, muy animada. Es posible que quieras salir a bailar y mover un poco el cuerpo, quedar con tus amigas o tener alguna cita amorosa. También tus facultades verbales mejoran en esta fase, las palabras te salen con facilidad, eres elocuente y se te ocurren frases ingeniosas, así que si tienes que hacer una presentación o una llamada importante, hazlas en esta fase del ciclo.

Superpoderes preovulatorios

- Tienes la memoria, la lógica y el razonamiento necesarios para entender cualquier proyecto en su totalidad y, lo que es aún más importante, tienes también el impulso y la determinación para llevarlos a cabo.
- Tu energía física es muy masculina, lo que significa que recuperas fácilmente la vitalidad, estás activa y participas de lleno en todo. Puedes arrasar en la pista de baile, en el gimnasio y, sin duda, en el dormitorio.
- Arriesga: no hay mejor momento que el de la preovulación; tu entusiasmo y tus ganas de vivir hacen que en esta fase todo parezca posible.
- Eres un torrente de creatividad y puedes trabajar más horas sin cansarte, así que aprovecha para terminar todo lo que tengas pendiente. Si tienes que pasar una noche en vela trabajando, esta es la fase en la que debes hacerlo.
- Quieres que te vean y te escuchen. Te sientes audaz, segura, confías plenamente en ti, y por eso transmites una energía franca y alegre. Como te decía, esta fase de tu ciclo es masculina, es activa, vital, y está iluminada por una luz de neón que parpadea anunciando: «Cuidado, mundo, ¡allá voy!».

Ovulación

- **Correlación lunar:** luna llena.
- **Estación:** verano.
- **Arquetipo:** la madre.
- **Días:** 13-21.

En el momento de la ovulación, uno de tus ovarios –se van alternando de ciclo en ciclo– libera un pequeño óvulo, por lo que es el momento en el que tienes más posibilidades de quedarte embarazada. Avisada estás. (Guiño).

Es la segunda fase del ciclo, que suele empezar alrededor del día 13 y se prolonga hasta el día 21, y en este caso parpadeas como un letrero de neón anunciando: «¡Estoy ardiente, ven a por mí!», y eso pasa porque, amiga mía, estás ovulando.

Desde el primer día de tu ciclo, los estrógenos y la testosterona han estado haciendo todo lo posible para hacer de Cupido. Ese estado de ánimo optimista y esa energía desbordante que tu biología ha estado sirviéndote en bandeja durante toda la fase preovulatoria no significaban solo «¡eres una tía estupenda, choca esos cinco!». Eran en realidad una ingeniosa trampa, una táctica muy astuta para que o bien sedujeras a un desconocido, o bien pasaras por alto los defectos de un conocido con el que ya mantenías una relación íntima y lo retuvieras a tu lado al menos hasta el día 13, el día en el que la posibilidad de embarazo es superalta en las mujeres que no utilizan ningún método anticonceptivo. Coincide además con el momento del ciclo menstrual en que los estrógenos y la testosterona alcanzan su pico máximo, lo que significa que el optimismo, la confianza en ti misma, el poder personal, la extroversión, la mentalidad «hacedora» y las ganas de diversión que han ido aumentando desde el día 1 alcanzan su punto máximo también. ¡Oh sí!, eres una nena de alto octanaje y básicamente la reina del universo. Te tomas las cosas menos a pecho, eres capaz de hacer lo que sea con suma facilidad, quieres socializar y es un momento de tu ciclo en el que te gusta que se te vea.

Superpoderes de la ovulación

- Puedes ser arrolladoramente cautivadora en cualquier situación. Piensa en Marilyn Monroe en *La tentación vive arriba*. Lo sé, y punto: te garantizo que Marilyn estaba ovulando cuando hizo la escena con ESE vestido encima del respiradero.
- Puedes enfrentarte al mundo al estilo *Super Woman*. (La licra ajustada, como siempre que hablo de superhéroes, y como ves lo hago MUCHO, es decisión tuya).
- Oyes decir «¡qué cabrona, qué suerte tiene!» porque, en fin, de la manera más natural las cosas te salen bien. Se acabaron los dramatismos, lo único que hay son resultados increíbles.
- Tienes el poder de conjurar el trabajo de tus sueños, las clientas ideales o incluso una cita descaradamente sexi. De hecho, lo que quiera que desees de verdad, no tengas duda de que puedes hacer que ocurra en este momento.

Premenstruación

- **Correlación lunar:** cuarto menguante.
- **Estación:** otoño.
- **Arquetipo:** la mujer sabia y salvaje.
- **Días:** 23-28 (o hasta el inicio de la menstruación).

Esta es la tercera fase de tu ciclo y, si tu óvulo no ha sido fecundado durante la ovulación, desde aproximadamente el día 23 hasta que empieces a sangrar experimentarás una retirada de las tres hormonas siguientes: estrógenos, testosterona y progesterona.

Bien, la disminución de estrógenos es lo que te provoca ataques de nerviosismo, ansiedad, lágrimas y melancolía porque trae consigo una reducción de la serotonina, que es la estabilizadora del estado de ánimo, y esto a su vez supone el regreso de la noradrenalina.

Estate preparada para los abucheos y los silbidos porque acaba de entrar en escena la villana del mundo hormonal. Si, por ejemplo, en esta fase tu pareja hace algo que te irrita, como derramar unas gotas de vino tinto sobre la alfombra nueva, puedes estar segura de que es el momento en el que tu pareja y tu mala leche van a conocerse en intimidad.

Entretanto, la retirada de la progesterona te hace llorar por..., bueno, por cualquier cosa. Y después de la energía de alto octanaje que has estado experimentando las dos semanas anteriores, la retirada de la testosterona abre paso a las dudas y la inseguridad sobre tu físico o tus capacidades. ¿Es de extrañar que tantas mujeres odien esta fase del ciclo?

Lo bueno es que, a pesar de los retortijones, los cambios bruscos de humor y el «todo lo hago mal» sonándote en bucle en la cabeza, esta fase tiene sus superpoderes y puedes llegar a encontrarle el atractivo; para algunas mujeres, incluida yo, acaba siendo la fase del ciclo más esperada.

En serio.

Ocurre lo mismo que cuando llega el otoño y el esplendor estival empieza a atenuarse: algo nos llama a pasar más tiempo *dentro*. Tal vez te entren ganas de limpiar la casa o te enfades más de lo habitual con tu pareja o con tu hijo porque han dejado la ropa sucia en el rellano de la escalera. Sí, querido marido Vikingo, te hablo a ti.

Superpoderes premenstruales

- Puedes fiarte de tu intuición a la hora de tomar decisiones importantes, porque tu detector de mentiras está ajustado con precisión nanométrica.
- Tus capacidades parasensoriales se intensifican. (*Como lo oyes, y sin necesidad de que te pongas un pañuelo anudado a la cabeza y en las orejas dos grandes aros de plata. A no ser que quieras ponértelos, claro*).
- Puedes hacer de la brujería una práctica positiva, ya que expresar lo que sientes con todo tu corazón no tiene por qué ser grosero ni ofensivo.
- Puedes superar los bloqueos creativos, cumplir los plazos y ser superorganizada.
- Tienes capacidad para detectar cualquier problema y el fuego creativo y la inspiración para solucionarlo.
- Tienes la oportunidad de hacer de hechicera, potencialmente un poquitín peligrosa (esto solo en caso de que seas una de esas hechiceras que dicen la verdad), TODOS los meses.
- En resumen: tu intuición y tus capacidades parasensoriales se intensifican, lo cual te convierte en una poderosa y peligrosa hechicera que no está para tonterías; te importa la verdad. Eres una reina bruja. En pocas palabras, eres la puta ama.

CONFIDENCIA SOBRE ELLA

Si no aprovechas estos poderes, cabe la posibilidad de que se manifiesten en forma de dolor o ira o tengas la sensación de que se te está yendo la cabeza. Si eres capaz de trabajar con ellos, señorita, te conviertes en una poderosísima fuente de verdad.

Menstruación

- **Correspondencia lunar:** luna nueva.
- **Estación:** invierno.
- **Arquetipo:** la anciana/la bruja.
- **Días:** 1-6 (o hasta el final de la menstruación).

Si no estás embarazada, estarás sangrando. Este es el día 1 de tu ciclo y, dependiendo de cómo sea el tuyo particular, el sangrado puede durar de tres a ocho días. Durante esta semana, los estrógenos, que estaban en su punto más bajo, empiezan a elevarse a ritmo constante. Puede que los primeros días sientas molestias y cansancio, pero a partir del tercer día experimentarás una mejoría general: más energía, un estado de ánimo más optimista y mayor agudeza mental.

Cuando los estrógenos suben, también aumenta el nivel de testosterona, y esto hace que te sientas de repente segura de ti misma y valiente. Pero no te emociones demasiado. Estas hormonas de la felicidad, aunque montadas ya en el ascensor hacia lo alto, durante los días de la menstruación están todavía en el primer piso, y lo mismo que su descenso brusco en la fase premenstrual fue una llamada a recogerte en ti misma, durante los primeros tres o cuatro días de sangrado te están llamando a que descanses, te cuides y reserves la energía para lo que está por venir.

El invierno es la luna nueva de nuestro ciclo, un momento para retirarnos y honrar este sagrado tiempo de sangrado. Sé que es muy difícil de hacer cuando llevamos todas una vida tan ajetreada, pero estar presente con tu sangrado, aunque solo sea durante una hora al día, te dará una increíble percepción interior de ti. Los cuidados que nos demos y la manera en que estemos con nosotras mismas estos días pueden realmente marcar la pauta para el resto del ciclo.

Funcionar y ser eficientes en el mundo exterior durante el sangrado puede resultar mucho más difícil. Porque no es lo que deberíamos estar haciendo.

Superpoderes de la menstruación

- Sabes instintivamente qué dirección tomar, ya que tienes superclaro cuál es tu propósito en la vida.
- Eres capaz de conectar directamente con ELLA, la fuente, e identificar y dejar atrás lo que ya no te sirve.
- Puedes restaurar tu energía sexual, creativa y espiritual.
- Eres capaz de afrontar fácilmente los cambios, y de perdonar y olvidar con naturalidad. Eres una bruja, una hechicera, una mujer todopoderosa.

CONFIDENCIA SOBRE ELLA

¿No crees que valdría la pena retrasar un poco los plazos de entrega y bajar el ritmo de trabajo durante el sangrado, para que así tu yo intuitivo te pueda ofrecer su percepción acrecentada y nuevas ideas, para conectar con ELLA y obtener claridad espiritual sobre tu propósito y la valentía para comprometerte con él?

Honrar la fase de la menstruación probablemente haya sido para mí la mayor revelación desde que empecé a conectar con mi ciclo menstrual. Me entrego por entero a mi flujo. Y cuando lo honro y me rindo a él, recibo tantas señales y mensajes sobre cómo avanzar en cualquier situación, sobre qué dirección tomar en mi vida, que ya no me preocupo por lo que debería estar haciendo o a dónde debería estar yendo en esos momentos. Si tengo que tomar una decisión importante, en vez de consultarlo con la almohada le doy sencillamente «un tiempo de sangrado». Lo digo en serio, a veces cuando me preguntan si me gustaría participar en algún proyecto o hacer alguna colaboración, les digo que me dejen «sangrarlo» un poco y que luego, de inmediato, les daré una respuesta. Así es como hago negocios y como hago la vida. «Sangro en ello». Te lo recomiendo, haz la prueba.

Déjate llevar

Uno de los muchos descubrimientos maravillosos que harás cuando empieces a explorar de cerca tu ciclo menstrual es que tu forma de trabajar, de comer, de relacionarte sexualmente, de ganar dinero o de hablar con tu pareja no es exclusivamente una.

Como te decía, una mujer cíclica no es lineal, es «transicional» y en cada fase del ciclo sus necesidades, deseos y niveles hormonales y energéticos son distintos. Si, por ejemplo, una vez decidiste salir a correr a diario y, como al primer intento sentiste que te fallaban las fuerzas, llegaste a la conclusión de que correr no es lo tuyo, quizá valdría la pena que volvieras a hacer la prueba en la fase de preovulación, cuando los niveles de energía son más altos y te sientes capaz de asumir nuevos retos. Tal vez lo intentaste en la fase premenstrual, un momento en el que a tu cuerpo no le entusiasmaba mucho patear el cemento a ritmo rápido durante varios kilómetros y habría agradecido algún tipo de ejercicio más suave, más femenino.

¿No te encanta cómo funciona todo esto?

Tu ciclo menstrual es tu fascinante profesora particular, tu guía, tu iniciadora y, además, tu práctica espiritual, todo ello ahí mismo, dentro de tu matriz; es como una agenda de anillas (¿todavía existen?) de sabiduría, creatividad y revelación, como un asombroso oráculo y como la herramienta para cuidarte más increíble, todo en uno. Al nivel práctico del día a día, tu ciclo te da la posibilidad de navegar por tu vida desde un lugar de poder, pero a nivel espiritual y emocional puede abrirte de par en par a descubrir quién eres. La auténtica diversión llega cuando empiezas a identificar tus superpoderes y puntos de conexión en cada una de las fases.

En mi caso, por ejemplo, sé que el día 18 del ciclo estoy sexualmente muy animada, por lo que SIEMPRE me aseguro de hacer un hueco en mi agenda para una cita con el ardiente Vikingo. En los días 14 y 15 soy superelocuente y productiva, así que procuro concertar todas las reuniones, entrevistas y charlas en esas fechas. Y el día 25 soy la encarnación de Kali Ma, la RABIA me sale por los ojos, así que el Vikingo me lanza chocolate desde lejos. Estos son solo algunos de los superpoderes y «puntos calientes» que se me revelaron cuando empecé a trazar el mapa. De lo que te das cuenta muy pronto es de que nunca más vas a necesitar un libro de autoayuda, porque tu ciclo es tu mapa del tesoro, tuyo y solo tuyo, para llegar a TI.

Pista: tú eres el tesoro.

Nuestra naturaleza salvaje

Bien, como Escorpio que soy, me APASIONA la oscuridad, la cara oscura de las cosas, así que es perfectamente natural que me dedique a esto porque, en la medicina esotérica, el apasionado e intenso Escorpio rige los órganos reproductivos, y es en la segunda mitad de tu ciclo menstrual, la mitad «oscura», donde las tendencias propias de Escorpio pueden expresarse plenamente: los cambios bruscos de humor, la defensa de la verdad, el espíritu crítico. ¿Te suena alguna de ellas?

Si alguien está siempre exageradamente alegre y animado, voy a querer saber qué oculta. Voy a querer escarbar la superficie para ver qué se esconde bajo su apariencia resplandeciente, porque esa parte de mí es incapaz de creerse que nadie pueda ser realmente así. (No estoy diciendo que esto es lo que se debe hacer, entiéndeme, te cuento solo que es una tendencia mía). Además, desde que murieron mis padres, no tengo tiempo ni paciencia para charlas insustanciales. Cuando conozco a alguien, quiero saber desde el primer momento quién es realmente, quiero ver su vulnerabilidad, su ira, TODAS las formas en que su verdad se manifiesta. De hecho, hace unos años pasé MUCHO tiempo en la oscuridad y todo el mundo estaba muy preocupado, pero yo tenía la seguridad de que lo que sentía era cíclico y de que, como siempre, en algún momento volvería la luz. Y la luz volvió, siempre vuelve.

Creo que nuestra sociedad es tan propensa a hacer yoga, comer col rizada o beber zumos verdes porque la gente está convencida de que eso va a ayudarlos a trascender la oscuridad e ir hacia la luz, cuando lo que ocurre en realidad es que acaban cerrándose y defendiendo a ultranza su estilo de vida porque interiormente están librando una batalla para reprimir su oscuridad.

La oscuridad no se puede esquivar. Por eso existen el día y la noche, por eso la luna crece y mengua, por eso cada mes hay una fase luminosa y una fase oscura en tu ciclo menstrual. Son las formas que tiene Mamá Naturaleza de recordarnos que nadie está exento de oscuridad.

¿Qué te parecería iniciar una relación con la oscuridad, mirar cara a cara los aspectos de ti que criticas e intentas arreglar o desterrar?

Aquí es donde las cosas se PONEN... DE VERDAD... INTERESANTES...

Hay quien dice, principalmente mi marido, que no tengo filtro, y ¿sabes qué? No pido disculpas por ello.

Hago honor a la voz que hay dentro de mí.

Si estoy enfadada, no actúo como si no lo estuviera.

Si algo me parece mal, no hago como que me parece bien solo por mantener la paz.

Si estoy preocupada o nerviosa, no pongo una cara sonriente para que los demás estén tranquilos.

Cuando estoy furiosa, indignada, muchas veces mis amigos o mi familia tratan de advertirme que tenga cuidado con lo que digo, o que lo modere al menos, o intentan aplacarme lo suficiente como para que pueda racionalizar aquello que de entrada me ha sacado de mis casillas, pero verlos hacer todo eso me cabrea todavía MÁS. Porque cuando ignoramos la rabia, la pasión o lo que sea que realmente sentimos, cuando nos negamos la posibilidad de sentir esos sentimientos EN el cuerpo y de expresarlos A TRAVÉS DEL cuerpo, nos traicionamos. Por no dañar nuestra imagen, renunciamos a experimentar TODO lo que significa ser mujer.

Nos convertimos en la cáscara de lo que en verdad somos.

Lo entiendo, claro.

Compartir y expresarse tiene sus riesgos.

Llevamos impreso en los ovarios el miedo a expresar lo que de verdad pensamos y sentimos. Sin embargo, cada vez que no eres fiel a ti misma, seguro que sientes una llamarada en lo más profundo de la matriz y del abdomen, justa indignación, una furia que te quema hasta lo más hondo por NO decir tu verdad, por morderte la lengua, por reprimir el enfado, por intentar vivir una vida de amor y luz. Puede que incluso se manifieste físicamente en forma de ansiedad, depresión, sarpullidos o una enfermedad «de ahí abajo», como endometriosis, síndrome del ovario poliquístico o fibromas.

¿Cómo explicarlo? Decir tu verdad es lo único que HAY QUE HACER.

Lo que pasa es que nos han censurado y domesticado, y en ningún momento son tan evidentes las reacciones que eso nos produce como en la fase premenstrual del ciclo, porque es entonces cuando nuestra naturaleza femenina, nuestra verdad, nuestra voz, la esencia misma de quienes somos, caótica, imperfecta y gloriosa, exige que nos dejemos ya de tanta censura y domesticación.

¿Te das cuenta? Si *realmente* lo hiciéramos, si agarráramos la vida por los ovarios y dejáramos salir en tropel todo lo que llevamos guardado en el corazón, en las entrañas y en la matriz sin censurarnos lo más mínimo, las sociedades patriarcales en las que la mayoría vivimos se cagarían de miedo.

Seríamos un peligro. Y no porque seamos realmente peligrosas, sino por el hecho de habernos plantado en nuestra verdad.

Lo que sí es peligroso, creo yo, es que muchas nos hayamos desentendido de la segunda mitad del ciclo menstrual. Si la primera mitad es una inspiración profunda, la segunda es la espiración, soltarse de todo, la oportunidad para dejar de hacer y sencillamente «ser». La oportunidad para dejar que el corazón, las tripas y la matriz nos lleven a una forma de ser diferente, a una dimensión más profunda, y sin embargo son tantas las mujeres que viven totalmente ajenas a esa oportunidad...

¿Por qué?

Esta fase puede ser un poco engorrosa; la verdad no es dócil, no llega atada con un bonito lazo, y las mujeres modernas aprendimos muy pronto a mantener en secreto los aspectos menos dóciles de la feminidad. Si nos desborda una emoción, la ahogamos y pedimos disculpas. MUCHAS.

Nos preocupa que se nos considere «excesivas», mientras nosotras nos torturamos por sentirnos insuficientes.

Tenemos miedo a perder el control, así que nos encerramos en lo que creemos que es un lugar seguro, pero los lugares seguros no existen.

Por eso es tan importante que nos asalvajemos. Tenemos que restaurar y proteger nuestros procesos naturales, y para ello tenemos que estar dispuestas a dejarnos ser. Una y otra vez. Cuando yo empecé mi aventura de desdomesticación, tenía miedo. Me daba la impresión de que era demasiado intensa, de que ocupaba demasiado espacio y de que era insoportablemente emocional, pero poco a poco, con cada nuevo ciclo, me fui atreviendo a mirar de frente la rabia, la mala leche, a mirar cara a cara sin censura mi auténtica naturaleza, la mujer que era, y desde entonces la fase premenstrual del ciclo, mi luna menguante, es mi maestra y me enseña a ser verdadera dueña de mi voz y a expresar mi verdad.

CONFIDENCIA SOBRE ELLA

No a todo el mundo le va a gustar que te desdomestiques, y quizá al principio sea abrumador hasta para ti, pero nos lo tomaremos con calma y beberemos de nuestra naturaleza salvaje y libre como si se tratara de aquel exquisito vino tinto al que María Magdalena dio su visto bueno, ¿de acuerdo?

Esa es precisamente la razón por la que nuestro ciclo menstrual, nuestro increíble mapa interior, nos da cada mes la oportunidad de entrar en un lugar oscuro con nosotras mismas, para permitir que todo lo que en otras fases del ciclo tendríamos miedo de mirar de frente se haga visible.

La mayoría hemos crecido tan ajenas a nuestra intuición, a ese sistema de sabiduría e inteligencia que las mujeres llevamos incorporado al nacer, que es fácil de entender que hagamos caso omiso de la fase premenstrual. Si tomas la píldora, sabrás que tienes la posibilidad de «saltarte la regla» y desconectarte de tu ciclo por completo, lo cual significa silenciar del todo tu GPS interno para poder existir exclusivamente en la fase solar del ciclo.

La sabiduría del cuerpo, la intuición, los aspectos femeninos de la existencia se consideran intrascendentes, de segunda categoría, porque vivimos en un mundo que solo tiene en cuenta aquello que es científicamente demostrable, que nos exige pruebas que respalden nuestra experiencia de lo que es ser mujer. Así que descartamos hasta la posibilidad de que nuestra experiencia directa tenga alguna validez, de que nuestra intuición y nuestro saber profundo tengan alguna relevancia, cuando la realidad es que necesitamos de ambas.

Nos da miedo mirar cara a cara la verdad, tener que admitir tal vez que algo no funciona en nuestra vida, que eso quizá signifique tener que hacer un cambio, y todo el mundo DETESTA los cambios. Sin embargo, la fase premenstrual es la encarnación de Kali Ma, y nos exige que cambiemos.

Soy mujer, óyeme rugir

El arquetipo de la mujer salvaje y sabia es tu guía en el proceso de desdomesticación. Te invita a explorar tus instintos naturales como mujer, la profunda sabiduría innata de todas las mujeres. Cuando actuamos en contra de nuestra auténtica naturaleza cíclica, inevitablemente sufrimos. Quizá vivas tan ajena a tu saber natural que tengas que dedicar años a mirar cara a cara todo el dolor, el daño y las heridas antes de poder oír finalmente su llamada y volver a casa, a la mujer salvaje que eres, para sanarte. No importa, ella seguirá llamándote constantemente, deseando acogerte de vuelta en ese lugar que reconoces como la verdad, tu esencia salvaje.

¿Cuál es tu respuesta inmediata al oír la palabra *desdomesticación*? ¿Cómo se manifiesta en ti el arquetipo de la mujer salvaje y sabia? ¿La reprimes? ¿Te parece tan incontrolable que la tienes sujeta con una correa? ¿Has tenido siquiera ocasión de conocerla? Te sugiero que te quedes en silencio contigo, respires profundamente y te des la oportunidad de encontrarte con ella.

Tu ciclo es un canal.

Si se lo permitimos, nuestra matriz y nuestro ciclo menstrual nos darán en todo momento los mensajes y la información que necesitamos para navegar por nuestra vida con destreza. Lo que pasa es que, en vez de dejar que sean ellos quienes pongan el rumbo, normalmente dejamos que sean los pensamientos que nos cruzan la cabeza los que se pongan al timón y dirijan nuestra vida. No nos permitimos sentir y procesar de verdad nuestras emociones y sensaciones y actuar luego en consecuencia. Por eso muchas nos apresuramos a juzgar y a criticar, porque reaccionamos desde la cabeza, en vez de responder desde la verdad que nos dicta nuestra vagina.

Funcionamos de arriba abajo, y no de matriz arriba, y esa reputación que tenemos de mujeres «temibles» durante la fase premenstrual se la debemos precisamente a esto. Porque si mantenemos las emociones sepultadas y los pensamientos están al mando, es fácil que haya tensiones y caigamos en el dramatismo, y en esta fase en concreto somos mucho más propensas a reaccionar, o INCLUSO a convertirnos en una bomba de relojería, tic, tic, tic.

¡Bruja!

Sí, vamos a hablar de ser unas AUTÉNTICAS brujas. Esta brujería es un proceso de refinamiento, y cuando digo refinamiento NO me refiero a que «dulcifiques» tu esencia salvaje de mujer, sino a que te permitas sentir TODAS tus emociones y sentimientos, a que estén presentes en ti y a que te muestres en tu totalidad y luego respondas desde un lugar de conocimiento y verdad.

Esto no te da licencia para decir lo que te dé la gana sin preocuparte por las consecuencias, sino que es una oportunidad para que confíes en que las señales, indicaciones y cualquier otra información que recibas durante la segunda mitad de tu ciclo menstrual te están llamando a sacar a la luz lo que ya va siendo hora de que salga. Te harán ver en qué no estás siendo firme, en qué momentos te dejas pisar, te mostrarán de qué necesitas soltarte, lo que ya no te sirve, y te pedirán que veas y reconozcas todo lo que no has tenido tiempo ni ganas de ver durante el resto del mes.

Si NO captas los mensajes que el cuerpo te envía, se traducirán en problemas físicos o se manifestarán en tu vida en forma de crisis o de situación lo bastante dramática como para que le prestes atención.

Durante la fase premenstrual tienes la posibilidad de descargar información a cada momento; ahora bien, si no te desaceleras un poco o no haces sitio para las descargas, te las perderás todas. Es entonces cuando pueden aparecer los calambres y retortijones del síndrome premenstrual. El síndrome premenstrual es una reproducción interna de cosas que vienen de los últimos días, semanas o años y que es necesario que salgan a la luz, que las trates y las sanes. En unas ocasiones, es un simple recordatorio de que vayas más despacio, y en otras es un gran letrero de neón que te grita que hagas cambios en tu vida e incorpores aquello que sea capaz de darte equilibrio físico, emocional y espiritual.

Solo tú puedes saber la respuesta, y solo la descubrirás si haces el puto trabajo.

El desbordamiento emocional y la hinchazón que se producen durante la fase premenstrual son la forma que tiene el cuerpo de sacar TODO eso a la superficie y gritar: «Mírame, escúchame, no mires a otro lado, llévame a casa, quiéreme, cúrame».

Así es como nos convertimos en mujeres sabias; así es como abrazamos plenamente en nosotras el poder de ELLA. Pregúntate en cada fase premenstrual:

- ¿Qué puedo aprender de esto?
- ¿Qué significa *realmente* la necesidad que siento de gritar?
- ¿Qué puedo aprender de ella?
- ¿En qué aspectos no me estoy cuidando?

Pero recuerda que este NO es el momento de *hacer* nada. Te animo a que lleves un diario de toda tu fase premenstrual. Desde el día 21 hasta que empiece el sangrado escribe lo que te molesta, quién te molesta, cuándo no verbalizas lo que de verdad sientes y cuándo te invade la frustración. Yo hago TODO lo posible por mantenerme apartada de los medios sociales en esta fase, porque seguro que habrá alguna publicación en Facebook que será como un pellizco en los pezones y me pondrá en órbita; tenlo en cuenta. La fluctuación hormonal que caracteriza esta fase no hace de ella la época ideal para las GRANDES conversaciones, porque mientras tengas el filtro antimierda activado tu capacidad para expresarte con un mínimo de compasión es casi NULA, así que las conversaciones importantes es mejor reservarlas para la fase solar del ciclo.

Cuando empieces a escuchar los mensajes que el cuerpo te envía y a hacer caso de lo que te dicen, el síndrome premenstrual dejará de ser ese momento tan temido y se convertirá, por el contrario, en un servicio de mensajería instantánea que te permite reconectarte con ELLA y aprender a vivir más despacio, a recibir y a soltar una exhalación larga, muy larga.

Cuanto más afinemos la capacidad para captar nuestras propias señales, escuchar a nuestra matriz y sentir nuestros sentimientos, más facilidad tendremos para actuar desde el poder que hay en nosotras: el poder de ELLA. Entonces ya no hace falta que pasemos por tanto drama y tanto dolor para aprender las lecciones de la vida, y podemos:

- Responsabilizarnos radicalmente de quienes somos.
- Dejar de pensar que es nuestro deber arreglar a todo el mundo y ocuparnos de estar completas nosotras.
- Preocuparnos menos por lo que la gente piense, y permitirnos sentir y expresar lo que sentimos. PLENAMENTE. (Da igual lo caótica e intensa que sea la expresión).
- Poner límites, aprender a decir no y a defender al ser que somos.

Básicamente, ser una «auténtica bruja» es aprovechar la oportunidad de explorar tus instintos naturales como mujer, esas partes de ti que no se corresponden con la niña buena y complaciente que el patriarcado, la sociedad y tus padres te han enseñado a ser. Esos instintos salvajes e indómitos son una sabiduría universal inherente a lo femenino.

KALI BRUJA, POR FAVOR

La siguiente práctica de SHE Flow te permitirá trabajar con los sentimientos que pueden surgir en esta fase del ciclo y dejarlos que circulen por ti en lugar de rehuirlos. Lo que hace es convertir la energía masculina que se crea al hacer la asana yóguica del guerrero en la danza de la reina guerrera: ¡GRRRR! (Encontrarás un vídeo con las instrucciones de esta práctica en la Caja de Herramientas de Paisajismo Femenino que puedes descargar desde el enlace de la página 331).

Sentirás AUTÉNTICO fuego. El fuego te ayudará a dejar que la ira, el enfado o las emociones que haya en ti en este momento se queden donde están y a sentirlas. Si quieres, puedes usar ese fuego para transmutar lo que sientes mediante la alquimia del movimiento.

Enciende el fuego

1. De pie, con las piernas separadas a una distancia un poco mayor que la anchura de las caderas, mantén el pie izquierdo mirando hacia delante y gira el pie derecho en un ángulo de 45 grados, estira los brazos a los lados y mantén los pies firmes en el suelo. Inspira y gira suavemente la cintura de modo que el torso quede orientado hacia la derecha.

2. Sube los brazos hacia el cielo y, al espirar, dóblate hacia delante por la cintura sobre la pierna derecha. No hace falta que toques el suelo, simplemente llega hasta donde te resulte cómodo. De esta manera, aprietas con suavidad la barriga y el abdomen y se genera calor en el vientre. Ve lo que haya que ver y siente lo que haya que sentir.

3. Al inspirar, eleva los brazos por encima de la cabeza. Al espirar, gira el torso de vuelta a la posición central y estira los brazos todo lo que puedas hacia los lados.

4. Ahora repite los tres pasos anteriores con el lado izquierdo del cuerpo.

5. Repite el ejercicio cinco veces y SIENTE el fuego.

Lucha de espadas

1. De pie, con las piernas separadas a una distancia un poco mayor que la anchura de las caderas, mantén el pie izquierdo mirando hacia delante y gira el pie derecho en un ángulo de 45 grados, estira los brazos a los lados y mantén los pies firmes en el suelo. Inspira y gira suavemente la cintura de modo que el torso quede orientado hacia la derecha.

2. Al espirar, imagina que sostienes una espada en cada mano y, como una reina guerrera, cruza los brazos por delante del cuerpo formando un ocho. Mantén los pies firmemente enraizados y haz este movimiento mientras cuentas hasta ocho.

3. Al inspirar, eleva los brazos por encima de la cabeza. Al espirar, gira el tronco de vuelta a la posición central y estira los brazos todo lo que puedas hacia los lados.

4. Repite los tres pasos anteriores con el lado izquierdo del cuerpo.

5. Repite el ejercicio cinco veces y haz que las espadas despedacen todo aquello que ya no te sirva: personas, lugares, situaciones. Al hacer el ejercicio hacia el lado derecho, es posible que

experimentes sentimientos conflictivos relacionados con lo masculino: hombres que estén en tu vida, la autoridad o asuntos organizativos y patriarcales, y trabajar con el lado izquierdo del cuerpo puede evocar problemas femeninos: amistades, malentendidos y asuntos matriarcales.

¡GRRRR!

1. Con las piernas separadas a una distancia un poco mayor que la anchura de las caderas, inspira, estira los brazos hacia los lados y dóblalos hacia arriba por el codo, de manera que parezcas un cactus erguido.
2. Al espirar, dobla las rodillas, saca la lengua al estilo Kali Ma y lanza el aliento, ruge, grita, lo que mejor te siente. Deja que lo que sale de ti te abandone para siempre, libéralo.
3. Repite el ejercicio cinco veces y luego quédate quieta. No hagas ningún esfuerzo por cambiar ni arreglar nada de lo que surja, deja que aflore, que se vea, que se sienta.

La píldora anticonceptiva

Tuve una revelación BESTIAL de estar deshonrando mi poder femenino cuando traté de regular mi sangrado con medicación. Ahora bien, yo no soy la jueza Judy,* no voy a juzgarte si eliges usar anticonceptivos a base de hormonas, pero si lo haces, te ruego que oigas esto.

Antes de que me implantaran un dispositivo anticonceptivo, estuve tratando los desarreglos del sangrado durante quince años

---

* N. de la T.: *Reality show* estadounidense basado en el arbitraje de denuncias menores en un tribunal simulado presidido por Judith Sheindlin, antigua jueza de la Corte de Familia de Manhattan. En el ámbito hispanohablante hay varios programas con el mismo formato.

con una píldora anticonceptiva que hace que los niveles de globulina —una proteína fijadora de la testosterona y que afecta a la libido— sean cuatro veces más bajos, para siempre.

Por si eso no fuera suficientemente aterrador, yo no tenía NINGUNA conexión con mi ciclo, porque cualquier cosa que segregue hormonas sintéticas en tu cuerpo —la espiral, el implante de progestina, la píldora— afecta a tus ritmos naturales. Además de impedir que te quedes embarazada, crea un equilibrio sintético que adormece el flujo y reflujo del ciclo menstrual. En definitiva, si estás tomando la píldora, eso a lo que hasta ahora has llamado «regla» no lo es en absoluto.

Y lo que ahora sé, que entonces no sabía, es que cuando no puedes conectar con tu ciclo, no conectas con tu cuerpo y su verdadera naturaleza.

¿Y qué pasa cuando no conectas con tu cuerpo y su verdadera naturaleza?

La vida se va a la mierda cuando intentamos funcionar como hombres.

Tomar la píldora me aguó la experiencia entera de ser mujer: el flujo y reflujo cíclicos de las emociones, el acceso a mis superpoderes, las energías particulares de cada una de nosotras que se intensifican en determinados momentos del mes. Como consecuencia, me volví totalmente insensible a la sabiduría que mi cuerpo intentaba compartir conmigo. Me importaba más poder enmascarar el hecho de que sangraba, por los demás y por mí, y poder funcionar con más «normalidad» en el mundo.

Por «normal», entiéndase «al estilo masculino».

La píldora nos roba la posibilidad de conexión directa con nuestra verdadera naturaleza, con nuestra energía suprema, con el poder de ELLA. Cuando tomamos la píldora, nos negamos la oportunidad de conocer, proteger, reclamar, encarnar y, lo que es aún más importante, amar lo que significa ser mujer.

¿Los dolores del síndrome premenstrual?
Tienen un motivo.
¿La reacción de tu cuerpo a la espiral o a la píldora?
Es un mensaje de tu matriz.

No soy médica, pero si algo de lo que he dicho te provoca una punzada en el vientre, lee de inmediato *Sweetening the Pill* [Endulzar la píldora], de Holly Grigg-Spall, e infórmate bien. Si necesitas que alguien te asesore antes de tomar una decisión sobre la píldora, habla con alguna persona de confianza. Mi opinión es que las hormonas sintéticas insensibilizan el cuerpo y lo privan de experimentar lo que es ser mujer, y, como yo no quería que nada me siguiera privando de eso, dejé de tomarlas. ¿Aconsejo a mis clientas que no las tomen? Bueno, a las que quieren quedarse embarazadas, obviamente, pero a las demás les digo lo mismo que a ti: que se informen bien.

Las empresas farmacéuticas miran solo por sus intereses cuando nos dicen que los anticonceptivos protegen nuestra fertilidad. Mi experiencia, y la de muchas de mis clientas, es que los anticonceptivos son parte del problema, no la solución. Consúltalo con alguien de confianza y averigua qué es lo mejor para ti, porque siempre hay algo que es lo mejor para cada cuerpo.

Las cinco razones de más peso para dejar los anticonceptivos hormonales

Si en este momento estás planteándote dejar la píldora o cualquier otro método anticonceptivo hormonal, es posible que en realidad lleves ya tiempo pensándolo. Quizá has investigado un poco (¡gracias, Google!) y has leído algunas cosas que te han asustado y te han hecho vacilar sobre si dar el paso (de nuevo... gracias, Google). Quizá simplemente no tienes claro cómo resolverás el tema de la anticoncepción si das el paso. Sea cual sea el motivo por el que te lo planteas, y hay muchas razones de peso para no utilizar métodos anticonceptivos hormonales, tal vez no estés recibiendo demasiado apoyo de tu médico, o del profesional con el que consultes habitualmente tus temas de salud, y tampoco de tu pareja ni de tus amigas.

MUSA DEL *IONI* - HOLLY GRIGG-SPALL

Hay muchas razones para no usar anticonceptivos hormonales, y las cinco principales para mí son estas:

1. **¡Disfrutarás más con el sexo!** Estoy prácticamente segura de que los anticonceptivos hormonales han sido como un jarro de agua fría para tu vida sexual de una u otra manera en uno u otro momento. Ya sea porque te han hecho sentirte menos motivada sexualmente, porque han reducido tus sueños eróticos, porque han hecho que a tu vagina le haya faltado lubricación, o que te doliera la pelvis o que te costara una barbaridad llegar al orgasmo. Evitar el embarazo tomando una píldora que te quita las ganas de hacer precisamente aquello que podría dejarte embarazada, es una broma muy pesada que la vida nos hace a las mujeres. Pensamos que no tener que preocuparnos por quedarnos embarazadas será el afrodisíaco más sensacional

(lo lógico ¿no?), pero resulta que las hormonas sintéticas tienen el efecto de eliminar los picos de la libido que tendríamos si no tratáramos con medicación nuestro ciclo. Para muchas mujeres, dejar la píldora es una revelación. De repente quieren sexo, lo quieren de verdad, físicamente, de una manera que quizá desde que eran adolescentes no habían vuelto a sentir.

2. **Mejorará tu relación de pareja.** Las hormonas corporales influyen en cómo reaccionamos ante los demás y en cómo responden ellos. Muchos estudios han revelado que el uso de la píldora hace que los hombres se comporten de forma diferente con las mujeres y confunde a las mujeres sobre lo que sienten por los hombres. Algunos expertos incluso recomiendan a las mujeres que procuren dejar de tomar la píldora antes de casarse con el hombre que ha sido su pareja durante años para asegurarse de que sienten verdadera atracción por él. Si no tienes pareja, quizá descubras que no usar la píldora te ayuda a sintonizar más con tu intuición a la hora de buscarla, y si estás en una relación de pareja, dejar de tomarla puede ayudarte a despejar cualquier duda. Además, para algunas mujeres tiene mucha importancia sentir que la responsabilidad de evitar un embarazo no recae solo en ellas. Compartir esa parte de la relación puede abrir una vía de comunicación más sincera e íntima.

3. **Experimentarás todos los sentimientos.** Aunque a algunas mujeres la píldora les evita hasta cierto punto los «peligros» del síndrome premenstrual (aunque hay formas mejores de hacerlo...), otras muchas deciden dejar de tomarla porque sienten que les provoca

precisamente lo contrario: cambios de humor, depresión o ansiedad. Tal vez en este momento a ti empiece a resultarte obvio cómo afectan a tu estado de ánimo los anticonceptivos hormonales o puede que te preguntes cómo están influyendo en ti en general tras diez años o más de tomarlos. Hay también mujeres a las que estos métodos de anticoncepción les provocan una sensación de aburrimiento o indiferencia que hace que les cueste mucho emocionarse o estar de verdad contentas por nada o disfrutar de la vida al máximo. Somos todas diferentes. Dejar de tomar la píldora puede abrirles la puerta a toda una serie de sentimientos y estados de ánimo; algunas mujeres dicen que es como salir de debajo de una nube o de detrás de un velo. Los colores son más vivos, todo brilla más, sabe mejor y tiene un olor más dulce; les pasa un poco lo que a Dorothy al cambiar del blanco y negro de Kansas al Oz en tecnicolor, solo que sin el hombrecillo que intenta hacer de mago.

4. **Estarás en mejor forma.** Esto es algo que casi nadie sabe, a menos que tus amigas sean atletas profesionales: los anticonceptivos hormonales te impiden fortalecer los músculos. Algunas atletas han notado también que la píldora las hace subir de peso e hincharse debido a la retención de líquidos, lo cual vuelve a estar relacionado con la testosterona: la píldora nos deja prácticamente sin testosterona, y créeme que la necesitamos; de ella depende que tengamos energía, deseo sexual, fuerza muscular y que estemos en buena forma. Por lo tanto, elegir un método anticonceptivo no hormonal puede serte de ayuda si tienes pensado participar este

año en un triatlón o simplemente si quieres quitarte unos kilos de encima. Como mínimo, hará que te sea más fácil ir al gimnasio un par de veces a la semana.

5. **Dejarán de preocuparte los titulares alarmantes.** Por desgracia, algunos métodos anticonceptivos hormonales no pueden calificarse de seguros. Cada vez oímos con más frecuencia noticias que asocian el uso de la píldora y otros métodos hormonales, como el NuvaRing, con un aumento del riesgo de trombosis, y la razón es que, como se ha demostrado, las fórmulas de las nuevas marcas de anticonceptivos contribuyen significativamente más a que se formen coágulos sanguíneos que los métodos anticonceptivos hormonales del pasado. Puede que tú misma hayas cambiado ya de método porque has leído un artículo sobre el tema o tu médico te lo ha sugerido.

Al ir haciéndonos mayores, nuestro cuerpo cambia, engordamos, quizá porque nos volvemos más sedentarias, y los riesgos para la salud cambian también. Si los titulares te han inquietado y no crees que tendrías por qué correr el riesgo de morirte solo por querer evitar un embarazo (sobre todo cuando tienes a tu alcance tantas otras opciones), dejar los anticonceptivos hormonales puede ser un gran alivio.

Sangrar en sintonía con la luna

Muchas mujeres, al enterarse de que nuestra naturaleza cíclica reproduce la del ciclo lunar, empiezan a añorar los días en que todas sangrábamos juntas con la luna nueva y me preguntan cómo podemos sincronizar nuestro ciclo con el de la luna. Hay maneras de hacerlo, pero me preocupa que ahora las mujeres lo usen como un látigo más con el que fustigarse: «Yo no sangro con la luna nueva, así que eso significa que estoy menos en contacto con Mamá Naturaleza», esta clase de cosas.

No es verdad.

Lo que he visto después de mucho investigar es que tu periodo se sintonizará con el ciclo lunar (la luna llena, la luna nueva y las fases intermedias) en el curso de tu vida. Pero lo fascinante es notar qué energías se mueven en tu vida en los distintos momentos de tu ciclo corporal.

¿Qué está tratando de decirte tu cuerpo?

Si sangras en la fase de luna nueva o en los últimos días de luna menguante, significa que tu ciclo sigue a la luna nueva y que ovularás durante la luna llena, es decir, en el momento en que, como muestran los estudios de biodinámica, la tierra es más fértil. Por eso este ciclo se ha vinculado siempre con la fertilidad y la maternidad. Probablemente notes que tu intuición se intensifica durante la menstruación y sientas la necesidad de retirarte para fortalecerte y renovarte interiormente. En otras palabras, te has quedado sin energía porque lo has dado todo a lo largo del mes, y este es tu momento de estar contigo.

Si sangras en la fase de luna llena o en los últimos días de luna creciente, significa que tu ciclo sigue a la luna llena y que tu fase de ovulación coincidirá con la luna nueva o menguante. A diferencia de lo que ocurría en el caso anterior, las energías de la luna llena o creciente son extrovertidas, vibrantes y creativas, cosa que a algunas mujeres les parece que no concuerda con la energía de la menstruación. Pero no es así. En la antigüedad, se asociaba con esta modalidad de ciclo a las altas sacerdotisas, las chamanas y las sanadoras. Se dice que las mujeres que tienden a menstruar durante la luna llena dirigen sus energías menstruales más «oscuras» y creativas hacia el exterior, en vez de hacia el interior, para que otros aprendan de esas experiencias y se fortalezcan. Muchas veces, las mujeres que siguen este ciclo tendrán mayor inclinación al desarrollo personal, a la creatividad y a orientar a los demás.

Seguro que no te sorprenderás si te digo que, mientras he escrito este libro, he sangrado con la luna llena o uno o dos días después.

Pero, de verdad, ningún ciclo es mejor ni peor.

Ninguno.

TODO esto es una exploración.

La aventura de conocer nuestro ciclo

Muchas no sabemos cómo es ni qué sensaciones produce un ciclo «regular» porque no nos lo han enseñado. Los anuncios de productos menstruales nos enseñan a «taponar» el sangrado con tampones y a olvidarnos de él para poder «seguir viviendo con normalidad», es decir, yendo a fiestas, navegando a vela y patinando con tejanos blancos, como si esas fueran las actividades «normales» de la vida de cualquier mujer.

No todas sangramos igual, ni todos los ciclos son iguales, ni cómo vivo yo el mío tiene por qué ser cómo vivas tú el tuyo, y por eso me apasiona la idea de hacer un gráfico; no simplemente marcar en tu agenda el día en que empiezas a sangrar (aunque siempre es un buen punto de partida), sino anotar además tus estados de ánimo, cómo te sientes contigo y cómo te comportas en el trabajo y con tu familia.

En serio, si me hubieran sugerido que hiciera un gráfico el día que sangré por primera vez, habría tenido una guía para situar y comprender toda mi gama de estados de ánimo, sentimientos y emociones.

Habría entrado en menos discusiones con mis padres, habría entendido mejor la dinámica de mis amistades con las mujeres y, francamente, entre los veinte y los treinta años habría tenido una vida sexual mucho, mucho más satisfactoria.

Hay tanto por excavar que realmente es un trabajo para toda la vida, pero algunos de los descubrimientos más gratos sobre mi ciclo menstrual los he hecho en la relación con el Vikingo. Me vuelve loca ese Vikingo velludo tan sexi, pero hay momentos del ciclo en los que el sexo no está en lo más alto de mi lista de deseos y lo que me apetece es acurrucarme a su lado en el sofá y que nos abracemos con ternura. Sin embargo, hay otros momentos en los que le envío mensajes explícitos al trabajo y le exijo que venga a casa de inmediato.

Crea una deliciosa intimidad conocerte y comprender tus deseos y preferencias sexuales y románticos (y compartir ese conocimiento con tu pareja, también). Puede que descubras que durante la menstruación necesitas distanciarte, o que después de la menstruación te hace falta una atención amorosa más sosegada, mientras que en el momento de la ovulación quieres un amor más apasionado y enérgico y lo quieres YA. Puede que te des cuenta de que tienes más sensibilidad en unas u otras zonas del cuerpo en los distintos momentos del ciclo; quizá te encanta que tu pareja te pellizque los pezones a finales de tu primavera, pero ¿en tu fase otoñal? ¡Que ni se le ocurra!

Saber todo esto hace que sea muchísimo más fácil de entender a la mujer que somos, así que comparte con tu pareja lo que descubras. Haz que participe en el trazado de gráficos y, lo que es más importante, anímalo a explorar, a experimentar contigo y con tu cuerpo y a descubrir contigo tus preferencias sexuales en cada fase del ciclo. Créeme, esto contribuye a que la relación de pareja sea increíble dentro y fuera, debajo y encima. (¿Te das cuenta de lo que acabo de hacer?). ASÍ es para el Vikingo y para mí. Esto no es sinónimo de perfección, ni muchísimo menos, pero comunicarnos con nuestras parejas va creando un entendimiento, una manera de sondear juntos el paisaje femenino.

Y si tienes una relación de pareja con alguien de tu mismo sexo, lo que acabo de decir es IGUAL de importante o más, ya que no puedes dar por sentado que tu experiencia del ciclo menstrual es igual a la de tu compañera por el solo hecho de que las dos sois mujeres que sangran. Es posible que, por ejemplo, el día 24 de tu ciclo sea un momento de desenfreno salvaje y que el día 24 del suyo la invite a una introspección profunda, así que asegúrate de hacer un gráfico de los dos y no creas ni por un instante que lo que te pasa a ti le pasa también a ella.

¿Por qué me apasiona tanto todo esto? Porque vivir en sintonía con cada fase de nuestro ciclo significa que damos la misma prioridad a todos los aspectos de nuestra vida y de la mujer que somos. Empezamos a atender como algo natural las necesidades que sentimos en cada fase, dejamos de tener expectativas inviables, nos entendemos mejor a nosotras mismas y aflojamos la presión a la que acostumbrábamos a someternos para demostrar coherencia y consistencia.

¡Ah, soltemos juntas un gran suspiro de alivio!

Lo que acabo de explicar son solo unos cuantos detalles característicos de cada fase y del poder que entraña. Pero explorar las fases de tu ciclo y aprender sobre cada una de ellas es cualquier cosa menos una solución rápida. En realidad, NADA de lo que comparto contigo en *Amar tu paisaje de mujer* es una solución rápida.

NADA... DE... ELLO...

Vivimos en una sociedad que busca soluciones rápidas para todo, en la que tomamos la píldora, nos ajustamos a una dieta, nos hacemos famosas por salir en *Factor X*, pero la aventura de ser mujer es un proceso cíclico de eterna revelación. El viaje femenino que has emprendido te hará profundizar más y más en la mujer que eres y te ofrecerá en cada fase, ciclo tras ciclo, la medicina que necesites. La solución se prolongará lo que tardes en llegar a la menopausia, ya que solo entonces experimentarás de verdad la plenitud de ser mujer. Así que relájate y confía en que tu cuerpo es sabio.

Déjate llevar.

Entrégate y confía en ELLA y en las acciones que ELLA te invite a tomar en respuesta a la naturaleza cíclica de tu cuerpo. ¡Es toda una aventura!

El ciclo menstrual como iniciación

Sé que es una iniciación porque mi ciclo menstrual me preparó para la muerte de mis padres.

Mi madre, cuando solo le quedaban unos meses de vida, insistía en que el Vikingo y yo hiciéramos un viaje a Dubrovnik. Yo no quería dejarla sola, me despertaba cada mañana preguntándome si aquel sería el día en que abandonaría su cuerpo, pero ella se mantenía en sus trece.

Accedí a ir aprovechando un fin de semana largo. Yo estaba sangrando, estaba cansada, agotada, y era muy tentadora la perspectiva de que el sol nos calentara los huesos.

El día que íbamos a salir de viaje, recibí un mensaje de un policía en el que decía que mi padre había muerto. Fue un *shock*. Totalmente inesperado. Había estado tan preocupada por que mi madre se fuera a morir que no estaba preparada en absoluto para que mi padre se muriera también. Pero acatando las órdenes de mi madre, de todos modos aquella tarde embarcamos hacia Dubrovnik.

A pesar del aspecto lloroso y desastroso con el que debí de llegar al aeropuerto, nos dieron dos asientos en primera clase.

Ventajas de ser una *chica llamada*: ELLA se encarga siempre de mover los hilos para que tengas justo lo que necesitas, y en aquel caso yo necesitaba una copa de vino, una butaca amplia y cubiertos de verdad.

Al llegar a Dubrovnik, «Viajes Magdalena» se encargó de buscarnos transporte hasta el hotel. ¡Quién si no! (Cualquiera que conozca un poco de mi pasado sabe que María Magdalena se me apareció por primera vez el día que a mi madre le diagnosticaron fibrosis pulmonar; las sincronicidades sagradas y los guiños cósmicos que he vivido desde entonces han sido palpables e innumerables; ella sí que es mi amiga del alma).

Llegamos al hotel y, como éramos los únicos huéspedes, nos ofrecieron libre acceso al *spa* y a todos sus servicios, además de una *suite* de lujo en el último piso salpicada de pétalos de rosa Magdalena. La camarera de habitaciones se llamaba María. Después de un sueño profundo y reparador, caminamos hacia el casco antiguo. Nada más entrar en la ciudad amurallada, hay un santuario dedicado a María que todos los lugareños tocan al pasar para que les dé suerte. Yo le di un pequeño masaje en agradecimiento por los guiños cósmicos que me había enviado hasta entonces. Más tarde, cuando terminamos de tomar un helado y un café, decidimos dar un paseo en barco y, al subir a bordo, el Vikingo me dio un golpecito con el codo. El barco se llamaba *Magdalene*.

Cuando volvimos de la excursión en barco, acababa de llegar al pueblo un autobús del que bajaron más de treinta turistas, todos con insignias de «Magdalena»... Así continuaron las cosas durante los tres días. Y en el vuelo de vuelta, volvieron a sentarnos en primera clase.

Al llegar a casa, mi madre estaba ya muy mal, y tres días después el Vikingo y yo cantamos y rezamos con ella, y lloramos a su lado mientras tomaba su último aliento y abandonaba su cuerpo.

Mis padres abandonaron sus cuerpos con diez días de diferencia.

Fue una iniciación.

Sentí mucho miedo, un dolor y un pesar muy hondos, pero la verdad y las enseñanzas que eran la base de mi vida, estar fuertemente enraizada en Mamá Naturaleza y sus ciclos de muerte y renacer me dieron la fuerza para acoger todo el pesar que llegaría.

Sabía que, por mucho que me doliera, si me quedaba con el dolor y lo dejaba atravesarme, «todo pasa», y aquello pasaría también. Mi saber más íntimo y las enseñanzas de mi ciclo menstrual me dieron una almohada en la que descansar y dejarme transformar para siempre.

Mi ciclo menstrual fue un hermoso regalo que me ayudó a permanecer vulnerable y conectada con mi cuerpo, y a sentirlo TODO. Fue algo sorprendentemente hermoso quedarme en mi centro, no abandonarme y estar conectada a ELLA y a TODA su medicina en un momento en el que sentía que me estaba desmoronando y que nunca me curaría.

Cuando te veas obligada a enfrentarte a tus mayores miedos, siéntate en tu centro y sánate.

Celebremos los ciclos de ELLA (y de la vida)

Cuando conectamos con nuestra naturaleza cíclica, profundizamos en la verdad de quienes somos y despertamos a las muchas caras de ELLA. La entrega en cuerpo y alma a mi ciclo menstrual es mi práctica espiritual. Soy una *chica llamada*, ¿recuerdas?, y es lo que ELLA me ha llamado a hacer. De jovencita, quería ser diseñadora de moda; en ningún momento le dije a la orientadora del instituto que quisiera dedicarme a hablar de paisajes femeninos y de sangre y tripas y de la medicina y la sabiduría ancestrales de la mujer.

Está claro que NO había una casilla que se correspondiera con ese trabajo.

Cuando volví a mí, a mi hogar interior, a través de mi ciclo menstrual, volví a ELLA.

ELLA empezó a hablarme a través de mi ciclo. Cada fase es ELLA en diferentes formas, y ELLA nos inicia cada mes, todos los meses, en todas y cada una de las fases.

También es la razón por la que ahora disfruto tanto celebrando las estaciones de la vida, oficiando de celebrante, y adoro crear rituales modernos que conecten con la sabiduría ancestral y cósmica, rituales en los que les resulte fácil participar a las mujeres de hoy y que tengan para ellas verdadero significado.

Me sentí bendecida cuando mi hermana y amiga Rebecca Campbell, autora también de la editorial Hay House, me pidió que creara una ceremonia de Bienvenida a Ser Mujer como preparación para su matrimonio. Imagina un fin de semana superespiritual de despedida de soltera. Aunque solo Rebecca es quién para hablar del contenido de la ceremonia, sí te puedo decir que cuando des la bienvenida a la mujer que eres en un ritual sagrado, cuando te permitas ser plenamente una mujer para sí misma, tu vida CAMBIARÁ.

En muchas culturas del mundo, la transición de niña a mujer se celebra con rituales y ceremonias; es el momento de asumir el poder creativo y espiritual femenino. Sin embargo, en el mundo occidental son muchísimas las mujeres que no han celebrado esa transición, y esto ha afectado a su forma de ser entera, desde la actitud que tienen hacia su ciclo menstrual hasta cómo perciben el cuerpo en el que ahora residen.

Nuestra menarquia, nuestro primer sangrado, es el momento en el que despierta en nosotras nuestra canción, nuestro propósito en la vida, nuestra verdad.

Con cada ciclo cantamos más fuerte, expresamos con más confianza la verdad y alimentamos ese brote al escuchar y poner en práctica las lecciones del ciclo, que nos ayudan a abrirnos y a encarnar la totalidad de quien somos.

Imagina que hubiéramos sabido esto en el momento de nuestro primer sangrado. ¿En qué habría cambiado tu vida?

En mi caso, habría dejado de esforzarme tanto por ser «alguien» desde el final de la adolescencia hasta casi los treinta años, porque habría podido confiar en que, con cada ciclo de sangrado, la vida estaba desarrollándome tal y como debía ser.

Habría habido un flujo, metafórico y literal, mientras narraba la historia de ser esta mujer desde un lugar de verdad y propósito: mi matriz.

⤙ EL RELATO DE TU MENARQUIA ⤚

¿Y cómo fue tu primer sangrado?

¿Qué sentiste? ¿Dónde estabas? ¿Fue motivo de celebración? ¿Se consideró algo negativo?

Te invito a que te pongas en el cuerpo de aquella jovencita, en aquel momento, a que lo hagas ahora mismo y dejes que tu corazón escriba todo lo que le salga.

Dependiendo de cómo fuera para ti aquella primera experiencia, tal vez signifique volver a un momento traumático; o tal vez viviste tu primer sangrado como si no fuera nada, pero debes saber que el relato de tu menarquia explica desde lo más profundo la mujer que eres ahora, así que atrévete a volver allí.

Si tu experiencia fue motivo de celebración, ¿cómo te hizo sentirte eso, que el momento de hacerte mujer fuera una ocasión señalada para tu familia y tus amigas? ¿Estabas orgullosa de ello? ¿Te daba un poco de vergüenza?

- Si no fue motivo de celebración, ¿cómo fue el momento?
- ¿Cómo te sentiste, física y emocionalmente?
- ¿Dónde estabas?
- ¿Se lo contaste a tus padres? ¿Cómo reaccionaron?

Revivir tu menarquia significa excavar en lo más hondo de quien eres y descubrir por qué haces las cosas que haces. Es tu historia, y para poder ser plenamente tú, tienes que reivindicarla. Compártela con tus amigas, compártela con tu pareja, compártela con tus hijos. Compártela en tu blog o en un círculo de hermanas presencial o virtual.

Si al empezar a revivir las circunstancias de tu menarquia no te gusta lo que descubres, podrías escribirle una carta de amor a la chica que eras cuando sangraste por primera vez: cuéntale todo lo que necesita y la ayudará saber en ese momento.

- ¿Qué es lo que nadie le dijo y la habría tranquilizado oír?
- ¿Quién hubiera querido ella que le hablara?
- ¿Quién hubiera querido que la abrazara?
- ¿Qué le habrían dicho?

Como no son cosas que tradicionalmente se nos anime a recordar o a celebrar, he creado la Reconexión Roja, un encuentro que organizo cada dos años en Mamá Naturaleza donde las mujeres cuya menarquia no se honró ni celebró puedan vivir su ceremonia de iniciación a ser mujer. Si no tienes posibilidad de asistir, en la sección «Recursos» (página 327) encontrarás el enlace para inscribirte en la Reconexión Roja que organizo en Internet.

No estás reescribiendo tu historia, estás aprovechando la oportunidad de descubrir tus heridas femeninas y dejar que empiece la curación.

Capítulo 5

Poder pélvico

«Sea lo que sea lo que quieres dar a luz,
créeme, te ayudará reconectarte antes
con el poder de tu cavidad pélvica».

CHRISTIANE NORTHRUP

En la práctica de *SHE Flow*, ayudo a las mujeres a establecer una presencia sólida en su raíz corporal y a hacer que su medicina sea cuidarse con regularidad «ahí abajo».

¿Por qué es tan importante? Porque cuando estás presente a diario en la raíz de tu cuerpo, respetas el flujo y el reflujo de Mamá Naturaleza, de las estaciones y de tu propio cuerpo; eres capaz de experimentar conexión, en vez de separación, y puedes expresarlo y recibirlo todo.

**Alegría, placer, dolor, luz, oscuridad,
creatividad y energía:
el poder de ELLA te da fuerzas.**

Así que, allá vamos... Vayamos «ahí abajo» y asomémonos a los labios de tu vulva para conocer con detalle tu paisaje de mujer.

Llevo a Paloma la Pelvis a todos los talleres que organizo. Paloma es una pelvis de tamaño natural con un útero, una vejiga y un conducto anal extraíbles, hechos de plástico, cada uno de un color. Cuando la voy pasando en círculo y las mujeres hurgan en ella y ven con qué perfección encaja todo, se quedan como hechizadas.

Cuando les explico que nuestra cavidad pélvica no está «erguida», como en el cuerpo masculino, sino inclinada hacia delante (por eso cuando el profesor de yoga te dice que «metas el coxis» no tienes posibilidad de hacerlo... grrr), veo que están deseando sentir todo eso en sí mismas, en su cuerpo.

La mayoría de mis clientas, probablemente el noventa y cinco por ciento, acuden a mí porque algo no va bien «ahí abajo», pero cuando muchas de ellas miran a Paloma la Pelvis, es la primera vez que ven, desde aquella clase de biología en el instituto, el aspecto real que tiene su cavidad pélvica y empiezan a entender cómo funciona. No deberíamos esperar a que algo en su interior esté «averiado» para conocerla con detalle. Tenemos que convertirnos en la autoridad número uno en todo lo concerniente a nuestro cuerpo y tenemos que ocupar nuestro trono.

Tu pelvis es la sede de tu poder.
Reinita, es hora de que tomes posesión de tu trono.

Tu sede de poder femenino

Tu *cuenco* pélvico es el lugar físico y energético donde residen el poder, la sabiduría y la medicina de ELLA dentro de tu cuerpo. Es tu caldero particular de magia femenina, y lo que ocurre en su interior es MUY SERIO. Sin embargo, muchas ni siquiera nos damos cuenta de que existe. No sabemos qué siente ni lo que trata de comunicarnos a menos que esté gritando de dolor, o, en algunos casos, de placer.

Una sacerdotisa maya, una chamana llamada Rosa, me contó que en las tradiciones chamánicas se le da a la pelvis el nombre de «segundo cráneo» y que, si experimentamos tensión en la mandíbula, se reflejará en tensión de la pelvis porque hay una relación energética entre ellas.

Rosa no es una chamana de pacotilla con plumas atadas a la cabeza y la cara pintada. Es una chamana de verdad. Es una italiana de cuarenta y tantos años que vive en una casita en Francia, donde lleva una vida sencilla, como tú o como yo, pero que tiene una extraordinaria capacidad para acceder a la grandeza de la existencia, gracias a las enseñanzas que ha recibido de las abuelas de Guatemala.

Fui a ver a Rosa poco después de romper con el que supuestamente sería mi amor eterno. Apenas me llegaban encargos de trabajo y me dolían la mandíbula y la pelvis. Cuando le expliqué dónde sentía el dolor, asintió con la cabeza y dijo: «Tu cuna pélvica, el núcleo central de tu ser, está rígida, dolorida y estancada, ¿verdad?».

Yo no lo habría expresado *exactamente* con esas palabras, pero resulta que los patrones de tensión y desalineación en las caderas y la mandíbula a menudo se reflejan mutuamente. Así, si el lado derecho de la mandíbula está más apretado que el izquierdo, los músculos de la cadera derecha suelen estar más tensos que los de la izquierda. Del mismo modo, si la mandíbula apunta hacia delante, es común que también la pelvis esté inclinada hacia delante y sobresalga de su posición cómoda y natural, lo cual en mi caso era cierto: tenía la mandíbula prominente y la pelvis inclinada, una cosa más que añadir a la lista de partes corporales «defectuosas».

Rosa me aseguró que yo no era de ningún modo «mercancía defectuosa» y me explicó que las huellas emocionales y energéticas ancestrales, que eran las responsables de aquel desequilibrio pélvico, se habían vuelto en aquellos momentos más pronunciadas y dolorosas porque, siguió diciendo, solemos atraer a nuestra vida «accidentes» o sucesos que refuerzan ese patrón y lo empeoran.

Rosa es ahora una maestra muy apreciada, y después de interpretar la conexión entre mis caderas y mi mandíbula como una necesidad muy arraigada de expresarme tanto verbal como sexualmente —algo que en aquellos momentos no estaba ocurriendo porque la energía estaba estancada y me producía tensión y dolor en la pelvis—, me presentó algunas enseñanzas fascinantes que había recibido de las abuelas mayas. Una de ellas consistió en que Rosa «cabalgara» sobre mi vientre durante veinte minutos, mientras sonaba de fondo música de zampoña, y en hacerme llorar. (¡Ja! Te aseguro que es una técnica increíble llamada «pulsar» y que ahora yo también ofrezco a mis clientas). En pocas palabras, las abuelas mayas creen que la cuna pélvica es el contenedor sagrado de nuestra Corona Femenina, lo que no solo te convierte en Reina (¡asúmelo, amiguita!), sino que significa también que los movimientos más sutiles —la sensibilidad, el reconocimiento táctil, la consciencia, el amor, la atención, el perdón, el movimiento etéreo y la respiración— pueden producir una curación muy, muy profunda en esta zona.

Bien, lo ideal sería que los órganos y los músculos del *cuenco* pélvico estuvieran armoniosamente coordinados, que la energía y la sangre fluyeran con fuerza y vitalidad para optimizar la salud celular y la circulación hormonal, y que estuviéramos en constante comunicación amorosa con él para orientarnos en la vida y dar expresión a nuestros sueños creativos. Esto es lo ideal, pero la realidad es que a la mayoría nos resulta incómodo dirigir la atención a la pelvis; no tenemos ni idea de cómo funciona nuestra anatomía, y ahí abajo es un sitio oscuro, húmedo y a veces ensangrentado.

Sin embargo, en lo más profundo de tu pelvis guardas la sabiduría y la capacidad de crear —no solo bebés, sino ideas, proyectos, sueños, deseos e impulsos—, y cuando conectas con tu sede de energía, con el poder de ELLA, es cuando empiezas a cultivar una verdadera presencia femenina. Entonces la expresión *sentirlo en el cuerpo* adquiere una nueva dimensión. Cuando la pelvis encarna el poder de ELLA —que es tu energía y tu esencia—, eres puro magnetismo: vives desde tu verdadero centro y la vida fluye hacia ti y a través de ti. Empiezas a sentir que una energía poderosa y mágica se despierta y despliega en tu interior, un campo de fuerza pulsante, vivo, oscuro, rico, creativo y fértil.

Antes de compartir contigo algunas prácticas de las abuelas mayas para que tú misma pruebes a hacerlas, voy a hablarte un poco de la estructura física de la pelvis y del sistema reproductivo o de fertilidad para que, cuando trabajemos con ella, la toquemos y la sintamos, puedas visualizar dónde están situadas las distintas partes y localizar cualquier dolor, debilidad o tensión emocionales y físicos que aparezcan. Así que acerca el espejito de «amor a mi paisaje de mujer» y abre los labios de la vulva para nuestra introducción a la anatomía de ELLA. Porque tenemos que saber exactamente qué hay ahí dentro, cómo funciona y qué magia femenina podemos hacer con cada cosa, ¿no te parece?

Introducción a la anatomía de ELLA

La suavidad y la receptividad de la anatomía femenina han sido objeto de celebración, admiración y abusos, violencia y maltrato durante milenios. La autora y activista Eve Ensler ha liderado un movimiento de mujeres que han empezado a hablar abiertamente de la verdadera naturaleza de la sexualidad femenina gracias a los *Vagina Monologues*, pero, a pesar de los innumerables artículos publicados en Internet y en las revistas que hablan extensamente sobre la «satisfacción sexual» de la mujer, muy pocas sabemos en realidad con detalle lo que hay «ahí abajo».

Yo sé lo avergonzada que me sentí en su día por no saber que el útero y la matriz eran lo mismo. No, no es verdad. No estaba avergonzada, estaba enfadada.

Enfadada por tener que hacer un curso de salud pélvica para aprenderlo todo sobre mis partes femeninas.

Enfadada por el número alarmante de mujeres que se operan para tener una «vagina de diseño» o se depilan todo el vello de «ahí abajo» con láser presionadas por lo que el porno, los hombres y la sociedad han decidido que debe ser el aspecto de una vulva. (*Todas las vulvas son completa y maravillosamente diferentes, por cierto*).

Enfadada por llegar a los institutos a dar una clase de educación sexual y que no se me permitiera animar a chicas de dieciséis años a que se exploraran la vagina, el cuello uterino y los labios vaginales con los dedos para saber exactamente dónde estaban situados y las sensaciones que les producían, porque cuando sabemos que nuestra anatomía femenina no cumple solo una finalidad física sino que contiene además una potente medicina energética femenina que se ha de compartir, es fundamental que sepamos cómo acceder a ella.

Lo que voy a contarte a continuación tendrá mucho más sentido si te miras «ahí abajo» con un espejito mientras lees el texto. Asegúrate de que tienes suficiente tiempo y privacidad para hacerlo relajadamente. Prueba a ponerte en cuclillas en el suelo y a colocarte el espejo entre los pies. Ah, y descárgate la hoja de Introducción a la anatomía de ELLA (*SHE anatomy 101*) para colorear (incluida en la Caja de Herramientas de Paisajismo Femenino; encontrarás el enlace en la página 331) (*Sí, te he dibujado las partes femeninas para que las colorees, ¿no te parece de lo más íntimo y delicioso?*).

Además, si eres una friki de los órganos femeninos y te interesan las explicaciones supercientíficas, vete a la página 327, donde he incluido algunos de mis recursos favoritos. (*¡Yo también soy una auténtica friki, así que te oigo, hermana rastreadora!*).

Lo que explico aquí es muy básico, y lo hago desde una perspectiva más bien psicoespiritual para que el paisaje de ELLA, nuestro paisaje de mujer, sea lo más fácil posible de entender, así que he reducido la jerga científica al mínimo, ¿de acuerdo?

Léeme los labios

Chichi, flor, almejita, chocho, raja, cuchi, tota, coño, chirla, conejito, chumino, cuevita de amor... ¿cómo llamas tú a tus partes femeninas? Nuestro lugar de placer —nuestros genitales, nuestra vulva, nuestro clítoris, nuestra vagina—, ha sido realmente, hasta ahora, esa zona que no se debe nombrar; y si no se nombra, es que no existe. Yo personalmente utilizo unas veces la palabra *coño* y otras el término sánscrito *ioni*, que significa 'espacio sagrado de la matriz', porque me parece que suena sensual y lleno de amor, y así es como deberíamos sentirnos respecto a este lugar sagrado de nuestro cuerpo. Si no lo nombramos como algo que amamos, ¿cómo demonios vamos a transmitirle amor o esperar que otros lo amen, lo respeten y lo honren?

Tenemos un vocabulario muy reducido para describir nuestra anatomía sagrada, menos todavía un vocabulario que sea amoroso y sensual, y depende de nosotras cambiar eso y objetar también a las expresiones que utilizan los demás para referirse a ella. De lo contrario, los anuncios que avergüenzan nuestros *ionis* y vulvas —de toallitas íntimas y desodorantes vaginales— seguirán manteniendo vivo el mito de que tenemos algo indigno que estamos obligadas a disimular.

Tu *ioni* es perfecto. Tiene un aspecto perfecto, un olor perfecto, y puede producirte sensaciones perfectamente maravillosas. Te lo puedes afeitar, depilar con cera o con pinzas, o puedes dejarlo en su estado natural perfectamente precioso.

Es propiedad tuya. Te recomiendo que la respetes y que solo tú decidas con quién la compartes y cómo quieres que se la ame. Explora tus propias creencias culturales sobre las partes femeninas y el sangrado. Observa las palabras, el lenguaje y las frases que se utilizan para describirlas, presta mucha atención a los anuncios de productos de higiene femenina: ¿cómo te hacen sentirte? Si hay palabras que te dan repelús o te desagradan, investiga y averigua por qué. Es posible que a tu madre no le gustaran y te haya transmitido esa aversión, que haya alguna frase o término que tenga para ti una connotación vergonzosa.

Yo me quedé literalmente muda la primera vez que oí la palabra *coño*. Me sonó dura y vulgar, y la idea de usarla como apelativo afectuoso me pareció impensable, pero luego, cuando me enteré de su origen, empecé a ensayar cómo decirla, probé a pronunciarla con diferentes acentos y con una sonrisa en los labios. Empecé a repetírmela interiormente mientras estaba tumbada en *savasana* al final de las clases de yoga y con las manos en posición de *yoni mudra* (página 90) y, poco a poco, se ha ido convirtiendo en una palabra que ahora me encanta.

Nombrarlo, hablar de él con amor y ternura, honrar su cualidad sagrada te permitirá empezar a confiar en él como guía y a dejar que su sabiduría más íntima circule por todo tu cuerpo. Lo mismo ocurrirá cuando abraces tu naturaleza cíclica: cuando hagas de tu ciclo menstrual un ritual y vivas tu día a día de una manera más extática: el ritual y el flujo te enriquecerán y, como consecuencia, serás más intuitiva y te sentirás más vibrante y satisfecha.

**Reivindicarás tu valor como mujer,
y es que, joder, ¡vales TANTO!**

La vulva

Tu vulva es la parte exterior de tu paisaje femenino más íntimo, que incluye el clítoris, los labios menores, la uretra y la entrada de la vagina. En sánscrito, a la vulva se la llama *ioni*, que significa 'pasaje divino' o 'puerta del templo'. La forma almendrada que tiene la abertura de la vulva se denomina *vesica piscis* [vejiga de pez] en geometría sagrada: al intersecar dos círculos de igual radio haciendo que el centro de cada uno de ellos coincida con la circunferencia del otro, se obtiene un óvalo de dos puntas, que se considera una puerta interdimensional. Básicamente, nuestra vulva es la guardiana de la energía, y puede ayudarnos a saber qué queremos que se introduzca en nosotras y de qué queremos librarnos.

El clítoris

Tu clítoris es algo extraordinario, es el único órgano de tu cuerpo cuya sola función es proporcionarte placer. ¡Ahhh!

Cuando la gente habla del clítoris, por lo general se refiere solamente al glande, la sensibilísima parte externa, pero esa protuberancia en forma de alubia que ves en lo alto de la vulva no es más que la punta del iceberg.

La parte interna está unida al glande por dos zonas esponjosas de tejido eréctil, que, a mayor profundidad, se extienden igual que un par de alas hacia el cuerpo y rodean el canal vaginal como un «hueso de la suerte». A más profundidad aún, están los bulbos vestibulares. Como la mayor parte del clítoris, estas dos masas de tejido en forma de saco alargado se llenan de sangre cuando te excitas.

El clítoris es la parte de la vulva más densamente poblada de terminaciones nerviosas: contiene más de ocho mil, el doble que el pene, lo que convierte al clítoris en el generador de placer por excelencia. *Por si no lo sabías*. Esta diminuta zona erógena propaga el placer a otros quince mil nervios de la pelvis, lo cual explica por qué, cuando llegas al orgasmo, sientes que se apodera del cuerpo entero. (Para saber más detalles sobre cómo estimularlo, consulta la página 274).

Los labios

Los labios son los encargados de proteger el clítoris y las aberturas de la vagina y de la uretra. Los labios mayores son los más externos y los labios menores los más internos. En algunas mujeres, los labios menores están completamente ocultos por los labios mayores y no son visibles desde fuera; en otras sobresalen de los labios mayores. Lo uno y lo otro es igual de perfecto y normal.

Por desgracia, debido a que la pornografía muestra a las mujeres con la vulva completamente depilada y todos los labios bien metidos en su interior, algunas se sienten avergonzadas de que la suya sea tan distinta y recurren a la cirugía plástica para convertir una vulva perfectamente normal y sana en una «vulva de diseño». Esto puede significar perder la sensibilidad, y la capacidad de sentir placer, en toda la zona, un riesgo que yo personalmente nunca JAMÁS estaría dispuesta a correr. Los labios menores suelen tener una longitud de entre dos y diez centímetros, y sin embargo, la mayor parte de las veces, en la pornografía son prácticamente invisibles.

Todos los labios vaginales, gorditos, grandes, escondidos, carnosos, finos, son normales y preciosos, tanto si están escondidos como si quieren lucirse. En su libro *Yoni: Sacred Symbol of Female Creative Power* [*Ioni*: símbolo sagrado del poder creativo femenino], Rufus Camphausen explica que los textos sexológicos clásicos de la India —el *Kama Sutra*, el *Ananga Ranga* y el *Koka Shastra*— «leen» la constitución psicofísica de una mujer en el tipo de labios vaginales que tenga y en los jugos amorosos que produzcan. Esto da un significado totalmente nuevo a la frase *léeme los labios*, ¿no te parece?

La uretra

Este conducto, situado entre el clítoris y el orificio vaginal, va desde la vejiga urinaria hasta el vestíbulo vulvar (la zona situada en el interior de los labios menores, donde se encuentra también la vagina), y a través de él la orina sale del cuerpo.

La vagina

La vagina no tiene realmente forma de pene, sino que es un músculo pulsátil que se abre y se cierra, y es el músculo que se encuentra entre el cuello uterino (en la base del útero) y la abertura externa por la que pueden salir los bebés y la sangre menstrual y por la que pueden entrar unos dedos o un pene si así lo deseas.

CONFIDENCIA SOBRE ELLA

Si te está resultando difícil echar un vistazo «ahí abajo», haz una visita a *beautifulcervix.com*, un sitio web que celebra la belleza y los misterios de la fertilidad y el cuerpo femeninos. Las mujeres envían fotos de su cuello uterino durante el ciclo menstrual y el embarazo, tras un aborto y después del orgasmo. También puedes ver fotos tomadas durante un examen (Papanicolau) del cuello uterino.

El perineo

El perineo es la parte exterior de la uretra, la vagina y sus músculos anexos. Sin embargo, cuando nos referimos al perineo tendemos a pensar concretamente en el trozo de piel que va desde la parte inferior de la vagina hasta el ano, el trocito que puede producir una sensación placentera si se toca durante la relación sexual.

El paisaje femenino interno

El útero, los ovarios y las trompas de Falopio están situados entre la vejiga y el recto dentro de la cavidad pélvica.

Los ovarios

Los ovarios tienen dos funciones reproductivas principales en el cuerpo. Producen óvulos (huevos) para que sean fertilizados y producen las hormonas reproductivas, estrógenos y progesterona. El dato que más me fascina sobre los ovarios es que, en su interior, están contenidos ya todos los óvulos de nuestra vida cuando somos todavía un feto dentro del cuerpo de nuestra madre.

Dime si no es fascinante.

A nivel celular, existías realmente en el cuerpo de tu abuela cuando estaba embarazada de tu madre. Es una prueba más de lo profundamente conectadas que estamos, a nivel energético y como mujeres, y explica también por qué conservamos inconscientemente en nuestro cuerpo los patrones energéticos y las creencias de nuestra madre y nuestra abuela materna. Por eso si conectamos con ELLA, que es nuestra sede de poder femenino, podemos transformar la energía de nuestro linaje. Podemos sanar en nosotras las heridas de nuestra madre.

El ovario izquierdo es femenino, está controlado por el hemisferio cerebral derecho y su energía es receptiva, creativa e intuitiva, mientras que el ovario derecho es masculino, está controlado por el hemisferio cerebral izquierdo y tiene una energía de estilo más lineal, más de «hacer».

Las trompas de Falopio

Tenemos dos trompas de Falopio, que se turnan cada mes para llevar el óvulo desde el ovario hasta el útero. En una determinada región de la trompa, denominada ampolla, es donde generalmente el esperma del hombre fecunda el óvulo. El cigoto resultante (el óvulo fecundado) pasa entonces al útero, donde se implanta en la pared uterina y va desarrollándose hasta el momento del parto.

El útero o matriz

El útero tiene tres capas:

• Revestimiento interno (endometrio).
• Capa muscular intermedia (miometrio), el músculo más fuerte del cuerpo de la mujer, ya que ayuda a empujar al bebé y a hacerlo salir del útero durante el parto (para las aficionadas a los datos).
• Capa externa (perimetrio).

El útero, o matriz, es como la mujer sabia en torno a la cual se reúnen todos los demás órganos en las profundidades del cuerpo, y está compuesto por:

• El fondo uterino, la sección en forma de cúpula de la parte superior.
• El cuerpo, que es la parte central y jugosa.
• El cuello uterino o cérvix, el canal inferior que desemboca en la vagina.

El útero es nuestro centro de creatividad e intuición, el lugar donde toda vida comienza. Si concibes, el útero es el lugar donde el bebé crece y se nutre, y si no llevas un bebé en el útero, entonces este espacio es puro potencial creativo. A nivel energético, cualquier cosa que requiera energía imaginativa –planes de negocios, relaciones, escribir un libro– puedes darlo a luz desde la raíz del útero.

El músculo psoas

El músculo psoas, una parte importante y a menudo ignorada de la cavidad pélvica, se extiende desde la columna vertebral hasta la parte anterior del muslo pasando por la pelvis. Cuando este músculo es fuerte y flexible, nos ayuda a sentir una pasión más jugosa por la vida, lo cual hace que fluya más *Shakti* por todo nuestro organismo.

Estoy obsesionada con el trabajo de Liz Koch. Liz sabe TODO cuanto se puede saber sobre el músculo psoas y escribió el *The Psoas Book* [El libro del psoas]. La práctica a la que llamo *SHE Flow* consiste precisamente en un montón de movimientos de apertura de caderas con la intención específica de liberar la tensión del psoas y de los flexores de la cadera; porque cuando relajas el psoas, literalmente energizas tu núcleo más profundo, ya que te reconectas con la poderosa energía de Mamá Tierra.

Liz está convencida de que el acelerado estilo de vida moderno provoca una tensión y una crispación crónicas del psoas, pues cada vez que nos estresamos o estamos tensas, el músculo se contrae y acaba por acortarse. Esto puede ocasionar malestares físicos muy dolorosos, entre ellos dolor de espalda, dolor sacroilíaco, ciática, problemas de disco, dolor de rodilla, dolores menstruales, infertilidad y problemas digestivos. Cuando el músculo psoas se tensa, puede constreñir además los órganos, ejercer presión sobre los nervios, interferir en el movimiento de los fluidos y dificultar la respiración. Liz llega a decir:

Tan íntima es la participación del psoas en las reacciones físicas y emocionales básicas, que un psoas que esté siempre tenso le envía continuamente al cuerpo la señal de que estamos en peligro, lo cual acaba por agotar a las glándulas suprarrenales y por debilitar el sistema inmunitario.

Por eso, si queremos tener un *cuenco* pélvico saludable que sea capaz de procurarnos su magia medicinal, tenemos que prestar atención al psoas. El estilo de vida moderno supone una restricción de los movimientos naturales; las horas y horas que pasamos sentadas delante del escritorio, la posición de los asientos del coche, la ropa superajustada y los tacones altos (sé que esto no es lo que quieres oír, pero llevar tacones puede desequilibrarte por completo la cavidad pélvica) constriñen el músculo psoas, y la constricción del psoas equivale a tener los nervios de punta, un nivel de adrenalina muy alto y dolores y molestias en la cavidad pélvica: tu cuenco sagrado. No es lo que quieres.

Un psoas distendido y relajado se alarga y se abre, quiere bailar, es un canal de energía; nos conecta a tierra y permite que la columna vertebral despierte.

Dice Liz:

Cuando las corrientes gravitatorias transfieren el peso del cuerpo a la Tierra a través de los huesos, los tejidos y los músculos, de rebote la Tierra hace ascender de vuelta su energía por las piernas y la columna vertebral, y de este modo energiza, coordina y anima la postura, el movimiento y la expresión. Es una conversación ininterrumpida entre el ser, la Tierra y el cosmos.

En pocas palabras, el psoas es un pararrayos alucinante que os conecta a ti, a Mamá Tierra y a ELLA. Vamos a cuidarlo, ¿no?

⌇ SHE FLOW: ABRECADERAS SHAKIRA-SHAKIRA ⌇

Este ejercicio se atribuye a la gran cantante Shakira, y es que no se puede hacer ninguna práctica de apertura de caderas sin un poco de amor Shakira-Shakira.

En el *SHE Flow*, rara vez invito a mantener una postura, pero lo que sigue es la excepción a esta regla. Es una práctica de treinta y cinco minutos inspirada en el *yin yoga*, y con ella vas a estirar suavemente el tejido conectivo profundo del cuerpo y a ofrecerles amor y conexión a tu músculo psoas y a tu cavidad pélvica.

El *yin yoga* es un estilo de yoga de ritmo lento en el que las posturas —asanas— se mantienen durante cinco minutos o más. Te voy a ser sincera: al principio a mí no me gustaba demasiado, así que si a ti te pasa lo mismo, generalmente es señal de que necesitas al menos estar atenta a por qué no te gusta. Esta práctica en concreto trabaja desde dentro con las caderas y la pelvis, y puedes considerar el tiempo que pasarás en cada postura como tiempo de meditación: es una oportunidad para inspirar hasta lo más hondo de tu cuenco sagrado, activarlo, abrirlo y dejar que la energía y la vitalidad entren en él. Como ocurre al hacer CUALQUIER trabajo energético o de movimiento en esta zona, es posible que afloren las emociones, el fuego, la ira, las lágrimas; por eso al principio no me encantaba precisamente. Hace que salgan cosas de todo tipo. Pero déjalas que afloren.

Deja que estén presentes y deja que se te muevan por dentro durante toda la práctica.

1. Extiende la esterilla de yoga y siéntate cómodamente.
2. Junta las plantas de los pies, de modo que las piernas formen un rombo delante de ti.
3. Inspira, extiende los brazos por encima de la cabeza y, mientras te doblas hacia delante por las caderas, espira y baja los brazos hasta el suelo delante de ti. Estírate todo lo que puedas pero sin forzarte, hasta donde te resulte cómodo. Ahora respira. Sigue el movimiento de la respiración y deja que la gravedad tire de ti hacia Mamá Tierra; de ti, no de tus músculos. Mantén la postura durante tres minutos. Puedes presionar ligeramente hacia abajo con cada espiración, para ayudar a la gravedad a tirar de ti y a llevarte a mayor profundidad.
4. Inspira mientras arrastras muy despacio las manos hacia el cuerpo y yergues la espalda desde la cadera, y vuelve a la posición sentada al espirar.
5. Inspira, colócate una mano debajo de cada rodilla y, mientras espiras lenta y suavemente, haz que se encuentren una mano con la otra y apoya las plantas de los pies sobre el suelo.
6. Inspira y, al espirar, echa con suavidad el cuerpo hacia atrás, en dirección a la esterilla.
7. Inspira, levanta los pies de la esterilla y acércate las rodillas al pecho hasta estar en posición fetal. Abrázalas así durante un rato y balancéate de lado a lado masajeando con suavidad la zona lumbar. (Si tienes la pelvis inclinada o el culo grande, como yo, puede resultarte un poco incómodo, así que puedes hacer los ajustes que

necesites hasta sentirte a gusto. ¡Eso es lo más importante!, ¿vale?).

8. Yergue la espalda, pon las plantas de los pies sobre la esterilla y, con las rodillas dobladas y el trasero en el suelo, inspira. Ahora, al espirar, deja que ambas piernas vayan cayendo lentamente al lado derecho de la esterilla. Siente cómo se estira la cadera izquierda. Activa los pies apuntando los dedos hacia las rodillas (esto da a las rodillas cierta protección). Si notas demasiada tensión, acerca un poco los talones al trasero o aléjalos. Si no hay tensión suficiente, pasa la pierna derecha por encima de la izquierda y respira así durante tres minutos.

9. Vuelve a llevar lentamente las rodillas al centro y pon las plantas de los pies en la esterilla. Como si tus rodillas fueran limpiaparabrisas, muévelas de lado a lado lentamente tres veces. Inspira, manteniendo el culo apoyado en el suelo tanto como puedas y, al espirar, deja caer las rodillas lentamente hacia la izquierda. De nuevo, si hay demasiada tensión, ajusta la distancia entre los pies y el trasero. Si no hay tensión suficiente, pasa la pierna izquierda por encima de la derecha. Activa los pies apuntando los dedos hacia las rodillas y respira profundamente mientras mantienes la postura tres minutos.

10. Lleva las rodillas despacio al centro y pon las plantas de los pies en la esterilla. Vuelve a hacer lentamente el movimiento de limpiaparabrisas con las rodillas tres veces.

11. Mantén el pie derecho sobre la esterilla, dobla la pierna izquierda y coloca el tobillo sobre el muslo derecho.

Ahora pasa el brazo izquierdo desde arriba por el hueco que queda entre las piernas, extiende el brazo derecho por el costado del cuerpo y conecta los dedos de las dos manos debajo del muslo derecho. Inspira y levanta la pierna derecha del suelo. Activa los pies apuntando los dedos de ambos hacia las rodillas. Puedes intensificar el estiramiento tirando del codo izquierdo hacia dentro en dirección a la rodilla derecha. Ahora mantén la postura y respira profundamente durante tres minutos.

12. Cuando hayas terminado, desdobla la pierna izquierda, estira ambas piernas y apunta las plantas de los pies hacia el cielo. Mantén el pie izquierdo sobre la esterilla, dobla la pierna derecha y descansa el tobillo derecho sobre el muslo izquierdo. Pasa el brazo derecho desde arriba por el hueco que hay entre las piernas, estira el brazo izquierdo por el costado del cuerpo y conecta los dedos de ambas manos bajo el muslo izquierdo. Inspira y levanta la pierna izquierda del suelo. Activa los pies apuntando los dedos de los dos hacia las rodillas. Puedes intensificar el estiramiento empujando el codo derecho hacia dentro en dirección a la rodilla izquierda. Mantén la postura y respira profundamente durante tres minutos.

13. Desdobla la pierna derecha, estírala y apunta las plantas de los pies hacia el cielo. Dobla las rodillas hacia el pecho, inspira y sujeta los pies por la parte exterior, con las plantas mirando al techo. Espira, deja caer las rodillas, una hacia cada lado, tanto como puedas, y siente el estiramiento. Respira en esta posición durante tres minutos.

14. Estira las piernas hacia arriba y apunta las plantas de los pies hacia el cielo. Inspira, dobla las rodillas, junta las plantas de los pies, espira y forma un *ioni* con los arcos de los pies. Inspira, sujeta los pies-*ioni* por la parte exterior con ambas manos y espira mientras los elevas a la altura de la cara, para que puedas mirar a través del *ioni* formado por los pies. Respira en esta posición durante tres minutos.

15. Inspira y, al espirar, deja caer los pies en la esterilla, estira las piernas hacia el frente y los brazos hacia arriba: estírate, estírate, estírate.

16. Cuando estés lista, regálate quince minutos de un merecido yoga *nidra* (página 285) tumbada en *savasana*. ¡Tu pelvis te lo agradecerá!

Conecta con tu cuenco medicinal sagrado

No basta con que conozcas tu anatomía, tienes que sentirla. Sentir a qué te estás aferrando y de qué te puedes soltar.

Todas las noches, antes de irme a dormir, coloco las manos sobre el espacio de mi matriz. Hago varias respiraciones abdominales profundas y dedico unos minutos a sintonizar con el fluir de *Shakti* en mi centro. Siento mi matriz, le hablo, y si por alguna razón noto una sensación de frío o adormecimiento en su interior, enfoco suavemente mi atención en ella hasta que la energía empieza a fluir hacia esa zona. A veces, si me estoy aferrando a un pensamiento o creencia, o me siento ansiosa o tensa, me cuesta más crear de inmediato ese flujo de energía, así que me acaricio la matriz o la masajeo con suavidad (página 230). Basta algo tan sencillo como esto para que tu matriz sepa que no la ignoras, que la quieres, y para volver a conectarte con el poder de ELLA y con tu potencial creativo, legítimamente tuyos por haber nacido mujer.

Los detalles de lo que tú sientas y hagas serán distintos de los míos porque nuestros *cuencos* pélvicos contienen la medicina particular que cada una necesitamos en la búsqueda de ELLA, ahora y durante el resto de nuestra vida. Nuestra matriz es un cuenco de posibilidades sin fin: placer, dolor, poder, periodos, embarazo, fuerza, penetración... y depende de nosotras poner los medios para conectar con él y pedirle consejo.

Una de cada tres mujeres sufrimos una violación u otros abusos sexuales de algún tipo, y eso puede hacer que el portal de poder se cierre. Nos desconectamos de nuestra matriz porque sentimos que está corrompida, y llevamos a cuestas esa vergüenza y esa culpa a dondequiera que vayamos. Pero si somos capaces de iniciar una conversación con ella, si somos capaces de enviarle amor y ternura, podemos deshacernos de ese peso y empezar a hacer del mundo un lugar más seguro para todos.

⤳ SINTONIZA CON TU CUENCO MEDICINAL SAGRADO ⤶

Para sintonizar con la energía de tu cuenco medicinal, trae papel, lápices, cojines, una esterilla de yoga y un aparato de música, y baja al suelo para hacer este ejercicio en tres partes.

Mapa del *ioni*

Vas a hacer un mapa de tu *ioni*. (*Sí, como lo oyes*). No te preocupes, no necesitas desnudarte. A menos que quieras hacerlo, obviamente.

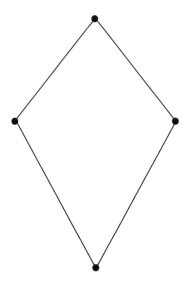

Ejemplo de mapa del *ioni*

1. Pon en el suelo una hoja de papel A4 y siéntate sobre ella con las piernas hacia delante y separadas a la distancia de las caderas. Muévete un poco de lado a lado hasta que estés asentada cómodamente sobre los isquiones (los huesos de las nalgas). Junta las plantas de los pies de modo que las piernas formen un rombo. Si notas algún dolor, ponte unos cojines debajo de las rodillas para que no haya ninguna tensión.

2. Sujeta un lápiz en vertical contra en el pubis, deslízalo hacia abajo hasta que la punta toque el papel y gíralo un poco para hacer una marca.

3. Ahora te va a parecer que estás jugando contigo al *Twister*, sobre todo si, como yo, tienes la pelvis inclinada. Haz un poco de presión sobre el papel primero con un isquion y luego con el otro, y marca con el lápiz el punto en el que está apoyado cada uno.

4. Una vez hecho esto, estira el brazo hacia atrás y, allí donde está el ano, haz una marca.

5. Inclínate un poco para sacar el papel y míralo: debería haber cuatro puntos que, una vez unidos, formen un rombo. Ese es tu *ioni*, la puerta de tu templo sagrado. Colócala frente a ti, vuelve a juntar las plantas de los pies, siéntate erguida, con la cabeza en línea con el corazón y el corazón en línea con la matriz, y respira. (Siéntate en un cojín si te resulta más cómodo).

Remueve el caldero

Hago esto en todas las clases de *SHE Flow* porque activa la cavidad pélvica entera y hace aflorar cualquier medicina que necesitemos experimentar.

1. Pon una canción que te guste —yo suelo recomendar *Returning*, de Jennifer Berezan, para hacer esto— ponte cómoda y sumérgete en tu cuerpo, como si cayeras dentro de él. Nota la sensación física de los isquiones, deja que la respiración dirija la energía al interior de la pelvis.

2. Ahora, manteniendo las rodillas quietas, empieza a hacer lentamente pequeños movimientos circulares con la matriz y la pelvis.

3. Si no te crea incomodidad, vete haciendo los círculos cada vez más amplios.

4. Ahora estira los brazos hacia arriba, sin forzarlos, o ponte de rodillas y siéntate sobre los talones, lo que prefieras.

5. Cuando sientas que has removido del todo tu caldero, cambia de dirección los movimientos circulares y vete

reduciendo la amplitud y volviendo lentamente hacia tu centro, hasta que no haya prácticamente ningún movimiento.

6. Cuando te detengas, coloca las manos sobre las rodillas con las palmas hacia arriba y respira.

7. Estate así sentada en silencio durante unos minutos, sintiendo.

8. Ahora ponte la mano sobre el espacio de la matriz y pregúntale:

- ¿Cómo te sientes?
- ¿Qué textura tienes? ¿Blanda, dura, erizada, suave, sedosa?
- ¿Cómo es tu movimiento? ¿Palpitante, agitado, ondulante, estás quieta?
- ¿En qué estado de ánimo te encuentras? ¿Te sientes enfadada, triste, contenta, exultante, atrevida?
- ¿De qué color eres?
- ¿Cómo quieres que te llame?

Haz una representación artística de tu *ioni*

Ahora te invito a que seas creativa y dejes que la medicina de ELLA te guíe para hacer del mapa de tu **ioni** una obra de arte dedicada a cómo se siente.

Tal vez quieras escribirle una canción o un poema, cubrirlo de purpurina o dibujar un rayo que lo atraviese para representar su poder. Tal vez quieras colorearlo de negro y colocar alambre de espino a su alrededor o reunir materiales que te recuerden a las texturas que tu *ioni* te ha descrito y crear una experiencia sensorial. La única pauta es que crees una obra de arte que represente su personalidad y esencia y cómo es vuestra relación en este momento. Cuando hice esto por primera vez, lo hice en cada fase del ciclo menstrual, y fue muy impactante ver cómo la personalidad de mi *ioni* y nuestra relación cambiaban de fase en fase.

Si jugar al *Twister* en solitario para crear una obra de arte no es lo tuyo, utiliza las preguntas de la página anterior como sugerencias y escribe lo que quieras en tu diario o descarga la hoja de anatomía de ELLA para colorear, incluida en la Caja de Herramientas de Paisajismo Femenino (pagina 331), y utiliza las preguntas para que te inspiren a la hora de elegir los colores. Nadie va a juzgar tu obra, lo importante es que te conectes con la sabiduría, la guía y la claridad que puedes encontrar en tu propio cuenco medicinal sagrado.

Reúnete con tus amigas, sentaos en círculo y compartid experiencias, o enmarca tu obra de arte y ponla en tu altar.

Si te sientes *llamada* a hacerlo, me encantaría que compartieras la representación artística de tu *ioni* en las redes sociales, con las etiquetas #loveyourladylandscape y #shepower (no hace falta que digas lo que representa si no quieres, pero me encanta que mi aplicación de Instafeed se llene literalmente de paisajes de mujer).

Este es un anuncio cervical público

Puede que te cueste conectar con el cuenco medicinal sagrado que es tu matriz si está cabreada. Y, admitámoslo, si llevas una vida acelerada, si tomas fármacos para controlar el ciclo menstrual, si te pasas el día sentada en una oficina o al volante de un coche, si no eres consciente de que tus ritmos y ciclos son tu conexión directa con Mamá Tierra, es MUY probable que esté seriamente mosqueada.

Según las estadísticas publicadas por la Organización Mundial de la Salud en diciembre de 2012, hay una epidemia de infertilidad y de dolencias de «ahí abajo»: en la actualidad, más de 7,4 millones de mujeres las padecen en el mundo occidental, y entre el ochenta y cinco y el noventa por ciento de ese *mal*-estar se trata con terapia farmacológica o procedimientos quirúrgicos.

CONFIDENCIA SOBRE ELLA

La mayoría de mis clientas acuden a mí por primera vez cuando tienen algún problema de salud que la «medicina moderna» no consigue resolver. En mi Clínica de ELLA, hago un trabajo físico y psicoespiritual utilizando masajes y movimientos de *SHE Flow*, terapia, rituales y prácticas de encarnación para ayudar a las mujeres a acceder a su sabiduría corporal y a sanar con ella su cavidad pélvica. Así que, por favor, comprende que si te hablo de todas esas cosas desagradables no es para asustarte o preocuparte, sino para que dejemos ya de quitar importancia a los problemas de la salud femenina.

Las mujeres tenemos asumido a un nivel muy profundo que estamos hechas para vivir con dolor. Nos creemos al pie de la letra que sentir un dolor atroz es lo que nos corresponde «aguantar» como mujeres. Pensamos que las menstruaciones abundantes y dolorosas que nos impiden funcionar con normalidad en las relaciones, en el instituto o en el trabajo son normales, y nos preocupa que se nos tache de «débiles» si admitimos que nos sentimos mal. A esto se suma la cantidad de tiempo que tarda una mujer en recibir un diagnóstico acertado de su dolencia. Los médicos no disponen del tiempo ni de los recursos necesarios y «generalmente» emiten sus diagnósticos sobre los problemas de salud de «ahí abajo» a base de descartar lo que parece menos probable, lo cual es frustrante para ellos, pero mucho más frustrante aún para nosotras. Por tanto, el paso más importante para cuidarte «ahí abajo» es educarte.

¿Qué es lo «normal»?

Gracias a los anuncios de depilación y a la pornografía, sabemos muy bien lo que hay «ahí abajo», pero por culpa de ellos tenemos también una idea bastante deformada de qué es lo normal. Como te contaba hace un rato (página 193), la vulva es una de las partes del cuerpo que más varían, y hay muchísimas versiones diferentes de lo que es «normal». La vulva cambia de aspecto a lo largo del ciclo menstrual, así que, si todavía no has mirado cómo es la tuya, deja el libro, ve a por ese espejito y empieza a familiarizarte con los mensajes que tu cuerpo y tu paisaje de mujer comparten contigo todos los días: los cambios de fluidos, de textura, de color. Estos son algunos de los cambios normales:

- Justo antes de la menstruación, puede que tus genitales estén un poco hinchados y más abultados.
- También pueden aparecer pequeños quistes en la piel, que a veces aumentan de tamaño y resultan un poco molestos en esta fase del ciclo.
- La forma de la vulva cambia además a medida que vas cumpliendo años. Las relaciones sexuales y los partos pueden hacer que los labios menores se estiren, y la pérdida y el

AMAR TU PAISAJE DE MUJER

AMAR TU PAISAJE DE MUJER

AMAR TU PAISAJE DE MUJER

aumento de peso pueden afectar también al aspecto de los labios.

- Después de un parto vaginal, es indudable que toda la zona tendrá un aspecto distinto y las sensaciones que percibas serán también diferentes. Que no te dé miedo palpar cada cosa. Los labios menores habrán cambiado, tal vez ahora cuelguen un poco cuando antes no colgaban, o tal vez no.
- También el color puede variar notablemente.
- La vagina produce un flujo mucoso. En las mujeres que tienen la menstruación, el flujo vaginal tiene su propio «ciclo»: es escaso justo después de la regla, se presenta como una mucosidad muy clara y elástica a mediados de mes, y luego más abundante y espesa al acercarse la siguiente regla. El color puede ser desde transparente hasta casi amarillo.

C-C-C-C-Cambios

Pero nunca debes ignorar los cambios que se produzcan en la zona. Debes estar atenta a los siguientes cambios y a cuándo se producen...

El flujo

El flujo vaginal es normal y varía con la edad y a lo largo del ciclo menstrual, pero si huele, te provoca picores o, en vez de ser transparente, es blanco o blanquecino, *quizá* indique alguna anomalía. Pueden ser síntomas de una candidiasis vulvovaginal, debida al crecimiento excesivo de una levadura que vive de forma natural en la vagina y que produce precisamente un flujo blanco y espeso, de olor fuerte y que provoca picazón.

Si no ha mejorado en una semana, consulta al médico, ya que podría tratarse de un problema distinto, como una vaginosis bacteriana (VB) o alguna enfermedad de transmisión sexual (ETS).

Nunca quites importancia a la aparición de sangre fuera del periodo. Aunque es algo que puede ocurrir si has cambiado de método anticonceptivo o estás tomando la minipíldora, consulta siempre al médico, ya que podría ser señal de una infección de transmisión sexual, de daños vaginales o, en muy raras ocasiones, de cáncer.

El olor

Cada una tenemos nuestro olor, y solo debes preocuparte si se vuelve más fuerte. Un olor a pescado acompañado de un flujo grisáceo y acuoso puede ser síntoma de vaginosis bacteriana. En la vagina viven bacterias buenas y malas, y los niveles de acidez mantienen el equilibrio entre ellas. Si el grado de acidez cambia por algún motivo (como pueden ser las relaciones sexuales o el uso de jabón) una bacteria mala, llamada *Gardnerella vaginalis*, puede reproducirse en exceso y provocar estos síntomas.

Bultos y protuberancias

Un bulto que haya estado desde siempre en la vagina o en la vulva probablemente sea normal, pero si aparece algún bulto nuevo, podría ser debido a verrugas genitales, que pueden aparecer solas o en grupo.

Si notas un bulto debajo de la piel, lo más probable es que sea un quiste de las glándulas de Bartolino, que segregan lubricación durante las relaciones sexuales, y si se bloquean se forma un bulto doloroso. Yo he tenido unos cuantos, y pueden hacerte ver las estrellas.

En cualquier caso, o si tienes dudas, acude siempre al médico para que te aconseje.

Cambio de color

La zona vaginal suele tener un color similar al del interior de la mejilla. Esto puede cambiar durante el embarazo. La razón más común de que cambie de color suele ser la irritación, que hace que se enfade, y NADIE quiere una vagina enfadada, ¿verdad?

La principal culpable suele ser la candidiasis, pero los detergentes, los baños de burbujas o incluso los tintes de la ropa interior (el de algunas bragas negras baratas contiene una sustancia llamada parafenilendiamina) pueden provocar una reacción alérgica.

¿Qué no es normal?

Dado que cada vulva tiene su diseño exclusivo, es imposible hacer una lista completa de lo que no es normal y de cómo detectarlo, pero quiero darte un poco de información superbásica sobre algunas molestias y trastornos específicos de «ahí abajo» que una mujer puede experimentar y de cómo afectan a los órganos reproductores, PORQUE... NECESITAMOS... SABERLO...

Cáncer de cuello uterino

El segundo cáncer más frecuente en las mujeres a nivel mundial se desarrolla en el cuello uterino (la entrada al útero desde la vagina). A menudo no presenta síntomas en sus primeras fases. Cuando presenta síntomas, el más común es el sangrado vaginal repentino, que puede ocurrir después de tener relaciones sexuales, entre una y otra regla o tiempo después de la menopausia. Acudir a las revisiones periódicas es fundamental para detectarlo y prevenirlo.

Fibromas

Pueden formarse tumores benignos (no cancerosos) en la matriz (útero). La mayoría de las mujeres no presentan síntomas, pero algunas tienen menstruaciones dolorosas o abundantes. Si los fibromas oprimen la vejiga, se tienen ganas de hacer pis a cada momento. También pueden causar dolor durante las relaciones sexuales o dolor lumbar. Una mujer puede tener un fibroma uterino o muchos.

Endometriosis

En esta enfermedad, un tipo de tejido muy similar al que forma el revestimiento del útero (el endometrio) crece en otras muchas partes del cuerpo, como los ovarios y las trompas de Falopio, el exterior del útero, el revestimiento interno del abdomen, el intestino o la vejiga.

La endometriosis es una enfermedad crónica. Los síntomas pueden variar significativamente de una persona a otra; algunas mujeres no presentan ningún síntoma y otras pueden tener periodos dolorosos o abundantes; dolor en la parte baja del abdomen (en la tripa), la pelvis o la zona lumbar; dolor durante las relaciones sexuales y después de ellas; sangrado entre periodos o dificultad para quedarse embarazadas. La mayoría de las mujeres con endometriosis sienten dolor en la zona comprendida entre las caderas y la parte superior de los muslos. Algunas sienten ese dolor todo el puto rato. Básicamente, es un asco de enfermedad, y la gravedad de los síntomas depende de la parte del cuerpo donde esté el tejido anormal, más que de la cantidad de tejido que haya.

Cáncer de endometrio

Este cáncer, que se origina en el endometrio (el revestimiento del útero o matriz), es el resultado del crecimiento anormal de células que pueden extenderse e invadir otras partes del cuerpo. El primer signo suele ser una hemorragia vaginal que no es un sangrado menstrual. Otros síntomas son dolor al orinar o al mantener relaciones sexuales o dolor pélvico. El cáncer de endometrio se produce con mayor frecuencia después de la menopausia.

Síndrome del ovario poliquístico (SOP)

Esta enfermedad afecta al funcionamiento de los ovarios. Se desarrollan quistes en ellos (ovarios poliquísticos), por lo que no liberan óvulos con regularidad, y en el cuerpo hay una elevada presencia de «hormonas masculinas», llamadas andrógenos.

Los ovarios poliquísticos contienen un gran número de quistes inofensivos de hasta ocho milímetros de diámetro. Los quistes son en realidad los sacos, en este caso subdesarrollados, donde normalmente se desarrollan los óvulos. Debido a que no son capaces de liberar un óvulo, no se produce la ovulación.

Los síntomas del SOP suelen manifestarse al final de la adolescencia o al principio de la veintena y pueden incluir periodos irregulares o ausencia de periodos; dificultad para quedarse embarazada (debido a una ovulación irregular o a la imposibilidad de ovular); crecimiento excesivo de vello, normalmente en la cara, el pecho, la espalda o las nalgas; aumento de peso, y piel grasa o acné.

Cáncer de ovario

Esta enfermedad puede alterar el funcionamiento normal de los ovarios. Si no se controla, puede afectar también a otras partes del cuerpo. El cáncer de ovario se produce cuando ciertas células anormales del interior del ovario se multiplican descontroladamente y forman un tumor. Pero es importante tener en cuenta que no todos los tumores son cancerosos. Los síntomas del cáncer de ovario pueden ser desde inapreciables hasta dolor de estómago o hinchazón persistentes, falta de apetito o sensación de saciedad rápida, y necesidad de hacer pis muy a menudo.

Cualquiera que me siga en Instagram o me conozca en persona sabrá que probablemente soy la chica hetero más obsesionada con vaginas/coños/paisajes femeninos que vaya a conocer jamás.

Me han hecho raspados, frotis y escáneres, me han practicado cirugía con láser en los ovarios, y cuanto más conectaba con mi útero consternado y con lo que estaba ocurriendo a nivel físico y espiritual en mi cuenco medicinal sagrado, más interés me despertaba todo, y por eso ahora me entusiasma poder hablar con las mujeres sobre sus preocupaciones y dudas vaginales, sobre su cuerpo y cómo sanarlo.

Estas son las conversaciones que TODAS deberíamos tener entre nosotras, porque si no lo hacemos, nadie da importancia a los problemas de salud femeninos. Presta atención a tu cuerpo, haz un gráfico de tu ciclo menstrual (consulta la página 145), tócate, mírate la vagina en un espejo para que sepas con detalle qué es lo normal en tu caso. Así te será más fácil darte cuenta de si algo cambia. Y si notas algo que te preocupa, puedes ir a que te lo revisen porque no te avergonzarás de ella. Ocuparte de ella es ocuparte de ti.

Diane Evans, feroz guerrera y amiga entrañable, está actualmente en tratamiento por cáncer de ovario. Su historia y su dolor son suyos, y también nuestros, su curación es tuya y mía también.

MUSA DEL *IONI* · DIANE EVANS

Cuando me diagnosticaron cáncer de ovario me advirtieron de la extensión de la intervención quirúrgica que hacía falta practicar, que incluía la extirpación del útero y de ambos ovarios. Sé que muchas mujeres han pasado por esto antes que yo pero la perspectiva me hundió el corazón, me arrojó a un agujero profundo y oscuro.

Siempre había querido tener más de un hijo y me siento verdaderamente afortunada por el hijo que tengo, pero también me invadían oleadas de remordimiento por haber perdido dos bebés y siempre había anhelado tener más. Una sensación de miedo me burbujeaba dentro, me quemaba la matriz triste y ya inútil como un cuchillo al rojo vivo. Sentía cómo la soga dura del pesar se enroscaba una vuelta tras otra en el plexo solar y me enfermaba hasta la médula a medida que iban saliendo a la superficie tantas emociones inesperadas. Me sentía tan débil que creía que no las podría soportar, salían de un lugar tan profundo…, pero no tuve más remedio que mirarlas de frente.

Les pedí consejo a varias amigas a las que les habían practicado una histerectomía, pero con cada opinión y consejo que compartían generosamente conmigo veía que eran su viaje y su experiencia, no los míos. Tenía algo menos de seis semanas hasta la fecha de la operación y eso me dio ocasión de profundizar en mí y encontrar fuerzas y recuperarme de la intervención exploratoria que había dado lugar al diagnóstico de cáncer. Resultó ser para mí un tiempo increíblemente valioso ya que me dio la oportunidad de vivir anticipadamente el duelo y empezar a cortar los lazos con mi matriz antes de que me la sacaran del cuerpo. Deseaba con todo mi corazón que me devolvieran la matriz después de la operación, pero no era posible debido a la enfermedad que tenía en el abdomen, por lo que se me negó poder celebrar una ceremonia de carácter funerario en su memoria y devolverla a la Tierra.

En las últimas semanas antes de la operación intenté hacerme a la idea de lo que quedaría dentro de mí después de que me hubieran extirpado todas mis partes femeninas sagradas; era totalmente incapaz de visualizar el espacio vacío, desnudo y desfigurado. Me esforcé por imaginar el hermoso espacio sagrado de mi matriz sin que ella estuviera dentro y empecé a cortar los lazos con mi matriz física, una especie de cirugía psíquica supongo. En estado meditativo envolví con delicadeza mi maravillosa matriz en un suave sudario de amor y gratitud por todo lo que me había dado en mi vida de mujer e inicié lo que sería un proceso constante de dejarla partir con mis bendiciones antes de que llegara el momento de la operación. No quería ni pensar en que mi preciosa matriz pudiera serme extraída con frialdad por un cirujano que sencillamente no tendría posibilidad de comprender mi profunda conexión espiritual con ella, así que decidí asumir yo misma ese papel. Lo que pronto sería un espacio vacío fui llenándolo de una intensa y vibrante luz dorada que le devolvió su carácter sagrado y completo. Con incienso y otros materiales aromáticos hice una especie de mandala para mi altar que representaba mi matriz física, ya que necesitaba tener algo tangible para creerme que aquello estaba pasando de verdad.

Además de cortar poco a poco los lazos, escribí las palabras que me vinieron a través de la meditación: palabras profundas, sentidas y emotivas que abarcaban plenamente todo lo que habría dicho durante una ceremonia funeraria para ofrecer mi matriz de vuelta a la Tierra. Pese a estar físicamente dispuesta para la ceremonia, no fui capaz de soltarme emocionalmente de mi matriz mientras la hacía. Tuvieron que pasar otros dos meses tras la histerectomía para que pudiera despedirme de verdad y quiero compartir con vosotras las palabras y rituales que utilicé en aquella ceremonia:

«Invoco a la diosa Cerridwen para que me acompañe y me guíe mientras me preparo para cortar los lazos emocionales con mi matriz física. Pido que su sabiduría me enseñe a hacer la transición de la fase de Madre a la de Anciana.

Me quitarán la matriz física el día 1 de abril y me suelto de todo lazo emocional con ella y la dejo partir con mis bendiciones, gratitud y amor.

» Honro todo lo que mi matriz me ha dado como Doncella y Madre y doy gracias por mi hijo querido que creció dentro de mi matriz y me maravilla que mi cuerpo pudiera crear un ser tan hermoso.

» Estoy admirada y agradecida por todo lo que mi matriz me ha enseñado como mujer y porque su cualidad sagrada permaneciera intacta aun estando minado mi núcleo femenino más profundo.

» A la vez que me quitan mi matriz física se llevan, también, el dolor que la hirió al ver el rojo y oír el profundo grito primario cuando mis hijos espirituales abandonaron mi cuerpo embarazado. No era su momento, pero los recuerdo y los amo siempre aunque llevo el dolor de haberlos perdido en lo hondo del corazón.

» Me suelto del dolor de las relaciones fracasadas y las experiencias que dejaron profundas cicatrices dentro del espacio sagrado de mi matriz y doy gracias por las lecciones que aprendí gracias a ellas.

» Dado que mi matriz física ha cumplido su propósito y es ahora un peligro potencial para mi vida, corto los lazos emocionales que tengo con ella y permito que sea sacada de mi cuerpo con respeto y dignidad.

» Abro el espacio sagrado de mi matriz para que pueda llenarse de intensa, vibrante y saludable luz dorada. Mi conexión espiritual con el espacio sagrado de mi matriz palpita rebosante de vida y abrazo con profundo amor y gratitud todo lo que la etapa de Anciana me traiga.

Cerridwen, doy gracias por tu presencia, tu guía y tu sabiduría mientras me uno a millones de mujeres en esta etapa de mi vida.

» Te dejo partir con mis más profundas bendiciones».

También hice un viaje meditativo al compás de un tambor amigo. Seguí un camino al anochecer que me llevó a través de una exuberante pradera verde hasta un bosque. Siguiendo el camino llegué a una hoguera en mitad de un claro donde un grupo de señoras sin ropa se balanceaban suavemente al ritmo del tambor. Todas eran brujas de muchos más años que yo. Una de ellas con una larga cabellera plateada me tomó de la mano y reconocí en ella a Cerridwen. Me guio durante el proceso de cortar los lazos emocionales con mi matriz física.

Con los ojos cerrados me tumbé en la hierba cálida al lado del fuego y sentí cómo mi matriz física se desprendía de mi cuerpo y se deslizaba por el canal de parto hasta que la sentí entre los dedos. Tomé mi matriz moribunda y acunándola en el hueco de mis manos me puse de pie para ofrecérsela a los dioses. Luego la envolví en una tela negra y esparcí pétalos de rosa sobre ella antes de colocarla entre las llamas. El humo se elevó formando remolinos hacia el cielo casi oscuro y lloré al ver cómo mi matriz física retornaba a la Tierra. Devolví sus cenizas a la Madre Tierra, agradeciéndole de corazón todo lo que me había regalado, y reconocí el dolor que mi matriz había retenido durante demasiado tiempo.

Por último, para soltarme de ella en el plano físico, esperé a la luna menguante para moler y luego quemar en mi caldero parte del incienso del mandala del altar que representaba mi matriz física. Mientras lo hacía, leí en voz alta las palabras que había escrito para la ceremonia de desapego. Luego doblé el papel en el que había escrito las palabras y lo quemé con el incienso en el caldero.

Por el momento siento que he hecho cuanto he podido por preparar a mi matriz física para ser extirpada.

Doy gracias por el hermoso espacio sagrado que la ha contenido hasta ahora y que siempre residirá dentro de mí porque ahora tiene un significado y un papel diferentes para mí en la vida.

Desapegarme de mi útero ha sido el comienzo del proceso, y en verdad es un proceso.

Tras la histerectomía de Diane, tristemente su hermana Julie pasó por lo mismo que ella poco después, y quiso que le devolvieran su matriz. El cirujano nunca había recibido una petición como aquella, pero choca esos cinco en su honor, por escuchar de verdad los sentimientos de Julie y tomarse en serio su petición, y por devolverle la matriz cuando la operación hubo terminado. Eso sí, Julie tuvo que insistir mucho y rellenar un montón de formularios, pero estaba decidida a conseguirlo, ¡me encanta! Compró una pequeña caja de madera con preciosas decoraciones para guardar en ella su matriz sagrada y enterrarla, y escribió para la ceremonia palabras similares a las que se pronuncian en un funeral. Acompañada de una amiga íntima, en un lugar recogido del bosque al que solía ir con frecuencia celebró su ceremonia sagrada.

Pronunció palabras de gratitud por todo lo que su matriz le había regalado a lo largo de su vida: el potencial, su feminidad sagrada y la alegría por todo lo que conlleva ser mujer. Julie siempre había querido dar a luz un bebé, pero por distintas razones no pudo ser. Leyó sus palabras de remordimiento, de dolor, sus disculpas por no haberle dado a su matriz la oportunidad de albergar a un ser en su espacio sagrado, y derramó lágrimas de tristeza y de hondo pesar. Julie devolvió su matriz con reverencia a Mamá Tierra, y así tiene también un lugar especial que visitar.

Dos viajes, dos hermanas, dos caminos de sanación.

Hagamos una pausa y respiremos profundamente, y enviemos un inmenso amor a nuestra matriz, nuestras hermanas y Mamá Tierra.

Capítulo 6

Cuidados de ELLA para «ahí abajo»

«El espíritu femenino de la selva nos recuerda
esta verdad simple y vital: la matriz no es
un lugar para guardar miedo y dolor; la
matriz es para crear y dar a luz vida».

MARCELA LOBOS

Así que permitidme que reúna aquí algunas de mis formas favoritas de cuidar de «ahí abajo» y sí, por supuesto que incluiré entre ellas la técnica de las abuelas guatemaltecas que Rosa utilizó para hacerme llorar. Es bastante asombrosa. Y divertida. Y sagrada. Pero sobre todo divertida, luego emotiva y luego asombrosa de nuevo.

Ritos de la matriz

El Rito de la Matriz, el 13.º Rito de Munay-Ki, honra las trece lunas del año y es un ritual contemporáneo que dio a luz Marcela Lobos, una sanadora iniciada en las tradiciones curativas y espirituales del Amazonas y los Andes. Los Munay-Ki son una serie de rituales que introdujo en Occidente el marido de Marcela, el doctor Alberto Villoldo,* extraídos de su trabajo como antropólogo médico con los grandes chamanes de Sudamérica:

> *Los ritos de los Munay-Ki se basan en las prácticas iniciáticas de los chamanes de los Andes y del Amazonas. Están desprovistos de todo rastro de las culturas indígenas de las que proceden. Lo hice para respetar las tradiciones nativas y para no alentar en los occidentales la idea de que pueden convertirse en chamanes o indios tradicionales.*
>
> ALBERTO VILLOLDO, RITEOFTHEWOMB.COM

Recibí el Rito de la Matriz, mientras escribía este libro, en una preciosa *yurta* llamada Red Hearth, situada en la ladera de una montaña en Gloucestershire, en el Reino Unido. En cuanto recibí los ritos, supe que los compartiría con muchas, muchas mujeres. Marcela creó este rito expresamente para que se compartiera de forma gratuita y te ruega que te reúnas con las mujeres de tu comunidad y lo compartas con ellas. Me encanta por su sencillez.

Consiste en unas pocas palabras, combinadas con una serie de movimientos muy simples, pero incluso ahora, mientras maduro y nutro la semilla que se plantó en mí durante la ceremonia ritual de humo y salvia y de experiencias compartidas, siento su poder.

---

* Editorial Sirio ha publicado varios libros del autor: *El corazón del chamán, Los acuerdos del alma, La medicina del espíritu, La iluminación, Soñar con valentía y Las cuatro revelaciones.*

Os lo recomiendo a todas, independientemente de que estéis menstruando o no, y particularmente si habéis pasado por una histerectomía, endometriosis o cualquier otra operación quirúrgica, o habéis experimentado alguna dolencia o trauma de los órganos reproductivos.

SHE Flow: masaje abdominal, de tripa y de matriz

Las friegas y los masajes del vientre se han practicado a través de los tiempos, lo mismo en los templos egipcios de Isis que en la cultura maya, la cultura ayurvédica de la India o las culturas nórdicas, para aliviar cualquier congestión o bloqueo que obstaculizara el flujo de la energía y de los fluidos de los sistemas circulatorio, linfático y nervioso, tanto en hombres como en mujeres.

Recibí (y sigo recibiendo) masajes en el vientre para descomponer poco a poco el molesto tejido cicatricial resultante de la endometriosis y para ayudarme a conectar con mi útero y enviarle amor. Solía llorar mucho, porque no es simplemente una terapia física que nos hace sentirnos mejor, es además una hermosísima modalidad de sanación emocional, que es la razón por la que recibí la formación necesaria para poder ofrecerla como parte de la experiencia *SHE Flow*.

El masaje abdominal, de tripa y de matriz que se practica en el *SHE Flow* es un masaje externo y no invasivo dirigido específicamente a potenciar la fertilidad y a mejorar la salud menstrual y abdominal, y puede utilizarse también para corregir la posición del útero.

CONFIDENCIA SOBRE ELLA

Muchas mujeres tienen un «útero errante» y ni siquiera lo saben. Los accidentes de tráfico, el estiramiento excesivo durante el embarazo o el parto, correr sobre cemento, el estreñimiento crónico, actividades que causan gran impacto en el vientre (como la danza, el aeróbic, la equitación o la gimnasia), llevar tacones... pueden hacer que el útero se desplace.

El masaje, el «pulsar» y las sacudidas de rebozo ayudan a fortalecer los ligamentos y los músculos que sostienen el útero y los ovarios. La combinación del masaje, el rebozo y las prácticas chamánicas también pueden ayudar a:

- Reconectar con la matriz después de una experiencia traumática.
- Aliviar el dolor y el malestar derivados de problemas de la salud menstrual como la endometriosis, el síndrome del ovario poliquístico y los fibromas.
- Sanar problemas de la salud sexual.
- Superar problemas de fertilidad.

En definitiva, ¡el masaje del vientre es buenísimo!

Mi maestra y mentora de masajes del vientre es la fabulosa Clare Blake, creadora de fertilitymassage.co.uk, pero hay distintas versiones de terapia abdominal y de útero que se practican por todo el mundo. Todas ellas son muy similares, así que no te fijes demasiado en las diferencias. El masaje de *SHE Flow*, el masaje de fertilidad, el masaje Mizan, el masaje abdominal sacral y el masaje maya se basan en técnicas tradicionales de diferentes partes del mundo, pero todos tienen la misma función.

Mi consejo es que te preocupes menos por el nombre de la técnica y más por tu conexión con quien la practica, su estilo de trabajo y su capacidad para atender tus necesidades concretas.

MUSA DEL *IONI* - CLARE BLAKE

Un útero fértil es un útero creativo, y creo que sanar el útero es sanar a la mujer.

El Masaje de Fertilidad combina el masaje del vientre, el «pulsar» (un estilo oscilatorio de trabajo somático que se conoce como «el taichí del masaje») y el rebozo (envoltura ceremonial). Físicamente, energiza a la mujer, aumenta el flujo de sangre que irriga los sistemas reproductivo y digestivo, y hace que la fascia, la membrana fibrosa que recubre los músculos y mantiene la compacidad del cuerpo, se balancee suavemente y se distienda, lo cual facilita la libertad de movimiento interior.

A nivel emocional, esta terapia les da permiso a las mujeres para que se reconecten con su cuerpo y liberen así sus traumas, tensiones o vergüenza y descubran la sabiduría que entraña su útero.

Para ser fértiles y tener un bebé, no basta con que reunamos las debidas condiciones físicas y estemos dispuestas a prepararnos físicamente para la maternidad, sino que debemos estar también espiritual y emocionalmente abiertas a acoger a la nueva almita. Esto fue lo que en un principio me llamó a hacer este trabajo: ayudar a las almas que esperaban la ocasión de llegar a una madre y un padre que estuvieran preparados. Con el tiempo, la terapia fue evolucionando y me di cuenta de que el verdadero sentido de este trabajo es que todas las mujeres se reconecten, para que recuperen su poder y ese poder las inspire a crear.

Me APASIONA mi trabajo. Es en realidad mi propia forma de meditación, bailar y moverme con las mujeres que son mis clientas para que el masaje las reconecte con su cuerpo. Utilizo la visualización con muchas de ellas para realinear su energía, y el viaje que visualizan tiene un poderoso impacto no solo en cada cliente, sino que yo lo experimento con ellas, ¡es auténticamente mágico!

Me APASIONA también enseñar a hacer el masaje a otras terapeutas. Cuando en los cuatro días que pasamos juntas veo florecer una sala llena de mujeres, sé que la sanación que se produce no se quedará solo en ellas, sino que se extenderá a sus familias, clientas y comunidades. Me emociona enormemente que esto sea a lo que llamo «mi trabajo». Es una inmensa alegría, una felicidad desbordante compartir este don que la vida me ha regalado, esta pasión por el masaje de fertilidad con tantas mujeres.

SHE FLOW: MASAJE DE TRIPA Y VIENTRE

Te invito a que utilices esta técnica de automasaje como parte de la práctica de amor a tu paisaje de mujer. Hace llegar sangre oxigenada y energía a la matriz y a los órganos digestivos, ayuda a resituar la matriz, libera cualquier estrés o tensión y ayuda también a disolver cualquier bloqueo emocional que estés experimentando. Es además algo precioso que hacer a diario para dirigir amor y atención a tu matriz y tu cuenco medicinal.

Advertencia: No hagas este masaje si tienes puesto un DIU o cualquier tipo de espiral, si estás embarazada, si crees que puedes estarlo o si estás con la regla.

Antes de empezar, vacía la vejiga y crea un entorno tranquilo y acogedor en el que puedas relajarte durante cinco o diez minutos; justo antes de acostarte es un momento ideal. También es conveniente que lleves ropa suelta y cómoda, sin cremalleras ni botones sobre la zona del vientre.

Túmbate de espaldas y ponte una almohada debajo de la cabeza y otra debajo de las rodillas para aflojar los músculos abdominales. Respira profunda y lentamente unos instantes hasta que te sientas relajada.

Sé delicada al tocarte, utiliza movimientos lentos y si no te gusta la sensación, ¡párate! Si encuentras zonas sensibles, doloridas o congestionadas, adapta la presión para que puedas seguir relajándote. Respira y sigue masajeando la zona. Si el dolor continúa incluso aunque la toques con la mayor suavidad, deja de hacerlo por el momento. Lo normal es que si sientes dolor al principio, poco a poco vaya disminuyendo con cada masaje.

1. Calienta el aceite esencial o bálsamo que más te guste y haz movimientos circulares lentos y amplios en la dirección que sigue la digestión a lo largo del colon. Empezando por la cadera izquierda, sube hasta la caja torácica, pasa la mano por debajo de la caja torácica y vuelve a bajar hasta la cadera derecha. Haz este

movimiento tres veces, añadiendo un poco de presión cada vez.

2. Con mucha suavidad, haciendo pequeños movimientos circulares en el sentido de las agujas del reloj, masajea la parte baja de la tripa, de un hueso de la cadera al otro.

3. Pon las yemas de los dedos en el centro de la parte superior del abdomen, entre las costillas. Al presionar este punto lo notarás blando. Retira de él los dedos con suavidad y sentirás como un pequeño hoyo. Inspira y, al espirar, vuelve a presionar con tanta fuerza como te resulte cómodo ese espacio de tejido blando y mueve lentamente la yema de los dedos hacia el ombligo. Repítelo tres veces.

4. Ahora desliza los dedos hacia la izquierda, justo hasta el borde de la caja torácica. Inspira y, al espirar, masajea suavemente en diagonal el espacio hasta el ombligo. Repítelo tres veces.

5. Ahora desliza los dedos desde el ombligo hacia la derecha, hasta justo debajo de la caja torácica. Inspira y, al espirar, masajea suavemente en diagonal el espacio hasta el ombligo. Repítelo tres veces.

6. Cuando hayas terminado, coloca suavemente las manos en la parte baja de la tripa, justo debajo del ombligo, y cierra los ojos.

7. Siente el poder de ELLA bajo tus manos y envía al espacio de tu matriz amor y gratitud.

8. Después, asegúrate de beber mucha agua para hidratar tu cuerpo y favorecer el proceso de sanación. Agradécete a ti misma haber dedicado hoy este tiempo a cuidarte. ¡Eres lo más!

9. Honra tu experiencia prestando atención a los cambios que se produzcan y respondiendo a lo que sientas que necesitas hacer. Por ejemplo, escribir lo que sientes, en tu diario o agenda, o compartirlo con una amiga de confianza o tu terapeuta.

Repite este masaje a diario, excepto los tres días anteriores a la menstruación, el tiempo de menstruación y los tres días posteriores.

«Pulsar» el vientre

Bien, el masaje que practican las abuelas mayas y que me hizo llorar se llama «pulsar» la matriz. Sin embargo, también se dice que el origen de esta práctica está en el chamanismo tibetano prepatriarcal y que las chamanas de la matriz, llamadas *khandros*, la utilizaban para despertar la esencia de ELLA y la pulsación de la *Shakti* en nuestro interior. Lo que sé con certeza es que las abuelas de la antigüedad del mundo entero sabían cómo acceder a la energía reprimida en el espacio de la matriz, así que voy a compartir contigo lo que me han enseñado y la manera en que yo lo comparto con mis clientas, y juntas rendiremos homenaje a TODOS los linajes maternos de TODAS las abuelas que han existido. ¿Qué te parece?

Cuando Rosa hizo esta práctica conmigo, habíamos tenido antes una conversación sobre la energía orgásmica reprimida —en pocas palabras, yo no había tenido nunca un orgasmo que no hubiera estado inducido por mi estimulación personal del clítoris—, así que me hizo tumbarme en el suelo sobre una piel de oveja, en su sala de tratamiento, y me pidió que inspirara profundamente hasta llenar el espacio de mi matriz.

Lo hice durante diez minutos, mientras ella estaba sentada a mi lado con una mano en mi vientre y respiraba profundamente también.

Entonces —y ahora es cuando las cosas se ponen interesantes— se sentó a horcajadas encima de mí.

Yo *ya* sabía que lo iba a hacer, pero todas mis inhibiciones británicas afloraron al instante cuando aquella feroz curandera italiana puso la banda sonora de las zampoñas, se sentó a horcajadas sobre mi vientre y empezó a mecerse suavemente hacia delante y hacia atrás.

Una vez que las inhibiciones iniciales disminuyeron y fui capaz de volver a centrar la atención en mi vientre, sentía la concentración y la intención de Rosa depositadas allí también, y los ojos se me llenaron de lágrimas. Empecé a sollozar.

Sollozaba por la desconexión, por el anhelo de un orgasmo profundo que me sacudiera desde el centro, por la necesidad de sentirme a salvo.

Mientras escuchaba el sonido de la zampoña, me «desmadejé».

Rosa mantenía la atención puesta en mi vientre y se mecía, cambiando el ritmo del balanceo guiada por la energía de mi matriz. Sollocé (y me reí, cada vez que las burbujas de vergüenza anglosajona se abrían paso a través de mí) durante veinte minutos, que fue cuando Rosa se detuvo lentamente y se bajó de mi vientre, se sentó a mi lado y me dejó estar conmigo, con mi desmadejado desorden empapado de lágrimas.

La práctica de «pulsar» me abrió a recibir, a sentir y a permitir. No hizo, sin embargo, que me entusiasmara el sonido de la zampoña.

La práctica se hace con la ropa puesta, y es la propia pulsación lo que mueve la energía almacenada y estancada en las profundidades del espacio de la matriz y la dirige hacia arriba en espiral para que pueda liberarse. Por eso es normal reír, eructar, llorar y gritar durante el proceso. El movimiento ayuda a liberar las energías de relaciones sexuales pasadas, traumas emocionales, impresiones y «quistes» energéticos; a deshacer la carga ancestral que llevamos a cuestas, y a remover la fuerza vital atascada. Mediante la conexión de puntos vitales en la estructura ósea, la percepción del pulso y la vibración del sonido, se puede estimular una corriente de energía positiva y hacerla fluir a través del espacio de la matriz para que libere las áreas afectadas por el dolor y el sufrimiento guardados en el sistema nervioso.

Te recomiendo que busques a una profesional que realmente pueda honrar tu proceso de sanación; ahora bien, no menosprecies el poder que tiene sintonizar tú misma con tu matriz, poner la lista de reproducción de *SHE Power* en modo aleatorio durante tres canciones, colocarte las manos unos tres dedos por debajo del ombligo, hacer presión (aunque no durante la menstruación o si estás embarazada) y mecer tu matriz suavemente hacia delante y hacia atrás al compás de las canciones que vayan sonando.

❧ RESPIRACIÓN OVÁRICA ❧

Tus ovarios son una poderosa fuente de creatividad, y cuando están rebosantes de energía, cargados al máximo, cuando la energía circula por ellos con fluidez, puedes usar esa energía femenina para decidir qué quieres crear y cómo quieres expresar esa energía en tu cuerpo, a través de tu cuerpo y finalmente en el mundo. Conecta con tus ovarios y conecta con tu capacidad de expresarte. ¡Di que sí!

El siguiente ejercicio te ayudará a despertar los poderes creativos de tus ovarios.

1. Siéntate cómodamente en una banqueta de meditación o una esterilla y ponte las manos sobre los ovarios, justo debajo del ombligo, una a cada lado, con las yemas de los dedos apuntando hacia el pubis y los pulgares tocándose suavemente cerca del ombligo, creando un triángulo invertido sobre los ovarios.

2. Apoya la lengua con suavidad en el paladar, asegúrate de que tanto la mandíbula como la pelvis estén relajadas y empieza a respirar profundamente, inspirando por la nariz y espirando por la boca.

3. Ahora, concéntrate en enviar energía a los ovarios, siente cómo la energía se expande y el calor va aumentando bajo tus manos. Disfruta de los ritmos y el movimiento, repite algún mantra, por ejemplo: «Soy una creadora, soy una corriente de energía».

4. Sigue inspirando hacia los ovarios e imagina un flujo continuo de energía amarilla que entra y recorre tus ovarios y el espacio de tu matriz.

5. Mientras te concentras en el espacio que hay bajo tus manos, escucha tu sabiduría interior y permite que fluya a través de ti cualquier visión, sentimiento o emoción que surja.

6. Sé amorosa y acepta lo que aparezca. Si te empieza a doler el corazón o te escuece la garganta, dirige hacia ellos la energía que se ha generado en los ovarios y utiliza la espiración para despejar el corazón o la garganta y expulsar lo que esté atascado y ya no te sea necesario.

7. Deja que la luz amarilla y la calidez de la energía ovárica llenen todo tu cuerpo de potencial creativo.

8. Sigue haciéndolo durante el tiempo que te parezca adecuado. Recomiendo hacer un ritual de quince

minutos en la luna llena (si prefieres hacerlo coincidir con tu ciclo menstrual, no lo hagas durante la ovulación, ya que en esos momentos tus ovarios ya están superenergizados y estimulados; hazlo durante la fase de preovulación o de premenstruación) para honrar de verdad su capacidad de crear y manifestar.

9. Cuando hayas terminado, envíales a tus ovarios gratitud y amor y junta las manos delante del corazón en posición de orar. Quizá quieras tener un diario cerca, pues habrá sugestivas ideas y guiños cósmicos que quieran darse a conocer.

Después de practicar la respiración ovárica con regularidad, habrás llevado a tus ovarios gran cantidad de medicina energética, así que puedes contar con que te sentirás más creativa y fértil en todos los sentidos. Lo que trato de decir es: sé consciente de tu capacidad para crear: bebés, magia, relaciones, proyectos... Un gran poder ovárico conlleva una gran responsabilidad.

Sé consecuente.

El poder de las tetas

No puedo hablar de paisajes de mujer y no hablar de tetas.

En su estado natural, nuestros pechos están situados uno a cada lado del corazón y son una sensual, delicada y sensible expresión externa de la energía del corazón. Los pechos deberían moverse cuando andamos, porque eso mantiene la linfa en movimiento y hace fluir la energía; sin embargo, muchas llevamos durante doce horas o más al día sujetadores superatractivos pero apretados, con aros y con las copas almohadilladas para realzar el busto, y eso puede impedir que la energía fluya hacia los pechos y, en algunos casos, incluso que los ligamentos de sujeción interna del pecho no se desarrollen. Yo voy sin sujetador tan a menudo como puedo, y aunque hayas torcido el gesto, diciéndote que no te quieres ni imaginar lo que voy a parecer cuando sea vieja, por favor hazme caso: siempre que puedas, déjate las tetas libres.

Si usas sujetador mucho tiempo seguido cada día, incluir un masaje de pechos entre tus cuidados íntimos semanales puede ser una forma estupenda de mostrarles a tus tetas un poco de amor. Las practicantes tántricas de la India llevan siglos haciéndolo, y estos son algunos de sus beneficios:

- Relaja la tensión y la tirantez.
- Estimula el deseo sexual.
- Alivia el dolor, las molestias y el malestar.
- Armoniza las hormonas.
- Elimina las toxinas que pueden almacenarse en el tejido graso.
- Aumenta el flujo de energía.
- Drena la linfa, lo que ayuda a prevenir la formación de quistes, bultos y protuberancias.

Un masaje de pechos regular ayuda a equilibrar el sistema endocrino femenino, así como a cultivar la energía sexual, y es una buena forma de echar un ojo (o más bien una mano) a los pechos para detectar cualquier cambio o irregularidad.

～ MASAJE DE PECHOS ～

Yo prefiero masajearme los pechos por la noche, ya que me evita retener cualquier tensión que haya podido experimentar durante el día, pero puede que te apetezca masajeártelos a primera hora de la mañana, mientras te das un baño, después de la ducha...; lo que te resulte más agradable, hazlo. Notarás que tus pechos son diferentes al tacto en cada fase del ciclo, que cambia su textura y firmeza, por eso te recomiendo que te las masajees todas las semanas, para que puedas experimentar con distintos tipos de caricia y de presión.

Puedes hacerlo de pie o sentada con la espalda recta. Suele recomendarse repetir el masaje treinta y seis veces seguidas para aumentar el flujo de energía y la sensibilidad, pero a mí me parece que tener que ir contándolas hace que la experiencia sea mucho menos sensual y agradable, así que tal vez quieras hacer lo que hago yo: elige una canción que te guste que dure de tres a cuatro minutos, pulsa *play* y deja que la música te guíe.

1. Calienta entre las manos un par de gotas de aceite esencial de rosa (le demuestra un gran amor a tu chakra del corazón; consulta la página 251 para saber más sobre los chakras) junto con una generosa cantidad de aceite de coco.

2. Cuando tengas las dos manos completamente cubiertas de aceite caliente, llévatelas al corazón. Respira profundamente tres veces para que el aire entre en el espacio del corazón antes de colocarte una mano en cada pecho.

3. Masajea ligeramente los dos pechos haciendo círculos hacia arriba y hacia los lados. La mano izquierda se moverá en el sentido de las agujas del reloj y la derecha en sentido contrario.

4. Ahora haz que tus manos se desplacen juntas por el interior de los pechos hacia la barbilla, luego hacia fuera, hacia abajo, hacia dentro y de nuevo hacia arriba. No te sujetes los pechos y los muevas, roza simplemente la superficie de la piel.

5. Acelera un poco el ritmo, alterna entre un contacto más ligero y uno más firme, utiliza las yemas de los dedos para acariciarte con suavidad, empezando en los pezones y haciendo espirales hacia fuera.

No hay una forma correcta ni incorrecta de hacerlo, quizá a ti con el tiempo se te ocurra tu propia forma de masaje. Como te digo siempre, haz lo que te haga sentir bien.

Sánate, sana al mundo

A la mayoría no se nos enseña a deshacernos de la carga emocional que nos dejan los traumas, los abusos, el día a día, las experiencias emocionales tóxicas y las energías ancestrales que hemos heredado. Pero si abrazamos plenamente las emociones que nos provoca en el momento cada experiencia que tenemos, entonces eso que sentimos pasa a través del cuerpo y no se almacena en él.

Cuando nos sanamos a nosotras mismas, sanamos las heridas de lo femenino: de nuestra familia, de las mujeres que nos precedieron, de nuestras hermanas y de nuestras comunidades. No tenemos por qué aferrarnos a la misma historia de siempre; podemos reescribirla. De hecho, es nuestra responsabilidad hacerlo.

Por eso estamos aquí: para sacar a la luz nuestras heridas, nombrarlas y buscar formas de sanarnos. Cuando empiezas a conocer tu paisaje de mujer, cuando empiezas a sentir lo que está bien y lo que está mal y confías en ese sentimiento, puedes empezar a enviarle amor y bondad, y sanar así el espacio de tu matriz.

**Recuerda: no sigas
la corriente, ERES la corriente.**

HERRAMIENTAS DE PAISAJISMO FEMENINO

La medicina de ELLA

- **Presta atención a tu paisaje de mujer, que es expresión de ELLA.** Estate al tanto de la fase en que se encuentra la luna y del día del ciclo menstrual en que estás tú (hay magníficos calendarios lunares y gráficos de ciclos; consulta los recursos de la página 327). Esto te ayudará a conocerte mejor física, mental y espiritualmente para que puedas aprovechar al máximo tus superpoderes mensuales en el trabajo, en las relaciones y... en la vida.

- **Empieza a asalvajarte.** En cada fase de luna menguante o fase premenstrual de tu ciclo, date cuenta de la rabia, la perversidad y la naturaleza salvaje que hay en ti y siéntelas. Cuanto más las dejes manifestarse y expresarse, más capaz serás de decir y vivir tu verdad.

- **Toma posesión de tu trono.** Familiarízate con lo que pasa «ahí abajo» echando un vistazo y descubriendo lo que es «normal» en tu sede de poder.

Mantra

Repite este mantra cada vez que necesites un recordatorio:

Me entrego al fluir de ELLA.

INICIOS DE #CONVERSACIÓNSANGRIENTA

Puedes utilizarlos como puntos de partida para escribir en tu diario, cuestiones en las que profundizar, temas que tratar en un club de lectura o un círculo de ELLA o, ya sabes, para iniciar conversaciones sangrientas en los medios sociales, con tus amiguitas o con una desconocida en el autobús...

- ¿Cuál es la estación del año que más te gusta y en qué se parece a la forma en que tú experimentas esa estación en tu ciclo menstrual?
- Describe tu *ioni* en cinco palabras.
- ¿Cómo sería cuidar con amor de tu cuenco pélvico y confiar plenamente en él y en la medicina y la sabiduría que te da?

Lee:

Joan Borysenko, *A Woman's Book of Life* [El libro de la vida de una mujer].

Stephanie Demetralapoulos, *Listening to Our Bodies* [Escuchar a nuestros cuerpos].

Holly Grigg-Spall, *Sweetening the Pill* [Endulzar la píldora].

Liz Koch, *The Psoas Book* [El libro del psoas].

Lisa Lister, *Code Red* [Código rojo].

Christiane Northrup, *Cuerpo de mujer, sabiduría de mujer.*

Lara Owen, *Honouring Menstruation* [Celebrar la menstruación].

Alisa Vitti, *Código mujer*.

Naomi Wolf, *Vagina*.

Tercera parte

AMA TU PAISAJE DE MUJER

Ama el paisaje y
el terreno de tu cuerpo,
y ama a la
mujer que lo habita

Capítulo 7

Sensualidad a lo grande

«La caricia no fue concebida como un lujo. Es una necesidad humana elemental. Es una acción que reafirma la vida y da esperanza tanto a quien la recibe como a quien la hace».

IRENE SMITH

Hay una epidemia silenciosa.

Después de los problemas menstruales, la mayor preocupación de las mujeres es que no se sienten sensuales, sexis, seguras de sí mismas ni «ardientes».

Veamos, esto puede ser debido a cuestiones prácticas como tomar la píldora o antidepresivos, pero también hay factores sociales, patriarcales, espirituales y energéticos en juego, porque no tener conexión con nuestras partes femeninas y reverenciarlas significa que el poder de ELLA, nuestra vagina, nuestra matriz, nuestra naturaleza cíclica, nuestra magia de mujeres, TODO ello sufre.

Vivir en este mundo androcéntrico significa tener que recordarnos a cada momento lo que es recibir y permitir, pues solo así podemos respetarnos y honrarnos lo suficiente como para explorar nuestros deseos y nuestro placer.

ESTE es el trabajo que tenemos por delante.

Pero en serio, es el MEJOR trabajo del mundo y no tienes por qué hacerlo sola (aunque la práctica de acariciarte íntimamente que encontrarás en la página 265 será algo que sin duda querrás probar en solitario, ¡mmmmmmmm!). Cuanto más hablemos de la cantidad de sexo que nos estamos perdiendo de disfrutar y de cuántos orgasmos fingimos porque, francamente, estamos destrozadas, tenemos machacadas las glándulas suprarrenales o estamos demasiado ocupadas como para pensar en el placer, antes empezaremos a ser conscientes de la poca importancia que damos a gozar y a sentirnos satisfechas, y antes empezaremos a reconectarnos y a dar prioridad al placer en nuestra vida, porque es posible hacerlo, te lo prometo.

No nos damos cuenta de la capacidad de absorción que tiene nuestro centro sexual. Creo que cada persona y cada cosa que nos toca íntimamente deja una huella: amantes, encuentros sexuales de una noche, médicos, personas que no queríamos que nos tocasen, bragas angustiosamente apretadas y hasta el asiento de la bicicleta en la clase de *spinning. (Fui una sola vez, ¡qué horror!).*

La culpa, el miedo, la vergüenza y los abusos pueden quedarse atrapados en el espacio de nuestra matriz y crear una armadura alrededor de los órganos sexuales, que nos protege magníficamente del dolor, pero que también nos impide sentir lo bueno y que además puede provocar todo tipo de síntomas físicos, emocionales y energéticos:

- Ira reprimida.
- Depresión.

- Bloqueo de la energía sexual y creativa.
- Frustración.
- Hinchazón.
- Miedo a la intimidad y al abandono.
- Baja autoestima.
- Sentimientos de indignidad.

Así que una de las cosas más importantes que debes aprender en la aventura de amar tu paisaje de mujer es a recibir.

A recibir plenamente.

Voy a los colegios y los institutos a dar charlas de educación sexual, a hablar con las chicas sobre la imagen corporal y la autoestima, y CADA vez que hablamos de sexo, de autoestima y del acto de recibir, veo que las chicas creen –sí, forma parte de su sistema de creencias– que deben ser ellas las que den placer, no las que lo reciban. Y cuando les pregunto por qué dan placer, dicen que es para que las quieran, para que se las considere mujeres y se las valore, para sentirse vivas.

«Si le hago una mamada, sé que le gustaré».

«Sé que le gustaré todavía más si me trago el semen».

En ese momento me entran ganas de gritar por el megáfono «¡todo eso es una puta mentira!», pero la verdad es que solo me quedo triste.

Me entristece seguir oyendo A ESTAS ALTURAS a las mujeres y a las chicas hablar así.

Me entristece que la pornografía a la que cualquiera puede acceder fácilmente en Internet haga que muchos chicos tengan una idea distorsionada del aspecto que tiene el cuerpo de una mujer.

Me entristece que los chicos se crean de verdad que el objetivo principal de toda mujer, una vez que se ha depilado todo el vello del cuerpo, es satisfacerlos sexualmente montándolos de espaldas como una vaquera hasta quedar exhausta, sin que ellos tengan que preocuparse lo más mínimo por saber cómo darle placer a ella. (Y me entristece que ella no se quiera lo suficiente como para saber lo que le gusta porque nunca le han enseñado a recibir placer y que, si lo sabe, no tenga suficiente seguridad en sí misma para pedirlo).

Me entristece que haya mujeres en el mundo que no han tenido nunca un orgasmo.

Me entristece que haya mujeres que nunca tendrán un orgasmo porque su cultura impone que se les extirpe el clítoris.

Amar mi paisaje de mujer se concreta en la práctica diaria de:

- Reconectarme con mi cuerpo a través del movimiento y el tacto.
- Recordar quién soy bajo la armadura: una diosa, una sacerdotisa, una bruja, una sanadora y una hija de la Gran Madre. (Una práctica diaria porque nadie quiere que recordemos ESE tipo de poder).
- Reverenciar el increíble portal de poder que tengo entre los muslos. Adoro, venero y agasajo a mi *ioni* con amor. Le canto, inspiro energía a su interior, le expreso mi respeto y honro todo lo que su presencia significa para mí como mujer que vive en este mundo.
- Acoger el amor y el respeto de mi fabuloso marido el Vikingo, que, a veces, representa las ideas patriarcales con las que a mi *Shakti*, mi divina esencia femenina, le resulta doloroso relacionarse. Sin embargo, sé que él se inclina de verdad ante el altar de ELLA que hay en mí, incansable e incuestionablemente, lo que me permite recibir las lecciones, el

placer, el coraje y las bendiciones que nacen de asumir verdaderamente el poder de ELLA.

El chakra *khan*

Hay siete chakras principales en el cuerpo. En realidad hay MUCHOS más, pero los más conocidos son los siete que permiten que la energía circule por el centro del cuerpo. Ahora mismo, mientras lees esto, tus chakras están girando sobre sí mismos como remolinos, expandiéndose y contrayéndose y respondiendo a cada detalle de lo que piensas, sientes, percibes, emites, tocas, ves y saboreas, tanto consciente como inconscientemente.

Bien, esto no es un curso básico sobre chakras (si es eso lo que buscas, te recomiendo encarecidamente el libro *Cuerpo de Oriente, mente de Occidente*, de Anodea Judith); esta es una excursión relámpago por los dos chakras situados en la parte baja de la columna vertebral: el chakra raíz y el sacro. Ambos se encuentran en el cuenco medicinal sagrado, y es en ellos donde tenemos guardadas algunas de las emociones que más desgaste nos causan en la vida: ira, resentimiento, rechazo, culpa, vergüenza, desprecio, miedo, desconfianza e indignidad, por lo que...

**TODAS las mujeres deberíamos tener
una relación íntima con los chakras
raíz y sacro: los centros de energía
de nuestro cuenco medicinal.**

Si no estamos muy atentas, puede instalarse en este espacio una programación bastante retorcida que saldrá a la superficie en forma de pensamientos, conscientes o inconscientes, como:

- «Eres una inútil».
- «Eres una tramposa».
- «Sabes que no deberías comer eso».
- «No eres capaz de ganarte decentemente la vida».
- «No vales para nada».
- «¿Quién te has creído que eres?».

Tómate la libertad de añadir a esta lista todas las creencias negativas que hayas tenido sobre ti a lo largo de tu vida; lo importante es que TODOS estos pensamientos se harán oír. Y si no eres capaz de observarlos y reconocer lo que son y exactamente de dónde vienen, TENDRÁN una influencia negativa en tu autoestima y en cómo te trates a ti misma.

Así que ha llegado el momento de que te presente estos dos centros de energía que hay en tu cuenco medicinal y te cuente cómo puedes usarlos para reconectarte con tu cuerpo y contigo.

El chakra raíz

El nombre en sánscrito de este chakra es *muladhara*, y está situado en la base de la columna vertebral y es el hogar de Shakti Ma, la esencia misma de la energía vital. Constituye nuestros cimientos, la capacidad de enraizarnos en Mamá Tierra y conectar con ella. Suele asociarse con el instinto básico de supervivencia y conservación, de procurarnos comida, agua, techo, trabajo y una identidad física. Es en él donde comienza la vida.

Cuando confías en la vida, cuidas adecuadamente de tu cuerpo y de tu hogar; te sientes tranquila, estable y con los pies en la tierra; tienes claridad mental y tu chakra raíz gira de maravilla. Cuando no, es posible que tengas síntomas físicos como dolor de espalda, problemas de colon, estreñimiento, ciática, osteoporosis, problemas del sistema nervioso central y linfático, de las glándulas suprarrenales, de huesos y de uñas.

Cómo conectar con tu chakra raíz

Hazlo como sea, pero ponte en la tierra y estate en la tierra. Y siéntelo de verdad, no te limites a pisotearla sumida en la inconsciencia. Encuentra tiempo para estar en la naturaleza, a diario. Trata tu cuerpo con amor, nútrelo, cuídalo, hónralo. Consume alimentos frescos y nutritivos y bebe mucha agua. Date un masaje en los pies. Dedica todos los días un rato a escuchar a tu cuerpo.

La creadora de empresstides.com, mi genial amiga Maya Hackett, pasea descalza sobre la tierra todos los días. Es su forma de explorar cómo es su relación con la naturaleza y es su medicina, que la ayuda a escuchar sus instintos, a dejar de lado las preocupaciones de la jornada y a estar presente en el momento a cada momento. Qué maravilla.

Haz lo que sea que te ayude a saber, a saber de verdad, que tienes derecho a estar aquí.

El chakra sacro

El nombre sánscrito del chakra sacro es *svadisthana*, y está situado justo debajo del ombligo. Es el centro energético de las emociones, la sexualidad, la sensualidad, el placer, la creatividad y la abundancia. Refleja cómo te relacionas contigo misma y con los demás, y desempeña un papel fundamental en tus relaciones íntimas. Este chakra es una poderosa puerta de entrada al inconsciente porque es donde albergamos nuestros sentimientos más profundos.

Cuando te niegas a dejar que los medios de comunicación, los *reality shows* o las revistas de moda definan lo que es bello o sexi y, en su lugar, te deleitas con tu cuerpo, bailas, te mueves, te estiras, te contoneas y gimes de placer, tu chakra sacro trabaja a toda máquina. Cuando no, es posible que no confíes en tu capacidad creativa o, lo que es todavía peor, que incluso sabotees consciente o inconscientemente tus ideas más creativas. También es posible que tengas dificultad para llegar al orgasmo, por muy ardiente y apasionado que sea el sexo, pero te dé vergüenza hablar del motivo. En definitiva, te sentirás desconectada de tu naturaleza carnal, lo cual puede manifestarse físicamente en forma de problemas ginecológicos y sexuales, infecciones vaginales por hongos, baja libido, enfermedades de transmisión sexual, quistes ováricos, endometriosis, problemas de vejiga, de pelvis y de fertilidad, y dolores menstruales.

Cómo conectar con tu chakra sacro

Observa cuándo fluyen y cuándo refluyen tus emociones, y quién o qué está presente cuando ocurre. Cuestiona a diario tu conducta con preguntas como: «¿Por qué he tenido esa discusión?», «¿Por qué no he dicho lo que de verdad pensaba?», «¿Por qué me he sentido de repente feliz o triste?». Reprimir las emociones o aferrarte a ellas interrumpe su fluir natural y las despoja de su poder autocurativo, y puede acabar por enfermarte. Si no te sientes capaz de verbalizar tu verdad, escríbela.

Escribe lo que sientes, siente lo que escribes y hazlo a menudo.

No tengas miedo de pedir ayuda si sientes que necesitas un poco de sanación sexual, ya que lo más probable es que tu segundo chakra haya pasado por MUCHO. Por ejemplo, es posible que haya estado repleto de creencias contradictorias y opresivas, desde la visión religiosa patriarcal de que la sexualidad femenina es sucia y execrable hasta la imagen de lo que es la sexualidad femenina «perfecta» fomentada por la publicidad, que a muchas nos lleva a creer que nuestra valía depende por completo de nuestra belleza física y de lo sexualmente deseables que seamos para los demás. Si a esto le añades las ideas sobre el sexo que te inculcó tu familia, las que aprendiste en la escuela y cualquier experiencia poco grata de tu vida pasada, resulta que tienes un auténtico campo de minas sexual palpitándote en el bajo vientre. ¡Qué dolor!

He invitado a la practicante de PNL (programación neurolingüística) Kate Taylor, de upcoaching.co.uk, para que te ayude a hacer brillar con un fulgor salvaje los colores de tus chakras raíz y sacro.

MUSA DEL *IONI* - KATE TAYLOR

Los dos primeros chakras del cuerpo humano, el chakra raíz y el sacro, nos conectan con el núcleo de nuestra esencia divina y la cualidad real de lo que nace de ella. Son la sede de nuestro apego gravitacional a la Tierra y a todo su poder, y son también el centro de nuestra relación con nosotras mismas y con el mundo que nos rodea.

Es posible que a menudo nos sintamos desconectadas de estos dos chakras, ya que son los que están más alejados de la cabeza. Son también los que se mueven con más lentitud, por lo que no es de extrañar que prestemos más atención a los centros de energía superiores, sobre todo si tendemos a vivir casi siempre en la cabeza, como yo. Entiéndeme, es apasionante la idea de desarrollar tus habilidades psíquicas a través de la intuición del tercer ojo o de abrir el canal de tu chakra corona para poder experimentar lo que está más allá. Pero en un mundo que nos exige encontrar respuestas y soluciones rápidas, es fácil que acabemos prestando atención a la mitad superior de nuestra energía e incluso nos olvidemos de que los centros energéticos de la mitad inferior existen.

La realidad es que existen y que hacen un trabajo tan importante que lo mínimo es demostrarles un poco de amor. Los chakras raíz y sacro son los cuidadores de nuestro cuerpo, los guardianes de la sabiduría de nuestras almas. Estos pequeñuelos se mueven despacio, en un nivel muy profundo y con auténtico sentimiento, por lo que merecen que los honremos con los mismos cuidados y atención que ellos nos dan. Aquí no valen las curas rápidas; se trata de establecer una relación de honor y respeto para toda la vida, pues es nuestra oportunidad de reconectar con las generaciones de nuestro linaje y de sintonizar con todo lo que habita en las profundidades de nuestro ser. Hay esencia, exuberante belleza y color divino en lo más profundo de cada una de nosotras.

Raíz

Asociándolo con el chakra corona, puedes utilizar la energía de tu ser superior y de tu conciencia más íntima y enviarla a tu raíz. Siéntate con las nalgas conectadas al suelo y el coxis lo más centrado posible. Concéntrate en tu coronilla y envía la energía que entra por la parte superior de la cabeza hacia abajo hasta conectarla con tu raíz. Absorbe la energía de la Tierra a través del coxis y hazla subir para que se encuentre en el chakra raíz con la energía llegada del chakra corona. Siente el cálido resplandor. Imagina cómo esa energía cálida y roja vibra y gira como un remolino dentro y alrededor del chakra. Respira lenta y profundamente hacia el chakra y desde el chakra, y con cada inspiración envíale la afirmación: «Estoy conectada a la Tierra, estoy tranquila, protegida y segura en mi esencia. La energía de la Tierra entra en mi ser».

Sacro

Como el chakra sacro tiene que ver con las relaciones y la intimidad con una misma y con los demás, es hora de que creemos un vínculo fuerte con esta zona de energía. Es también nuestra zona de creatividad y alegría; puede enriquecernos muchísimo trabajar con esta zona, y solo es necesario que le demostremos un poco de amor.

El compañero giratorio de este chakra es el chakra del tercer ojo, así que tu intuición guiará la sanación si estás sintonizada con lo que ella te pide. Imagina que tu intuición tiene voz dentro de tu cuerpo; ¿qué te estaría diciendo que necesita? ¿Qué quiere que sepas? Puede que tardes un tiempo en oírla, si tal vez han pasado años desde la última vez que estuvisteis realmente conectadas, pero ella encontrará la manera de hacerte saber lo que quiere. Siente la energía de esta zona. Habla con ella, dile: «Soy una mujer hermosa, radiante y fuerte», «Estoy llena de pasión y creatividad», «Sé que puedo permitirme sentir».

Muévete con ella mientras envías una cálida luz naranja a la zona de las caderas y el centro del vientre, debajo del ombligo. Como esta área es el centro de tu sensualidad, moverte llevada por la melodía de tu cuerpo despertará los sentidos de «ahí abajo». Pon un poco de música sensual y mueve las caderas, despacio, escuchando cómo quiere ella moverse. Ella es la Feminidad Divina y tú también.

Vergüenza y culpa

Aunque vivamos en un mundo sexualmente liberado, muchas NO tenemos ni idea de quiénes somos como mujer sexual. Muchas nos limitamos a ser y a actuar como *pensamos* que deberíamos hacerlo, debido a los mensajes confusos que recibimos de los medios de comunicación y la pornografía, pero ¿cómo nos sentimos *de verdad*? Yo, personalmente, sé que sentí vergüenza durante mucho tiempo, y no conseguía entender por qué. En el caso de muchas mujeres, la vergüenza sexual está profundamente arraigada a causa de una educación represiva o de experiencias traumáticas, pero, en mi caso, no entendía cuál era el motivo, y la vergüenza se hizo aún más evidente cuando conocí al Vikingo y me casé con él.

Hasta ese momento, tras años de relaciones controladoras, yo utilizaba mi poder sexual para conseguir lo que quería, pero en esta relación no había una dinámica de poder: no había control por su parte y por la mía *tampoco*. Las cosas fueron bastante interesantes durante un tiempo mientras navegábamos por el nuevo paisaje de respeto y reverencia mutuos durante el sexo. Era un territorio desconocido y yo no tenía mapa.

En esta época en la que, figurada y literalmente, me sentía sostenida por la fuerza de lo masculino, fue cuando empecé a permitirme explorar de verdad lo que era ser una mujer sexual y poderosa. Mientras lo hacía, me fui sintiendo cada vez más enfadada con el patriarcado por todas las historias que me había hecho creer sobre la feminidad y la sexualidad y, por desgracia para el Vikingo, acabé viendo en él una representación del patriarcado en forma de hombre. Estaba enfadada con el patriarcado y acabé estando enfadada con él. Cada vez que íbamos a tener sexo la pared vaginal se me tensaba y me ponía furiosa, con él y conmigo. Había en mí frustración, MUCHA frustración, y también rabia, turbación y vergüenza.

Ahora sé que lo que estaba ocurriendo iba en realidad más allá de mí. Era ELLA, que me llamaba a curar mi herida para poder curar la herida de mi madre, y la de la madre de mi madre.

Aquello tenía una cualidad ancestral; eran siglos de conceptos y conductas lo que se me llamaba a desaprender para aliviar y erradicar la vergüenza de mi linaje.

Sin embargo, en el momento pensé que me había «averiado».

Muchas mujeres piensan que están averiadas si no tienen ganas de sexo.

Pero adivina qué: no estás averiada, ni yo tampoco; la avería está en todo lo que nos han contado una y otra vez sobre el sexo y sobre cómo «debería ser».

Sanación sexual

¿Cómo me curé? El Vikingo y yo nos comunicamos de maravilla. Hablamos todo el tiempo. Él respeta y honra el trabajo de ELLA que yo hago y entiende que todo lo que enseño y ofrezco necesito sentirlo, experimentarlo y encarnarlo antes de poderlo compartir. No siempre es fácil, y es algo en lo que trabajamos a diario, pero que tanto él como yo sepamos siempre en qué día de mi ciclo me encuentro nos ayuda. También nos encanta tener sexo y hablar de sexo dentro y fuera del dormitorio, así que jugamos. Mucho. Ambos pedimos lo que nos hace sentirnos bien y respetamos las apetencias y deseos del otro.

Una de mis clientas me dijo hace poco que no quería contarle a su pareja el trabajo que estábamos haciendo juntas porque pensaba que se reiría y se burlaría de ella.

¿En qué mundo vivimos, que los hombres tienen más control sobre nuestro cuerpo que nosotras mismas, que nos da vergüenza demostrarle amor a nuestro cuerpo e informarnos de cómo funciona, que nos preocupa si nuestra pareja se burlará de nosotras por leer este libro o por conectarnos con nuestra vagina, cuando sin embargo luego querrá entrar en ella?

Sé que soy afortunada por tener una relación con un tipo que entiende estas cosas, pero la verdad es que nos debemos a nosotras mismas demostrarle respeto a nuestro cuerpo y valorar y honrar nuestro paisaje de mujer, porque cuando lo hacemos, atraemos a parejas que están deseando apoyarnos y que también nos valoran, respetan y honran.

CONFIDENCIA SOBRE ELLA

Hablo de la experiencia heterosexual porque es la relación en la que estoy, pero lo que digo aquí puede aplicarse a TODAS las relaciones. Honra, respeta y valora la mujer que eres, tu cuerpo y tu sexualidad por encima de todo.

Empieza por hacerte estas preguntas:

- ¿Cómo es tu relación actual con el sexo?
- ¿Estás cansada?
- ¿Estás estresada en el trabajo?
- ¿Tienes algún problema de salud que pueda estar afectando a tu deseo sexual?

Puede haber un millón de razones por las que el sexo no resulte todo lo placentero que nos gustaría; podría tener que ver con un trauma del pasado, o con cuestiones sociales o ambientales, pero la sanación sexual empieza cuando estamos dispuestas a hacernos preguntas y a sentir curiosidad por nuestra experiencia.

Quizá no seas consciente de cuánto influyen tus experiencias sexuales pasadas en cómo te muestras en la vida actualmente, así que, a medida que vayas descubriendo tus razones y sacándolas a la luz, es posible que las emociones se hagan notar, y las más comunes suelen ser la ira y un pesar muy hondo. El siguiente ejercicio puede ayudarte a atravesar esos sentimientos y a sanar las heridas.

⤜ SIÉNTELO, LIBÉRALO, SÁNALO ⤛

Fija veinte minutos en el cronómetro y busca un sitio donde nada vaya a molestarte ni tengas la preocupación de que alguien te pueda ver.

1. Haz tres respiraciones abdominales profundas (página 36).
2. Invita a tu cuerpo a hacer movimientos o a crear formas que expresen cómo te sientes actualmente cuando piensas en el sexo.
3. ¿Te estás contrayendo o expandiendo? ¿Necesitas estar en el suelo? ¿Qué sientes, y en qué lugar o lugares del cuerpo? ¿Te viene a la mente algún incidente o experiencia en particular? ¿Aparecen palabras o frases?
4. Siéntelo todo y exprésalo moviendo el cuerpo.
5. Escribe, dibuja, pinta o baila lo que surja en ti; estate con ello y no intentes escapar. Exprésalo plenamente de una manera que te resulte natural.

Puedes continuar, si quieres, pasados los veinte minutos; solo asegúrate de terminar la sesión con tres respiraciones lentas de cierre raíz (página 60) para sellar la sanación.

Huellas energéticas en la matriz

Como te decía, todas las personas con las que hemos tenido una experiencia sexual han dejado una huella energética en nuestro paisaje de mujer, y es posible que a veces sigamos conectadas a cierta persona o experiencia a través de un cordón energético. Las ceremonias chamánicas de corte del cordón y de recuperación del alma son una forma muy efectiva de liberarte del apego y de recobrar partes de tu alma que, aunque no seas consciente de ello, te mantienen atada al pasado. Si mientras hacías el ejercicio anterior has descubierto que continúas vinculada emocional y energéticamente a una persona o una experiencia en particular, la siguiente visualización te ayudará a soltarte de ella.

⤳ CORTAR EL CORDÓN ⤳

Busca un sitio tranquilo donde nada vaya a molestarte.

1. Haz tres respiraciones abdominales profundas (página 36) y cierra los ojos.

2. Visualízate de pie en la cima de una montaña y llama a tu equipo de apoyo —ELLA, los ángeles, tus guías, tus animales espirituales— para que acudan y se coloquen a tu lado y detrás de ti. Estás a salvo, estás protegida, la vida te ama.

3. En la cima de una montaña lejana, la persona o algo que simboliza la experiencia de la que quieres liberarte está mirándote de frente, y hay un cordón amarillo que te conecta a esa persona o experiencia. Esa persona o experiencia te oye, pero no puede hablarte ni responderte.

4. Respira profundamente tres veces. Estás a salvo, estás protegida, la vida te ama.

5. Cuéntale todos los sentimientos, emociones y sensaciones que tuviste en aquel momento y que sientes ahora.

6. Cuando hayas terminado, sujeta con la mano no dominante el cordón amarillo que mantiene tu vientre anclado a esa persona o experiencia y, con los dedos de la mano dominante, corta el cordón y míralo caer por el espacio que hay entre las montañas. Repite tres veces la siguiente frase: «Retiro del espacio de mi matriz y de mis cuerpos físico y energético toda la energía que no es mía y te la devuelvo».

7. Ponte las manos sobre el espacio de la matriz formando el yoni mudra y honra tu retorno a la compleción. Repite: «Estoy entera. Estoy completa. Soy digna de amor y respeto».

8. Haz tres respiraciones abdominales profundas. Estás a salvo, estás protegida, la vida te ama.

9. Después, completa el ritual dejándote envolver por un sahumerio de hierba dulce, salvia o Palo Santo, mientras prestas especial atención al espacio de tu matriz. Bebe mucha agua y come chocolate negro o tómate una taza de cacao (consulta la página 305).

Reúne información sobre lo que necesitas para sentirte sexualmente segura y satisfecha. No le cedas a un amante la responsabilidad de descubrir lo que te excita, dedica un poco de tiempo a explorar y descubrir lo que te hace sentirte bien: el deleite, la masturbación y el juego son tan importantes para mi salud y mi bienestar general como respirar y rezar.

¿Qué haces en tu día a día para cultivar el placer y motivarte sexualmente? Es importante saber lo que necesitas de tu entorno y de tu pareja para sentirte confiada y segura, porque es entonces cuando te abres de verdad a sentir el máximo placer, y de eso se trata. Si notas que tienes algún tipo de problema sexual, te recomiendo que pases un tiempo sola y te dediques a explorarte en solitario.

Antes de conocer al Vikingo, estuve seis meses desintoxicándome de novios. Me tomé conscientemente un tiempo de celibato para reajustar mi relación conmigo misma y con mis necesidades. Leí mucha literatura erótica, que es algo que me sube seriamente la temperatura. *Delta de Venus*, de Anaïs Nin, es un libro muy ESTIMULANTE *(en realidad, todos los libros de Anaïs Nin lo son)*.

Exploremos el paisaje

Creo que de todas las prácticas de *SHE Flow*, esta es mi favorita, ya que es en ella donde descubrimos *exactamente* lo que queremos y deseamos. No puedes esperar que otros te den placer si no tomas posesión de tu cuerpo y te conviertes en la autoridad sensual, sexual y espiritual de tus orgasmos, tu vagina y tu paisaje de mujer entero. Si exploras tu cuerpo, si conectas con él y lo comprendes, puedes decirle a otra persona lo que te gusta, lo que deseas, lo que te da placer y lo que no te gusta nada de nada.

La idea de que el orgasmo/la eyaculación/correrse es el principal objetivo de una relación sexual es masculina por naturaleza. Las mujeres somos afortunadas, somos multiorgásmicas, y nuestro orgasmo comienza en el momento de la primera caricia o el primer contacto placenteros. Qué maravilla.

Usar un vibrador puede ser una forma divertida y asegurada de excitarte y explorar qué te excita, pero quizá te apetezca probar maneras más sencillas de explorar lo que te da placer y te excita sin tener en mente cuál será el resultado final. Antes de echar mano de la tecnología, prueba este sencillo ejercicio de amor a ti.

◈ EXPLORA EL PLACER ◈

Antes de empezar, pon algo de música que te haga sentirte sexi, baja la intensidad de luz y ponte cómoda.

1. Respira profundamente. Al espirar, empieza a recorrer y a acariciar suavemente cada parte de tu cuerpo. No como lo haría un masajista, sino como si estuvieras deslizando los dedos por la piel de un amante al que adoras. Empieza por acariciarte la mano, la muñeca, cada dedo; pásate los dedos por la garganta, permítete explorar de verdad tu cuerpo.

2. Descubre los lugares donde las caricias te resultan particularmente agradables, donde las sensaciones te hacen gemir un poco, y envíale amor a tu cuerpo a través del tacto. Lo que sientas será diferente en cada fase del ciclo menstrual, así que ten curiosidad por descubrir qué tipo de contacto le gusta más a tu cuerpo en cada fase. Muchas nos despertamos por la mañana y lo primero que hacemos es recorrer mentalmente nuestro cuerpo en busca de alguna molestia o dolor, pero nunca se nos ocurre explorarlo en busca de sensaciones BUENAS. Tócate las manos, los brazos, los dedos; acaríciate la cara, los labios, el vientre, el *ioni*, las piernas; haz lo que te resulte placentero. No evites las zonas de ti que no te gustan demasiado. De hecho, préstales más atención.

3. Acaríciate el *ioni*.

4. Recorre despacio los labios vaginales con el dedo y, con cada caricia, expresa gratitud y un inmenso amor...; dale las gracias a ELLA por tu cuerpo y transmítele tu amor, mientras la recorres con tus caricias.

5. Muchas no prestamos atención a lo que le gusta a nuestro *ioni* salvo cuando estamos teniendo sexo con alguien. Recupera tu poder y haz este ejercicio con regularidad, a diario si es posible. Añade mantras positivos como «soy poderosa» y «amo mi coñito» mientras lo haces. Haz que sea lo más delicioso y amoroso posible.

Quizá quieras leer además *Autobiografía de un orgasmo*, de Betsy Blankenbaker; precisamente en su historia y en su devoción por la autocuración a través del orgasmo está inspirada esta práctica. Es una mujer que no tiene miedo de hablar, y la amo por ello.

Huevos vaginales

Una práctica sanadora que descubrí mientras me desintoxicaba de aquel novio mío fue la de insertarme un huevo de cuarzo en la vagina. *(Sí, sé lo que estás pensando).*

Hubo un tiempo en que los huevos vaginales se conocían sencillamente como huevos de jade, y su uso se remonta a la China de hace más de cuatro mil años. En aquella época, el jade se consideraba una piedra supervaliosa reservada solo para las mujeres de la casa real, que utilizaban los huevos de jade para tonificar y fortalecer su *ioni* y tener buena salud general y potencia sexual.

La razón principal por la que se utilizaba el jade es que libera la mente de pensamientos negativos, alivia y calma el sistema nervioso y estimula la creatividad mental. Pero en tiempos más recientes, como el comercio internacional ha hecho llegar a todas partes una diversidad de piedras y variedades de cuarzo, se utilizan también, por ejemplo:

- La obsidiana: es más pesada que el jade e intensifica la percepción interior. (Actualmente estoy trabajando con un huevo de obsidiana, y ha sido una ayuda superpoderosa para entender la causa de mi endometriosis y mi síndrome del ovario poliquístico, además de facilitarme el trabajo de sanación ancestral de mi linaje materno).
- La aventurina: favorece la compasión, la empatía y la creatividad; calma la irritabilidad y la ira y equilibra las energías masculina y femenina.
- La rodonita: favorece la sanación emocional y estimula, limpia y activa el chakra del corazón.

¿Por qué utilizar un huevo vaginal?

Nuestra vida agitada, el estrés, la genética, las lesiones pélvicas, los partos, la pérdida o el aumento de peso y las malas posturas pueden afectar a la fuerza de los músculos del suelo pélvico, por lo que a todas las mujeres puede beneficiarles utilizar un huevo vaginal en todas las etapas de su vida. A los veinte años, nos ayuda a comprender cómo es nuestro *ioni* y a conectar con él; aumenta la circulación sanguínea y la vitalidad del útero, los ovarios, el cuello uterino y el suelo pélvico, y tonifica y fortalece las paredes vaginales. Después de dar a luz, ayuda a tonificar los músculos vaginales que tanto han trabajado durante el embarazo y el parto. En los años de la menopausia, puede ser también una ayuda para equilibrar las hormonas, ya que eleva el nivel de estrógenos.

CONFIDENCIA SOBRE ELLA

No utilices un huevo vaginal si estás embarazada o tienes implantado un DIU.

Son muchos los beneficios energéticos y espirituales que obtenemos al conectar profundamente con nuestro *ioni* usando un huevo de cuarzo. Ya hemos hablado de la vergüenza y la desconexión que muchas sentimos en lo referente a nuestro *ioni*, pero créeme que trabajar con un huevo vaginal de una manera consciente y deliciosa sana muy pronto ese pudor, de una forma muy placentera.

Le pedí a mi asesora de confianza en lo referente a los huevos vaginales, Jillian Anderson, de earthbodymama.squarespace.com, que te contara por qué a ella le encanta usarlos y por qué a ti también te encantará.

MUSA DEL *IONI* - JILLIAN ANDERSON

Si quieres reclamar tu placer y atender tus deseos, empezar una práctica con huevos de jade será tu nueva medicina. De hecho, hay veintiuna razones fabulosas por las que empezar a usarlos:

1. *Para tonificar, fortalecer y equilibrar los músculos del suelo pélvico.*
2. *Para aumentar el fluido cervical.*
3. *Para incrementar la fertilidad de forma natural.*
4. *Para aliviar el dolor del suelo pélvico.*
5. *Para equilibrar los cuadrantes izquierdo y derecho del suelo pélvico (femenino y masculino).*

6. *Para reconectar con tu sexualidad.*

7. *Para elevar la libido.*

8. *Para aumentar el placer y las sensaciones.*

9. *Para impedir la eyaculación de tu pareja o hacerle llegar al clímax (tú decides).*

10. *Para aumentar la creatividad y la energía.*

11. *Para sanar traumas sexuales del pasado.*

12. *Para liberar la energía estancada de la pelvis.*

13. *Para reducir o incluso eliminar el síndrome premenstrual.*

14. *Para reducir o incluso eliminar el dolor menstrual.*

15. *Para favorecer el equilibrio y la armonía hormonales.*

16. *Para aumentar la intensidad, la frecuencia y la duración de los orgasmos.*

17. *Para tener una percepción más viva de los músculos vaginales y favorecer su acoplamiento.*

18. *Para inspirar sueños sanadores.*

19. *Para ayudar a la curación y recuperación posparto.*

20. *Para ayudar a sanar el trauma del parto.*

21. *Para prevenir o remediar la incontinencia.*

A mí personalmente, practicar con los huevos de jade me ha llevado de un avance sorprendente a otro. Desde que empecé a utilizarlos, soy mucho más orgásmica. Puedo hacer cosas con mis partes femeninas que ni siquiera sabía que fueran posibles (como hacer que el huevo gire en mi interior en el sentido de las agujas del reloj). Puedo honrar mi lado femenino y confiar en su saber más íntimo, y siento florecer y crecer continuamente mi sentido de valía como mujer.

Ahora miro atrás a la chica que era y veo que le faltaba una guía femenina encarnada sexualmente. Mi principal propósito en estos momentos es ser esa mujer. Una mujer saludable y sexual. Entregada y orgásmica. Sagrada y satisfecha.

CONFIDENCIA SOBRE ELLA

El tejido de tu vagina es extraordinariamente sensible y absorbente, así que asegúrate de que el objeto de cuarzo que compres y te insertes sea específicamente un huevo de *ioni*, ya que otras gemas u objetos de cuarzo suelen tratarse con productos químicos o colorantes, y su efecto podría ser muy molesto además de NO sanador.

Hay muchas maneras en que puedes usar tu huevo vaginal, y dependerá de POR QUÉ lo estés usando. Muchas mujeres compran un huevo de *ioni* por razones sexuales, para tonificar su *ioni* y conectar con él a nivel físico. Es una razón estupenda. Sin embargo, me gustaría invitarte a que abras la mente (y las piernas) a vivir una experiencia más sanadora y sensual con tu huevo de *ioni*.

PRÁCTICA CON TU HUEVO DE *IONI*

Lo ideal es que empieces dándote un maravilloso y voluptuoso masaje de pechos (página 239) antes de empezar la práctica, ya que no solo te conectará con tu ser sensual, sino que ayudará a que se distienda y lubrique la vagina.

Calentamiento

1. Asegúrate de que el huevo está templado, a la temperatura del cuerpo. Colócatelo entre los pechos o sobre el espacio del vientre para que tu cuerpo se familiarice con él.

2. Empieza por respirar profundamente durante unos minutos, haciendo que el aire entre en la matriz y recorra las paredes de la vagina. Dedica este tiempo a conectar contigo y a percibir cómo te sientes ahora mismo. A continuación, recorre y acaríciate con cariño las ingles, el vientre, los muslos y la vulva.

3. Cuando te sientas preparada, sujetando el huevo por el extremo más ancho, acércatelo a la abertura vaginal y traza con él pequeños círculos, mientras le preguntas a tu *ioni* si le gustaría recibir el huevo. Si la vagina sigue tensa, quizá necesites un poco más de calentamiento, pero si obtienes un rotundo sí, continúa.

4. Deja que la vagina se abra como un bostezo y desliza suavemente el huevo hacia su interior. Al principio, es posible que tengas que aplicar una suave presión sobre el huevo para que entre. Inspira y haz que los labios menores presionen el extremo ancho del huevo hacia dentro. Al espirar, relaja la presión y siente cómo se ensancha el canal vaginal. Esto crea un vacío que succiona el óvulo. Sonríe mientras aceptas el huevo en tu *ioni*.

Esto es una práctica, no un proyecto, así que puedes estar segura de que con el tiempo tu *ioni* aprenderá a amar el huevo y lo atraerá hacia dentro rápidamente, pero ten paciencia. Ser capaz de abrir la vagina como si se derritiera es lo que te abrirá a ti a un placer mucho más profundo.

Huevjercicio 1

1. Tumbada bocarriba, apoya los pies con firmeza en el suelo y dobla las rodillas.

2. Inspira y aprieta el *ioni* todo lo que puedas, luego espira y relájate por completo.

3. Repítelo cinco veces.

Huevjercicio 2

1. Quédate de espaldas con las rodillas dobladas e imagina que la parte superior del sacro marca las 12 en punto, la cadera izquierda marca las 3, el coxis las 6 y la cadera derecha las 9.

2. Lentamente haz presión contra el suelo con la parte superior de las caderas y rueda con suavidad hacia la izquierda, a las 3 en punto. Sigue rodando hacia el coxis, las 6 en punto; después hacia la derecha, las 9 en punto, y por último vuelve a las 12 en punto.

3. Continúa moviéndote así lentamente hasta hacer este círculo sensual seis veces. A continuación, hazlo seis veces en la dirección contraria.

Huevjercicio 3

1. Este huevjercicio está pensado para que empieces a notar las sutilezas y a fortalecer tu *ioni*.

2. En la misma posición que en los huevjercicios 1 y 2, mientras inspiras, empuja la pelvis hacia arriba y elévala todo lo que puedas, aplicando al mismo tiempo el cierre raíz (página 60). Ahora espira y relájate por completo mientras vas bajando y entrando en contacto con el suelo vértebra a vértebra. Repítelo nueve veces.

3. Ahora tumbada de espaldas, con las piernas estiradas, suéltate entera. Explora tu cuerpo para ver si notas algún cambio físico, emocional o espiritual.

Cómo sacarte el huevo del *ioni*

La primera vez, cuando vi que no era capaz de hacer salir el huevo, casi me muero del susto, lo cual, obviamente, hizo que las paredes vaginales se tensaran y se aferraran a él como ventosas. En la siguiente escena todo sigue igual, salvo que ahora me van pasando por la cabeza a velocidad de vértigo todas las explicaciones imaginables que puedo darle a la enfermera de urgencias de por qué tengo un huevo de cuarzo metido en la vagina.

La manera más fácil de sacarte el huevo es tumbarte, hacer varias respiraciones abdominales profundas (página 36) hasta estar relajada y entonces empujar. Si tu huevo tiene un cordoncito, puedes tirar suavemente de él o también puedes ponerte en cuclillas y empujar para que salga. Y si nada de esto funciona, no te asustes, relájate y tu vagina te avisará cuando esté preparada para soltarlo.

Cómo cuidar de tu huevo

Yo trato el mío como un objeto sagrado, lo envuelvo en una tela roja y, cuando no lo estoy usando, lo tengo puesto en mi altar. Al terminar la práctica, basta con que lo enjuagues con agua tibia, asegurándote de limpiar bien el interior del agujerito que lo atraviesa (un limpiador de pipas funciona de maravilla), y que luego lo envuelvas y lo dejes listo para la próxima vez.

En cada luna llena, yo lo saco a que se cargue bien de energía lunar.

Mimemos y sanemos el *ioni*

Cuando tenía problemas para llegar al orgasmo, me recomendaron que buscara a alguien que me diera un masaje de *ioni*. Sí, resulta que hay profesionales que se especializan en el masaje vaginal interno como forma de ayudar a las mujeres a superar los traumas sexuales o la falta de orgasmos, practicantes superentendidas que saben cómo tocar y qué técnicas aplicar para hacer del *ioni* un espacio de seguridad y confianza. Reservé una cita, pero te seré sincera, en el último minuto llamé y la cancelé. No porque me diera vergüenza, sino porque realmente quería poner en práctica las enseñanzas que yo había recibido y aprender a confiar en mí misma tocándome.

Tocarse íntimamente es el acto definitivo de amor total a una misma. Aumenta la capacidad para relajarnos, incrementa el flujo de energía hacia nuestro paisaje de mujer y nos permite establecer una relación deliciosamente personal y de confianza con nosotras mismas y con el placer.

Así que lo que comparto aquí contigo se basa en mi propia experimentación con las enseñanzas que he recibido a lo largo del tiempo.

ᕲ MASAJE DE *IONI* ᕫ

Cuánto durará el masaje de *ioni* es enteramente decisión tuya; solo asegúrate de crear un entorno sensual y relajante. Así que si hay una pila de ropa sucia en un rincón de la habitación o la taza de té de esta mañana sigue en el alféizar de la ventana (¡dime por favor que yo no soy la única!), pon un poco de orden, enciende una vela o una varita de incienso, o rocía aceites esenciales y crea un espacio agradable en el que nada vaya a molestarte antes siquiera de empezar. Y si nunca antes te has masajeado el *ioni*, simplemente recuerda que es imposible hacerlo mal.

1. Túmbate sobre una alfombra o en la cama y ponte una almohada debajo de las caderas. Coloca las piernas formando un rombo, con las plantas de los pies juntas y cojines debajo de cada rodilla. Tu *ioni* quedará ahora expuesto.

2. Inspira suavemente por la nariz y espira por la boca con un profundo «aahhh». Relaja el cuerpo y deja que cualquier tensión salga de él con cada espiración.

3. Cuando tengas el cuerpo totalmente relajado, empieza a masajearte los muslos, el vientre y las caderas. Acariciar nuestro paisaje femenino cuando no estamos excitadas es como sumergirnos en una piscina de agua helada. No es divertido.

4. Úntate los dedos de aceite de semillas de uva tibio (o un lubricante orgánico como YES). Deja que la palma de la mano acoja tu montículo pélvico con los dedos colocados con suavidad en los labios exteriores. Inspira energía fresca y vital a tu *ioni* y espira la energía debilitada.

5. Empieza a acariciar los labios mayores, primero uno y luego el otro, sujetándolos con presión uniforme entre los dedos y deslizando los dedos arriba y abajo todo a lo largo de ambos labios. Utiliza movimientos suaves, relajados y lentos. Sigue respirando profundamente.

6. Cuando quieras, pasa a los labios interiores y al clítoris. Estos son más delicados y sensibles al tacto. Acarícialos con suavidad, espirando cualquier energía que haya atascada.

7. Empezando por la parte superior del clítoris, acarícialo suavemente pero con firmeza haciendo pequeños movimientos circulares y liberando la energía estancada y la tensión.

8. Continúa alrededor de la entrada de la vagina y masajea más firmemente alrededor del perineo. Continúa respirando. No retengas la respiración ni dejes que se vuelva demasiado superficial. Sigue inspirando energía hacia tu *ioni*.

9. Cuando regreses al clítoris, masajea suavemente la capucha hacia delante y hacia atrás. Acaríciala, aplicando diferentes niveles de presión. Con un dedo, recorre el clítoris por un lado y luego por el otro, o, si quieres mayor estimulación, frótalo con suavidad directamente. Este es el único órgano de tu cuerpo creado exclusivamente para darte placer. Disfruta de él, hónralo. Deléitate en él. Prueba a estimularlo con uno, dos, tres o cuatro dedos. ¿Qué dirección te resulta más placentera? ¿De arriba abajo? ¿De lado a lado? ¿En círculos? ¿Una combinación de los tres? ¿Qué intensidad de presión te gusta más?

10. No hay un resultado final, no estás buscando el clímax (*aunque si lo consigues, estupendo, ¡grita, chilla y disfruta!*), estás simplemente permitiéndote experimentar lo que a tu cuerpo le hace sentirse bien. Cuando te sientas llena de energía y placer, cubre tu *ioni* con el cuenco de la mano, envíale amor y gratitud y sostenlo así con delicadeza durante cinco respiraciones. Espira un profundo y placentero «aaaaahhh» final.

Practica mucho ¡y disfruta!

Las prácticas que he descrito en este capítulo son simplemente una inserción suave y lubricada de los dedos para guiarte hacia una exploración de tu paisaje de mujer enteramente tuya e intransferible, y aunque estoy encantada de compartir esto contigo, tú ya SABES todo esto. Lo has sabido SIEMPRE.

Porque eres sagrada Y eres sexual
debes darle a tu cuerpo placer
y celebrarlo.

Capítulo 8
La tienda de ELLA

«Es terrible que se haya olvidado tanto,
razón por la cual, supongo, parece que
recordar sea una misión sagrada».
ANITA DIAMANT, *LA TIENDA ROJA*

Bienvenida a la tienda de ELLA, damita querida.
Si no has leído *La tienda roja*, de Anita Diamant, LÉELO, debería ser un libro de lectura obligada para todas las mujeres. La novela, que describe un espacio sagrado compartido por las mujeres durante la menstruación, el parto y la iniciación de las niñas a la condición de mujeres, ha despertado un manantial de añoranza entre las mujeres modernas. Poder retirarse del ritmo acelerado de la vida diaria a un lugar donde honrar la naturaleza femenina sagrada sería un feliz desahogo para la mayoría de las mujeres, sobre todo durante la menstruación, ¿no crees?

La tienda de ELLA es algo parecido: es una tienda metafórica, así que puede servir una habitación de hotel, una *yurta* en el campo, tu dormitorio o algún lugar al que hagas una visita de una hora, de un día o quizá de un fin de semana entero. No es necesario que estés sangrando para «entrar» en ella y puedes hacerlo con amigas, hermanas o en solitario, tú decides. Aquí es donde recordamos y reverenciamos nuestro paisaje de mujer, donde nos reconectamos con él. Es donde valoramos y honramos nuestro cuerpo como templo. Donde obtenemos medios de sanación, descansamos, echamos una cabezada, dejamos que nos llegue la inspiración, bailamos, nos movemos, respiramos.

Puja en honor a ELLA

En la tienda de ELLA, celebramos una *puja*. La *puja* es un ritual hindú en el que los devotos reverencian un aspecto de la Divinidad mediante ritos de encarnación, invocaciones, oraciones y cánticos. Durante una *puja* en honor a ELLA, nos sumergimos en estos rituales y actos para demostrar amor y rendir homenaje al poderoso cuenco medicinal que es el espacio de la matriz dentro del cuerpo femenino. *¡Jai ma!*

Lo que comparto aquí en la tienda de ELLA es para que lo explores, experimentes con ello, juegues y te deleites.

Permite y recibe.

La vagina y el espacio de la matriz son una esponja con capacidad casi ilimitada para recibir, lo actual e incluso lo que se ha ido transmitiendo a lo largo de todo el linaje materno, sí, básicamente desde el principio de la humanidad; así de inmensa es la capacidad de recibir que tenemos.

Te invito, por tanto, a que te responsabilices de tu cuenco receptor de maravillas y te permitas jugar, descansar, sanar y, lo más importante, recibir.

La respiración

Para entrar en tu cuerpo, solo necesitas respirar. Sí, respira una vez, y luego otra. Estoy obsesionada con la respiración. Creo que mi marido respira demasiado fuerte (*no es que lo haga, es solo que durante la fase premenstrual REALMENTE me lo parece*). Reproduzco en mi mente el último aliento de mi madre como si fuera un vídeo todos los días, y cada inspiración y espiración me recuerdan que me perdí el último aliento de mi padre. Me encanta escuchar la respiración de mi sobrinito cuando se queda dormido sobre mi pecho, y sé que, cada vez que me paro y presto atención a la mía, salgo al instante de la cabeza y entro en mi cuerpo.

La respiración, o *pranayama* como se llama en el yoga, ofrece muchos beneficios (*además de mantenernos vivas, claro*). La respiración afloja la tensión muscular y, cuando inspiramos directamente hacia nuestro cuenco medicinal, enviamos energía vital sanadora al útero, los ovarios, la vejiga y el cuello uterino. Tengo un conjunto de técnicas de respiración que me acercan a mi cuerpo y a mí misma: la respiración abdominal (página 36), la respiración de raíz (página 60) y la respiración de fuego (a continuación). Esta última es una respiración que tiene el poder de generar calor. Aunque quizá no te resulte particularmente relajante ni calmante hacerla, una vez que hayas completado tres rondas de respiraciones de fuego, improvisa una tienda de campaña con una manta y disfruta dentro de ella de su cálido resplandor: ¡es TAN delicioso!

⤳ RESPIRACIÓN DE FUEGO ⤲

Esta técnica de respiración estimula todos los procesos metabólicos, así que hazla por la mañana antes de comer nada. La puedes hacer tumbada, de pie, en cuclillas o a cuatro patas.

Tiene un efecto muy potente en los órganos reproductivos, por tanto no la hagas si tienes implantado un DIU porque se podría desprender. No la practiques tampoco si estás menstruando.

1. Espira por completo, hasta donde te sea posible, luego tira del diafragma hacia arriba y métxelo debajo de las costillas. Todavía en plena espiración, empuja el diafragma con fuerza hacia abajo, hacia la cavidad pélvica.
2. Sin respirar, mueve el diafragma hacia arriba y hacia abajo para que todo tu abdomen se agite y se expanda. Es posible que percibas cómo se mueven el útero y otros órganos internos.
3. Cuando ya no puedas seguir, inspira. Luego dedica el mismo tiempo a dejar que la respiración vaya y venga a su propio ritmo.
4. Repite la secuencia diez veces.
5. Haz tres respiraciones abdominales profundas (página 36) y después una ronda más de respiración de fuego.

El descanso es imprescindible

La primera vez que mis clientas acuden a mí, es notable en TODAS la falta de descanso.

EN... TODAS... ELLAS...

Las mamás, las chicas que trabajan de relaciones públicas y hasta las profesoras de yoga sufren una privación del descanso. El descanso se considera sinónimo de holgazanería (lo cual es ridículo, por supuesto), y como la sola idea de «estar sin hacer nada» nos crea un sentimiento de culpa, lo que hacemos es añadir más estrés a nuestra vida ya suficientemente estresada: «Hoy tengo que salir a correr una hora después de trabajar», «Tengo que ir a ver a mi amiga, tengo que ir al dentista, tengo que hacer la cena», «Tengo una lista interminable de cosas por hacer».

Nuestro organismo no está hecho para que lo llevemos al límite día tras día. Claro que es bueno estar activas, pero si nos pasamos de la raya en el gimnasio, si nos quedamos todos los días hasta las tantas en la oficina, agotamos las glándulas suprarrenales. Trabajar en exceso y obligarnos a sacar fuerzas de donde no las hay nos deja exhaustas, emocional y hormonalmente desequilibradas; provoca en el cuerpo una constante secreción de cortisol, la hormona del estrés, que nos acidifica; favorece que la grasa se acumule en la barriga, y nos hace sufrir fatiga, insomnio y trastornos y accidentes musculoesqueléticos. En pocas palabras, te sientes cansada, mentalmente torpe y físicamente vulnerable.

La segunda mitad de tu ciclo menstrual es una llamada para que vuelvas a casa a estar contigo, una ocasión para que la prioridad sea cuidarte y permitir que tu cuerpo se restablezca y se recargue de energía.

Descanso profundo y relajación

El descanso radical es algo que el Vikingo y yo ideamos y que utiliza la deliciosa práctica del *yoga nidra* para entrar en un estado de profundo descanso y relajación. ¿Recuerdas a la Soñadora Maltesa de la que te hablé hace varios capítulos? Lo que siento al contemplar a esta diosa supercurvilínea es que su sueño está cobrando vida a través del *yoga nidra* del descanso radical. Es mi amiga del alma que me recuerda el poder tan colosal que entraña pararse y recibir.

Yoga nidra significa en sánscrito 'sueño yóguico', y es una poderosa técnica de la tradición del *tantra yoga*. Es a la vez el nombre de un estado y el de la práctica que crea ese estado alterado de conciencia que permite relajarse y sanarse, expandir la imaginación, entrar en el reino del subconsciente y del superconsciente, manifestar cambios en apariencia mágicos y despejar de residuos kármicos nuestra vida; sinceramente, es una auténtica delicia. Lo utilizo después de cada clase y taller de *SHE Flow*, y durante las ceremonias de cacao (el chocolate de ELLA) dedicamos media hora a disfrutar de este dulce estado de descanso y renovación natural.

Durante el *yoga nidra*, prestamos atención consciente a diferentes partes del cuerpo, lo cual activa los nervios de esas zonas, por eso es tan bueno hacerlo después de una práctica de *SHE Flow*, porque ayuda a integrar los efectos del movimiento en el organismo. También puedes usar el *yoga nidra* como portal de conexión con ELLA: desde las profundidades a las que nos lleva la relajación, es fácil acceder a las revelaciones, canalizaciones y mensajes. A menudo siento que tengo conexión telefónica directa con ELLA cuando estoy en *nidra*.

⤟ DESCANSO RADICAL: *YOGA NIDRA* ⤝

Prepárate un acogedor nidito de *nidra*, con cojines y una manta, en el que puedas estar cómoda sin moverte durante unos treinta minutos.

La mejor manera de experimentar el *nidra* es con unos auriculares. No es imprescindible, pero te aseguro que mejoran la experiencia. Ah, y un antifaz de lavanda que te tape los ojos también es un buen aliado.

Ponte un cojín debajo de cada rodilla, de la cabeza y de la pelvis y asegúrate de que están cómodamente apoyadas, y haz una respiración abdominal profunda (página 36).

En la Caja de Herramientas de Paisajismo Femenino (página 331) encontrarás un vídeo con instrucciones sobre cómo hacerte el nido de *nidra* perfecto, y puedes descargar también una sesión de veinte minutos del *nidra* Amar tu paisaje de mujer. Ponlo en tu dispositivo de música, ponte los cascos (los auriculares de diadema son mucho mejores para el *nidra*) y deja que tu cuerpo se entregue por completo a la práctica del descanso radical. Suelta un profundo suspiro.

Ten a mano un poco de chocolate negro o cacao (consulta la receta de la página 305) para cuando tu *nidra* llegue a su fin. Me lo agradecerás.

Mandala de cristales de cuarzo para la matriz

Andrew Stark es un guardián de la sabiduría contenida en los cristales de cuarzo, y en la actualidad uno de mis amigos más entrañables y queridos. Cuando lo conocí, yo estaba pasándolo muy mal tras la muerte de mi madre, y Andrew empezó a hacer un trabajo de exploración conmigo para crear un mandala de cuarzos que me ayudara a sanar mi hondo pesar personal, el hondo pesar de mi linaje materno y el hondo pesar que llevaba guardado desde hacía mucho tiempo en el espacio de mi matriz.

Deja que te explique. Un mandala de cuarzos para la matriz es bastante parecido a una rejilla energética, que combina piedras preciosas de gran poder con la geometría sagrada y la intención personal. Pero lo que Andrew y yo creamos juntos fue un poco diferente. Reunimos cristales de cuarzo que tuvieran específicamente el poder de sanar el espacio del útero, el duelo y el patrón matriarcal, luego Andrew creó una rejilla de la matriz y, finalmente, sostuve de uno en uno cada cristal de cuarzo en la mano y lo fui colocando en la rejilla con esta intención: «Envío amor y sanación a mi matriz y a mi linaje materno».

Primero trabajé con el mandala frente a mi «rosal matriarcal», el bellísimo rosal rosa que había sido de mi abuela, que mi madre plantó en su jardín cuando mi abuela murió y que yo planté en el mío al morir ella. Delante de esas rosas formulo mis deseos, delante de esas rosas lloro, con los pétalos caídos de esas rosas hago pociones mágicas. Les hablo todas las mañanas, pero, en realidad, cuando les hablo estoy hablándoles a todas las mujeres de mi linaje a las que esas rosas representan: las mujeres que me han moldeado, que me han llevado en su vientre, las mujeres que me han enseñado lo que significa ser ESTA mujer que vive en ESTE cuerpo. Así que me senté frente al rosal y empecé, cristal a cristal, a hacer mi mandala.

Fue una acción de gran intensidad energética y emotiva. Muy, muy emotiva.

Bien, a veces se hace una rejilla y se coloca en un determinado lugar de la casa para que favorezca la prosperidad, la salud, el placer y el sexo, como en el caso de algunas de las rejillas que tengo, pero esta rejilla de matriz en concreto es más bien un mandala, porque a través de la acción meditativa de hacerla, estoy creando una sanadora espiral de plenitud dirigida a mi matriz. Así que no es la clásica rejilla de cuarzos que se pone en un altar (aunque por supuesto puedes hacerlo si quieres), es una práctica energética que creo bajo la luna llena, el día del cumpleaños de mi madre, el del aniversario de su muerte y cuando quiero conectar con mi línea materna.

Juntos, Andrew y yo creamos ahora rituales y mandalas mágicos con cristales de cuarzo transmisores de amor para aquellas clientas que necesitan sanar traumas pasados, que quieren comprender mejor a su matriz, que están viviendo la menopausia o que han pasado por una histerectomía y quieren conectar con la medicina contenida en el poderoso espacio que queda.

Los mandalas de cuarzos para la matriz son una enérgica herramienta meditativa de sanación que forma parte del *SHE Flow*, pero si quieres hacerte el tuyo, en la Caja de Herramientas de Paisajismo Femenino (página 331) encontrarás una rejilla que Andrew ha diseñado para ti, que puedes descargar e imprimir.

⤳ MANDALA DE CRISTALES DE CUARZO PARA LA MATRIZ ⤳

Imprime la rejilla y empieza por establecer una intención. Una intención simple y sencilla para empezar sería: «Envío amor y sanación a mi matriz».

Elige cristales de cuarzo y piedras que se correspondan con tu intención y la potencien. Los cuarzos y piedras más efectivos para la salud de la matriz, el amor y la reproducción son la unaquita, la piedra lunar, la celestita, la selenita, el cuarzo rosa y el jaspe, pero no hay piedras que sea correcto o incorrecto usar. Elige las que te atraigan. Confía en tu intuición.

1. Purifica el ambiente quemando salvia o palo santo para depurar la energía.
2. Escribe tu intención en un papel y colócalo en el centro de tu rejilla.
3. Empieza desde el borde y vete trabajando hacia el interior, colocando los cristales en la rejilla, confiando en tu intuición para saber qué poner en cada lugar. Siente en la mano las propiedades sanadoras de cada piedra o cristal y ten clara en la mente tu intención al colocarlo en la rejilla.
4. Cuando hayas terminado, con una punta de cristal de cuarzo o con un dedo, empezando por el lugar correspondiente al ovario izquierdo, dibuja una línea invisible que conecte cada piedra con la siguiente.
5. Finalmente, sujétate el espacio de la matriz con las manos y envíale amor.

Vapor curativo para tu *ioni*

Los baños de vapor vaginales son una antigua práctica de sanación a base de hierbas que limpian y energizan la vagina y la matriz. (*Sí, soy totalmente consciente de lo acientífico que suena esto, pero HAS LEÍDO el resto de este libro, ¿verdad?*). Cuando le hablé a Em Tivey, de womansoul.co.uk, sobre la sangre oscura y llena de coágulos que tenía al menstruar —porque eso es de lo único que hablan las mujeres que trabajan con reglas, matrices y cosas menstruales cada vez que se reúnen—, me recomendó que me diera un baño vaginal de vapor en la fase de preovulación. Admito que lo oí con bastante escepticismo. Pero Em es sanadora y es mi chica de confianza para *todos* los remedios herbarios, así que le hice caso, lo probé y me *encantó*. Ahora lo hago en todos los ciclos, y tengo un sangrado más ligero, estoy menos hinchada y no tengo coágulos. (¡BIEN!).

Las comadronas y curanderas tradicionales de muchas regiones del mundo han utilizado las vaporizaciones vaginales para restablecer el equilibrio en la matriz y para tratar muchos problemas de la salud reproductiva, como los fibromas, la dismenorrea (menstruación dolorosa), la amenorrea (ausencia de menstruación), la endometriosis y los quistes ováricos.

Los baños de vapor vaginales, que en Corea se conocen como *chai-yok* y en Latinoamérica como *bajos*, restablecen la salud del útero y normalizan el ciclo menstrual gracias a que aumentan la temperatura y la irrigación sanguínea de esta zona. La práctica consiste básicamente en sentarse sobre una gran taza de infusión de hierbas ¡y absorberlo todo!

Cuándo hacer una vaporización vaginal:

- La semana anterior a la fecha de la menstruación.
- Las semanas posteriores al parto.
- Después de un aborto espontáneo o una interrupción del embarazo.

Cuándo NO hacer una vaporización vaginal (contraindicaciones):

- Si tienes implantado un DIU (dispositivo anticonceptivo intrauterino).
- Si tienes fiebre o una infección.
- Si estás embarazada.
- Si estás menstruando.

- Después de una cesárea (espera seis semanas o hasta que te sientas preparada).
- En cualquier momento en que sientas que a tu cuerpo no le apetece; confía en tu sabiduría.

Cómo funciona

Una vez hecha la infusión utilizando una mezcla de plantas medicinales orgánicas, el vapor se eleva y abre y lubrica el *ioni*, lo cual tiene un suave efecto depurativo y estimulante que favorece la salud del espacio pélvico y los órganos reproductivos. El tejido vaginal es uno de los más absorbentes del cuerpo femenino. El vapor abre los poros de los tejidos y hace que la sangre fluya en abundancia hacia los labios y el canal vaginales, y relaja así la fascia y otras capas de tejido muscular más profundas de la pelvis y la matriz. Calienta, calma y energiza las membranas internas; proporciona una limpieza interna del útero al ayudarlo a liberarse de residuos del endometrio que en su día no se eliminaron del todo con la menstruación. Las vaporizaciones del *ioni* tonifican el suelo pélvico y favorecen una lubricación sana y natural que depure, reequilibre y restablezca el nivel natural de pH, y también impulsan al útero a adoptar su posición natural, abierta y erguida.

¿Para qué se puede utilizar?

Las vaporizaciones del *ioni* son ideales si tienes endometriosis, sangre muy oscura o un fluido marrón (con fuerte olor a salitre) al principio o al final de la menstruación, reglas irregulares o dolorosas, problemas de fertilidad, estenosis cervical, endometriosis, tensión o rigidez muscular, quistes ováricos, fibromas uterinos, prolapso uterino, traumatismo pélvico, sequedad vaginal, o después del parto, de un aborto o de una interrupción del embarazo.

¿Qué hace?

Desde el punto de vista energético, el vapor y las hierbas se absorben a través del chakra raíz (página 252) y la cavidad pélvica, y esto ayuda a liberar miedos profundos y creencias arraigadas que ya no nos sirven. El vapor de las hierbas es similar al sahumerio de salvia que limpia el ambiente de negatividad y al humo que se eleva llevando las oraciones al cielo. Nos permite fluir hacia el interior de nuestro ser intuitivo, conectar con nuestro impulso creativo y nuestra sabiduría. Despierta nuestra matriz y agita la *Shakti* en su interior.

¿Qué contiene?

Puedes elegir entre una variedad de combinaciones de hierbas, pero mi favorita es una mezcla de las siguientes:

- **Milenrama:** tónico uterino, estimulante del sistema circulatorio pélvico, antiespasmódica, purificadora de la sangre y el hígado; protectora del aura y activadora de energía altamente curativa.
- **Pétalos de caléndula:** tónico uterino y hormonal, favorece la cicatrización de los tejidos, suaviza las adherencias y el tejido cicatricial, genera un calor suave.
- **Pétalos de rosa:** la más apreciada de las medicinas para la matriz, calmante, suavizante, tónica, relajante, refrescante, equilibradora; aromática, sensual, amorosa y energizante. ¡Una auténtica experiencia amorosa para tu matriz!
- **Hoja de frambuesa:** tónico uterino, rico en nutrientes, refrescante, antiespasmódico, relajante; fortalecedora y protectora.
- **Hoja de violeta dulce:** tónico fortalecedor del sistema reproductivo; símbolo sagrado de la abundancia y la fertilidad

y, al igual que el vientre materno, portadora de los misterios de la vida, la muerte y el renacer.

MUSA DEL *IONI* - EM TIVEY

Cómo vaporizarte el *ioni*

El calor es medicina para el cuerpo femenino. A diferencia del frío, que nos hace contraernos, el calor favorece la apertura y la distensión. El calor húmedo suaviza la matriz y los tejidos, aumenta el flujo sanguíneo vital y ayuda a la matriz a deshacerse de la sangre estancada que pueda haberse acumulado en ella.

Prepara tu espacio para la vaporización; este es un acto de cuidado íntimo de ti, así que apaga el teléfono, pon música si quieres, acércate un libro que te apetezca leer, enciende velas o prepárate una taza de té para tomártela mientras te vaporizas.

Empieza por poner al fuego una olla o cuenco grande de acero inoxidable con unos 9 litros de agua sin cloro y echa un buen puñado de hierbas. Déjalas hervir a fuego lento durante diez minutos y luego retira la olla del fuego.

Coloca el cuenco debajo de una silla con ranuras, el asiento del inodoro, un banquito hecho de listones de madera o, si te apetece hacer ejercicio, puedes ponerte en cuclillas sobre la olla, pero vas a estar sentada sobre el vapor durante veinte minutos, así que las piernas y el trasero tienen que estar cómodos y bien apoyados. (Puedes incluso fabricarte tú misma una «silla de vapor». El Vikingo me hizo la mía cortando un agujero en el asiento de una silla de jardín).

Desnúdate de cintura para abajo y cúbrete con una manta o toalla caliente que llegue hasta el suelo y envuelva también la parte trasera de la silla o taburete. Esto crea una «cabaña de sudor» sobre las piernas, las patas de la silla y el cuenco de vapor para retener el vapor y el calor. Es importante que los pies estén calientes, así que ponte unos calcetines gustosos.

Absorbe el vapor de las hierbas durante veinte minutos. Si sientes que está demasiado caliente, retira el cuenco y deja que se enfríe durante unos minutos antes de reanudar la sesión.

Descansa al menos treinta minutos después de la vaporización para reforzar el proceso de sanación y permitir que tu vientre integre los efectos del vapor de hierbas.

Una de las mejores maneras de prepararte para la fase menstrual y tener un sangrado placentero, aliviar los dolores y los desequilibrios y evitar los coágulos de sangre es sacar tiempo durante la fase premenstrual para hacer hasta tres rituales de vaporización del ioni. El vapor caliente limpia y nutre la membrana uterina. Entonces fluye una sangre menstrual sana, de color rojo brillante y sin coágulos.

Para la fertilidad

Vaporizar el *ioni* es una manera estupenda de fortalecer nuestro paisaje de mujer y devolverlo a un estado de natural fertilidad y creatividad gracias a que aporta a las membranas uterinas una humedad que las hace más receptivas. Si estás intentando concebir, puedes utilizar las vaporizaciones vaginales desde que empieza la fase de preovulación hasta la fase de ovulación (página 146) para favorecer la concepción, pero no después de una posible concepción.

Después de un aborto espontáneo

Durante el tiempo de fragilidad que sigue a un aborto, vaporizar el *ioni* puede contribuir a limpiar el cuerpo y puede ser también una reconfortante manera de conectar con ELLA, tu centro de energía, y evitar así que el dolor y el trauma arraiguen en tu cuerpo. Puedes empezar los baños de vapor una vez que hayas dejado de sangrar. Dedica el tiempo que haga falta a honrar la experiencia de haber concebido un ser y, en vez de luchar, acepta desde lo más profundo el hecho de que haya abandonado tu cuerpo física y energéticamente.

En el posparto

Mantener el cuerpo caliente durante el posparto es la base de muchas prácticas tradicionales del mundo entero. Las vaporizaciones del *ioni* después del parto aportan un calor energizante a tu paisaje de mujer y ayudan a tu cuerpo a eliminar fluidos y al útero a recuperar su tamaño anterior al embarazo. Si te han practicado una cesárea, es posible que quieras esperar al menos seis semanas, o hasta que te hayas restablecido del todo, antes de darte baños de vapor.

En la perimenopausia y menopausia

Cuando tus ciclos se vuelvan lentos o empiecen a cambiar, vaporizar el *ioni* estimulará la circulación y ayudará a la matriz a vaciarse y limpiarse por completo durante la menstruación. Una vez llegada la menopausia, el calor de la vaporización tendrá un efecto revitalizante y combatirá la sequedad vaginal, a la vez que favorecerá la conexión con tu centro femenino y con tu mujer interior en una época de iniciación y transformación.

Para el dolor pélvico, o una tirantez dolorosa durante el coito

A las mujeres que experimentan dolor o tensión crónica en la pelvis, las vaporizaciones del *ioni* las ayudarán a calmar y relajar los músculos pélvicos. Acompaña el baño de vapor de respiraciones abdominales conscientes y profundas (página 36) para relajar los músculos pélvicos y crear una conexión amorosa con tu cuenco medicinal.

Después de una histerectomía o una operación pélvica

La calidez que aporta el vapor puede ser terapéutica para el tejido cicatricial. Cuando se combina con compresas de aceite de ricino y masajes, aumenta la vitalidad de la zona tras la operación. Vaporizar el *ioni* puede ayudarte además a reconectar emocional y energéticamente con tu centro femenino después de una intervención o experiencia invasiva. Recuerda que tu centro de poder, la energía de ELLA, permanece para siempre en ti aunque ya no tengas ovarios o un útero físicos.

Compresas de aceite de ricino

Utilizar una compresa de aceite de ricino es una manera fácil y eficaz de demostrarle un poco de amor a tu matriz, sobre todo durante la fase premenstrual. También es ideal después de una vaporización del *ioni*. El aceite de ricino se absorbe a través de la piel de la vagina y va descomponiendo las adherencias y el tejido cicatricial, presentes por lo común en las mujeres que sufren de endometriosis y que son una importante causa del dolor y los calambres menstruales.

Además, una vez que la piel absorbe el aceite, tiene una capacidad asombrosa para reducir la inflamación; es una medicina muy efectiva. El Vikingo, que es practicante de ayurveda, recomienda las compresas de aceite de ricino porque el calor que generan ayuda a mover la energía estancada, favorece la irrigación abundante de la matriz con sangre oxigenada y rica en nutrientes y contribuye a equilibrar y normalizar el ciclo menstrual.

CONFIDENCIA SOBRE ELLA

No te pongas una compresa de aceite de ricino si estás sangrando, ya sea debido a la menstruación o al síndrome del intestino irritable (SII), ni tampoco si estás embarazada, si tienes implantado un DIU o si estás intentando concebir.

ᕤ CÓMO USAR LAS COMPRESAS DE ACEITE DE RICINO ᕥ

Las compresas de aceite de ricino son estupendas después de un largo baño, y puedes añadirles algunos aceites esenciales: la mezcla de rosa, olíbano y lavanda es sumamente relajante, e ideal también para calmar el sistema nervioso. Los aceites con propiedades antiinflamatorias, como el de manzanilla y el de lavanda, son especialmente curativos. Debes saber también que las manchas de aceite de ricino son imposibles de eliminar, así que ten unas toallas y algo de ropa viejas para trabajar con él.

1. Calienta unas gotas de aceite de ricino prensado en frío (disponible en tiendas de productos naturales) frotándolas entre las palmas de las manos y, a continuación,

aplícatelas con un suave masaje en la zona del abdomen (debajo del ombligo hasta el pubis y de una cadera a otra).

2. Acuéstate sobre unas toallas viejas. Viértete aceite en el cuenco de la mano, introduce la compresa (un cuadrado de tela de felpa o algodón absorbente), deja que se empape bien y luego colócatela sobre el vientre.

3. Pon directamente encima de la compresa una bolsa de agua caliente (puedes envolverla si quieres en una funda vieja de almohada para que no queme).

4. Una vez hecho esto, puedes olvidarte de todo y dejarte la compresa puesta durante unos noventa minutos y relajarte de verdad. A mí me gusta llevármela a la cama para que me ayude a descansar profundamente y dejarla que haga su magia durante la noche.

Bailar con la Divinidad

Estudié yoga porque mi profesora de danza del vientre me dijo que me fortalecería y me conectaría con mi centro. Tenía razón, me hizo todo eso y, al fortalecerme y conectarme con mi cuenco medicinal sagrado, me trajo también de vuelta a casa.

El movimiento siempre te lleva a casa.

Por eso creé el yoga *SHE Flow*. La práctica de asanas de *SHE Flow* tiene un estilo similar al de la danza y no te pide que mantengas las posturas demasiado tiempo seguido; está inspirada en la danza del vientre de Oriente Medio y en las bailarinas de los templos clásicos de la India. (Estoy obsesionada con la danza del templo).

La danza del templo de la India se fundamenta en la tradición de las *devadasi*, jóvenes bailarinas que hacen de su arte una ofrenda sagrada a la Divinidad. La danza es para ellas una conmovedora meditación de profunda devoción y entrega. Las *devadasi* representan leyendas épicas de dioses y diosas a través de intrincados gestos de las manos (*mudras*), la posición de los pies y la expresión (*abhinaya*), de modo que la bailarina y la danza se hacen una.

Mi relación con la danza del templo empezó hace tres años, y todavía soy una absoluta principiante porque hacen falta muchos años de práctica, pero esta danza ha inspirado ya sustancialmente mi manera de compartir el *SHE Flow*. Ver a las bailarinas entregarse por completo al fluir salvaje y primario de la *Shakti* que vibra a través de sus cuerpos es la CLAVE. Sabes lo que se siente, ¿verdad? Se nos dice que al hacerlo «nos perdemos en el momento», pero lo que realmente ocurre es que nos encontramos, que recordamos y nos reconectamos con nosotras mismas y con ELLA. Y cuando lo hacemos, nos convertimos en alquimistas que, al remover nuestro caldero, alteramos y transformamos nuestro ánimo y nuestra experiencia de un estado a otro.

Ese es el poder de ELLA en acción.

Nuestra vida es una deliciosa danza del templo en ofrenda a la Divinidad.

Todas las tradiciones ancestrales lo saben. Dondequiera que tengas la posibilidad de asomarte y ver qué hay detrás del actual ciclo patriarcal que estamos viviendo, encontrarás danzas —tribales, del fuego, extáticas— y todas se utilizan para entrar en comunión con ELLA en un estado alterado de conciencia femenina.

Pon la canción que más te guste de tu diosa moderna favorita y deja que ELLA se mueva a través de ti. No hay formas correctas ni incorrectas de hacerlo, solo ¡disfruta de la danza! Ten en cuenta que los movimientos pélvicos, especialmente en cuclillas, pueden hacer aflorar una ira, rabia o dolor profundos. Si ocurre, atrévete a sentirlos, estate con TODO, todo es parte de la danza. Esto ES SHE FLOW, el fluir de ELLA.

Bailar sola es genial, pero también sienta bien bailar en compañía, y por eso organizo sesiones de ELLA todos los meses coincidiendo con la luna nueva. En ese momento, me reúno con otras mujeres y hacemos *SHE Flow* juntas (con el cacao como aliado), nos entregamos a un profundo *yoga nidra*, el descanso radical, buscamos una visión, echamos una cabezada, compartimos experiencias.

Pero la mayor parte del tiempo, solo bailamos. Dejamos que nuestros cuerpos y ELLA se conecten y bailamos.

Reúnete con tus hermanas y amiguitas y bailad juntas. Vente a una sesión de *SHE Flow* (consulta la sección «Recursos», en la página 327), asiste a una clase de danza del vientre, o de los cinco ritmos, o de *Qoya*,* lo que sea que te invite a utilizar el movimiento como medio de conectarte directamente con ELLA y de expresarte en toda tu plenitud.

Un dato sobre mí que posiblemente no conozcas es que, en ocasiones, también bailo burlesque. Mi nombre artístico es Gypsy Star Fire (Gitana Estrella de Fuego) y me encanta lo que siento al bailar en el escenario. Le pregunté a mi amiga Sophia St. Villier, bailarina de *burlesque* y diosa pelirroja de la cabeza a los pies: «¿Qué conexión hay entre la diosa interior y el *burlesque*?».

---

* N. de la T.: Qoya, o la Danza Habitada, proporciona un mapa para acceder a tu sabiduría interior a través del yoga, la respiración y la meditación, expresando auténticamente la creatividad a través de la danza mientras disfrutas a través del movimiento sensual. (Fuente: www.lamujerhabitada.com)

MUSA DEL *IONI* - SOPHIA ST. VILLIER

Lo que me gusta del burlesque es que puede ser lo que tú quieras. Para mí, es salvaje, descarado, elegante, jocoso, glamuroso, refinado, divertido, indómito y muy, muy sexi. El burlesque es una celebración desinhibida del cuerpo. En los espectáculos de burlesque, se ve a las artistas deleitarse públicamente en el placer de lucir sus cuerpos, algo bastante fuera de lo común. Por ejemplo, hacer girar las borlas adheridas a las pezoneras moviendo los pechos quizá no sea lo que muchos consideran sexi en un sentido convencional, pero entraña un poder salvaje mover el cuerpo con tal aplomo, humor y habilidad. ¿Cómo puede eso no ser sexi? Para mí, la gran conexión entre el burlesque y el hecho de abrazar a la diosa que llevo dentro es que redefine el término sexi, tanto a nivel microcósmico como macrocósmico. Al terminar los espectáculos de burlesque y en las clases que imparto, muchas veces me preguntan: «¿Cómo puedo ser sexi?», o las mujeres me dicen: «Me gustaría ser sexi» o «Estoy demasiado (insertar calificativo) para ser sexi», todo lo cual me parece tristísimo. Muchas de ellas vienen a mis clases no necesariamente porque quieran subirse a un escenario y actuar, sino porque quieren encarnar la confianza y aceptación de su atractivo sexual de la forma en que una artista lo exhibe en el escenario, y luego aplicar ese aprendizaje en su vida. Me he dado cuenta de que tenemos colectivamente una idea de lo que es la sensualidad y de que no está en nosotras, como si fuera un club del que estamos excluidas. Pero no nos tomamos la molestia de definir lo que es para cada una de nosotras ser sexi.

Hacerlo, sin embargo, crea una conexión con la Divinidad. De repente nos vemos a nosotras mismas como la Diosa nos ve. Es una declaración de valía, de ser mujeres completas y de que nos importa un bledo lo que nadie piense. Personalmente, creo que no hay nada más sexi y hermoso que alguien que sonríe con el corazón. De solo pensar en una sonrisa así siento como si el corazón se me cubriera de oro. Tiene un poder primitivo el movimiento sensual. El burlesque no es una forma de danza normalizada, así que los movimientos que se enseñan varían dependiendo de la profesora. A mí me encanta enseñar movimientos de burlesque de la vieja escuela, como los «bumps 'n' grinds», que centran la atención en el segundo chakra y que sientan auténticamente bien. Si quieres probar a hacer un «bump» ahora mismo, ponte de pie, comprime el vientre (imagina que estás presionando el ombligo contra la columna vertebral) y haz un movimiento rápido y seco de caderas hacia la izquierda («bump»), como si estuvieras cerrando de golpe la puerta del coche.

Ahora vuelve a colocar las caderas en posición central y haz el mismo movimiento hacia la derecha, y cierra de golpe la puerta del coche imaginario que está a tu derecha. Si alguna vez vienes a una de mis clases, verás que dedicamos mucho rato a «cerrar puertas», ¡jajaja!

Un «grind» es un movimiento sensual y provocativo, y es mejor que lo hagas con una expresión pícara (como todos los movimientos de burlesque). Con las piernas un poco más separadas que la anchura de las caderas, se trata básicamente de que gires las caderas lentamente formando un gran círculo sobre la Madre Tierra que tienes debajo. Prueba a hacerlo al son de Mood Indigo, de David Rose, o de Real Gone, de Sam Taylor & His All Star Jazz.

Medicina menstrual

Mi abuela, la bruja gitana, y yo solíamos pasar mucho tiempo juntas en la cocina cuando yo era niña haciendo tinturas y pociones curativas. Cuando empecé a tener la regla, me hacía tomar una infusión para la premenstruación y el dolor menstrual, solo que yo no tenía dolores, en aquella época no, ¡y ella decía que era porque me tomaba la infusión!

Tenía toda la razón, porque cuando murió, uno o dos años después, dejé de tomarla y empecé a tener muchos dolores, que intentaba calmar a base de fármacos. Apuesto a que ahora está riéndose y diciendo: «Jaja, Looby Loo (así es como me llamaba), sabía que acabarías por aceptar que los métodos de toda la vida son los mejores». Ahora recurro constantemente a los métodos de toda la vida: sus recetas, remedios, hechizos y tinturas para..., en fin, para casi todo.

El brebaje de hojas de frambuesa y té de hibisco que usan las brujas gitanas es un remedio prodigioso para la matriz. En el mundo de la fitoterapia, las hojas de frambuesa roja se consideran la medicina por excelencia para la salud femenina. Los beneficios que se le atribuyen van desde el aumento de la fertilidad, la tonificación del útero, el alivio de los calambres, la irritabilidad y la depresión del síndrome premenstrual, hasta el aumento de la producción de leche después del embarazo. No es la panacea, pero casi.

La flor de hibisco se ha utilizado tradicionalmente en la India como ofrenda a la diosa Kali y también al dios Ganesha, y se emplea en ceremonias y rituales sagrados en Egipto, Sudán, Hawái y la isla Dobu, del Pacífico Occidental. Aparece en muchas recetas de tés para celebraciones lunares y en pociones de amor, ¡y en algunas regiones se prohíbe a las mujeres tomar infusiones de hibisco por su poder afrodisíaco!

La combinación de hojas de frambuesa y flor de hibisco es pura energía, y te recomiendo que tomes esta infusión en la segunda mitad del ciclo para aliviar los calambres y demostrarte amor a ti misma, pero en los últimos tiempos, experimentando con el cacao como planta maestra durante la premenstruación, he añadido la infusión gitana de mi abuela a la ceremonia del cacao peruana y, ¡oh, cielos! Esta potente combinación es una de las que ahora reservo para uso ritual en la *puja* y como ofrenda devocional a ELLA.

Infusión gitana de mi abuela

Vas a necesitar:
- 150 ml de agua caliente
- 2 cucharadas de flores de hibisco secas
- 1 cucharada de hojas de frambuesa secas
- 1 pizca de canela molida
- 1 cucharadita de sirope de agave (o al gusto)

Vierte el agua caliente sobre los ingredientes secos. Déjalo reposar durante diez minutos y luego añade el sirope de agave. Respira, descansa y disfruta.

El cacao

No puedo hablar de descanso radical, premenstruación y tiendas de ELLA, y NO hablar del chocolate, ¿verdad?

Ixcacao, cuya traducción literal es 'chocolate de ELLA', es la diosa de esa pegajosa delicia marrón. Es una exuberante, abundante y sexi diosa de la Tierra, y es TODOPODEROSA. Es femenina y feroz y, según mi experiencia, trabajar con ella te dará lo que necesitas, pero no necesariamente lo que crees que quieres.

Cada vez que entro en mi fase premenstrual, tomo su medicina. No es de marca Cadbury's, no es chocolate procesado, es cacao ceremonial crudo y es amargo. Lo derrito, y el estado de ánimo del momento dictará los ingredientes que elija mezclar con él: a veces chile, si necesito un poco de fuego, y a veces leche de coco y miel, si busco algo que me reconforte. Entonces entro en una relación divinamente deliciosa con ELLA, la diva del cacao.

El espíritu del cacao es un espíritu vegetal muy femenino, aliado tanto del corazón como de la matriz. Cuando trabajamos con él, pueden producirse una curación y una liberación profundas y deliciosas.

A menudo he invitado al *deva* del cacao a ser mi musa creativa y, mientras escribo esto, estoy siguiendo una dieta de cacao de siete días para conectar con mi fase premenstrual y sus necesidades. Durante la fase premenstrual, estoy tomando cacao como bebida ceremonial y alimentándome a base de vegetales porque quiero conectar con la naturaleza *asalvajadora* de esta fase, y deseo que el espíritu del cacao me lleve de la mano y me guíe mientras experimento.

Estoy probando un montón de recetas diferentes, pero la mezcla del té gitano de mi abuela y el cacao peruano es, con mucho, mi combinación favorita, y pienso usarla a partir de ahora para cada ritual y ceremonia. ¡TAN BUENA!

Cada mañana me siento delante de mi altar, la tomo y dejo que su medicina me guíe sobre lo que necesito saber. El cacao es un poderoso facilitador de la meditación, el yoga, la creatividad y la conexión. Cuando reúno a las mujeres en círculo para las ceremonias del cacao, es para vivir una experiencia de cuatro horas de duración que nos energiza hasta la médula. Una invitación a participar en una ceremonia de devoción a sí mismas y conectar con la mujer sabia y salvaje que hay en ellas, la que anhela profundizar, la que exige tener tiempo para ella, lejos de su familia y sus responsabilidades, para recibir plenamente. Es una poderosa y potente medicina de ELLA y me APASIONA compartirla. Como dice Frederick Shilling, fundador de *Dagoba Chocolate*:

**«Puedes obligar al cuerpo a abstenerse,
pero el alma necesita el chocolate».**

¿Te he contado, además, lo RICO que está?

Cacao de ELLA
Necesitarás:
150 ml de agua caliente
2 cucharadas de flores de hibisco secas
1 cucharada de hojas de frambuesa secas
1 pizca de canela molida
57 g de cacao ceremonial, picado y rallado
1 vaina de vainilla, sin semillas
1 cucharadita de sirope de agave (o al gusto)

Vierte el agua caliente sobre las flores de hibisco, las hojas de frambuesa y la canela, y luego añade el cacao. Déjalo reposar diez minutos o hasta que el cacao se haya disuelto. Por último, añade la vainilla y el sirope. Remueve bien y disfruta.

HERRAMIENTAS DE PAISAJISMO FEMENINO

La medicina de ELLA
• **Tócate. A menudo.** Los vibradores son estupendos, pero pueden desensibilizar tu experiencia sexual, así que

utiliza tus dedos y un buen lubricante orgánico, y explora, siente y sana tu paisaje de mujer.

- **Descansa.** Entrégate por entero a cada espiración, haz descansos regulares y disfruta de respirar, bailar, fluir con ELLA, tomarte una infusión y comer chocolate, en lugar de sentirte culpable o preocupada por lo que «deberías» estar haciendo.
- **Ama tu paisaje.** Reclama tu cuerpo y cambia lo que te cuentas sobre ti, crea un nuevo relato de quién eres que te resulte real, fortalecedor, enriquecedor y auténtico.

Mantra

Repite este mantra cada vez que necesites un recordatorio:

Estoy abierta a recibir.

Inicios de #ConversaciónSangrienta

Puedes utilizarlos como sugerencias para tu diario, cuestiones en las que profundizar, temas para un club de lectura o para un círculo de ELLA o, ya sabes, para iniciar una conversación sangrienta en los medios sociales con tus amiguitas o con una desconocida en el autobús...

- ¿Tienes ya una práctica organizada de cuidados personales que te fortalezcan por fuera y por dentro? ¿Qué te parecería crearte una?
- ¿Te permites recibir? Si no es así, ¿qué te lo impide? ¿Las expectativas de los demás? ¿Cómo sería entregarte entera a la espiración y vivir la vida desde AHÍ?
- Si te mostraras completa y asentada en tu poder, ¿qué pasaría?

Lee:

Betsy Blankenbaker, *Autobiografía de un orgasmo.*

Steve y Vera Bodansky, *Sobre el orgasmo.*

Mantak Chia, *La mujer multiorgásmica.*

Anita Diamant, *La tienda roja.*

Anodea Judith, *Cuerpo de Oriente, mente de Occidente.*

Anaïs Nin, *Delta de Venus.*

Conclusión

Un total *SHE BANG*

«Una mujer es el círculo completo. Dentro de ella está
el poder de crear, nutrir y transformar».
DIANA MARIECHILD

Cuando recuerdas lo que sabías antes de olvidar, cuando te reconectas con ello y vives reverenciando ese saber —que tu vientre es el santo grial, que es un portal de poder, oráculo y caldero de sanación—, puedes acceder plenamente a tu intuición, tu creatividad, conectarte con la fuente, con el poder de ELLA innato en ti.

Y, ¡joder!, es alucinante.

Por eso he escrito este libro, para recordarte que tú también recuerdes, te reconectes y reverencies lo que hay en ti.

Llevo más de una década dedicada al viaje de descubrimiento de ELLA guiada por mi matriz. He asumido plenamente que palabras como *bruja* y *sanadora* representan la verdad de quien soy, a pesar del miedo que tenía mi linaje materno a que lo hiciera.

He visitado lugares sagrados de todo el mundo, he recibido bendiciones del vientre, se me han transmitido antiguos ritos chamánicos y he aprendido las artes femeninas de María Magdalena, Isis y las sacerdotisas de los templos: los masajes del vientre, los misterios de la sangre, el placer sensual y extático, los rituales y el poder de la danza sagrada y la medicina sexual.

Me he formado como profesional de la salud menstrual, de la fertilidad y de la reproducción; como terapeuta de masaje abdominal y del vientre; como alquimista del cacao, y como profesora de yoga especializada en las partes femeninas y en los cuerpos femeninos.

Sigo teniendo útero y ovarios, a pesar del empeño de aquel tipo de bata blanca en «quitármelos». En la actualidad, prácticamente no tengo dolores, ¡hurra! Los únicos momentos en los que sufro es cuando dejo que el «ruido» de las expectativas y opiniones ajenas sobre cómo «debería» comportarme, o sobre las cosas de mí que necesitan «arreglo», se convierta en mi verdad; cuando no soy capaz de reconocer, asumir y manifestar la plena expresión de ser mujer: las emociones, la ira, el placer, la alegría, la rabia y todos los estados intermedios; cuando olvido o ignoro mi naturaleza cíclica y caigo en los viejos hábitos de «hacer vida de hombre», y trabajo más de la cuenta, socializo más de la cuenta y no tengo un minuto de respiro.

Si algo de ESTO sucede, ELLA se encarga de darme, con todo su amor, una patada en los ovarios cuando llego a la fase premenstrual. ¿Y sabes qué? Le estoy agradecida por el recordatorio. Estoy agradecida por la continua invitación a indagar: ¿por qué está sucediendo esto? ¿A qué me estoy aferrando? ¿De qué me cuesta tanto desprenderme? ¿A qué no estoy prestando atención? Pero sobre todo, estoy agradecida por el mapa que llevo incorporado, un mapa completo con señales de advertencia y superpoderes para avanzar por el territorio que es una mujer auténtica, completa y conectada.

Hablo con mi voz exterior sobre cosas que el patriarcado ha convertido en tabú. Me reúno con mujeres y las invito a traerlo todo: sus experiencias, su verdad, su rabia, sus lágrimas, sus palabras, sus vaginas cabreadas…, TODO. (Realmente, no debería ser un acto insólito que las mujeres compartan el espacio de esta manera, sin estructura, sin programa, con la sola intención de entregarse al fluir de la vida y recibir; pero lo es).

Si enseño y comparto cómo sanar nuestro paisaje de mujer y he creado el movimiento medicinal *SHE Flow*, es porque soy esencialmente una entusiasta del paisaje femenino (¡ja!, decididamente voy a hacer un pin *con este lema*), una mujer que quiere por encima de todo que nos masajeemos todas el tercer ojo y el clítoris simultáneamente y recordemos, reclamemos, reverenciemos nuestro feroz poder femenino y nos reconectemos con ELLA. Estoy fervientemente preparada para un mundo en el que todas recordemos que la verdad de quienes somos reside entre nuestros muslos, ¿y tú?

Cuando lo recordamos, podemos recomponernos. Echamos raíces fuertes, asumimos nuestro poder y ascendemos. Juntas.

Quiero, por encima de todo, la experiencia COMPLETA.

No únicamente los momentos destacados de las historias de Instagram, sino la sangre y las tripas de ser mujer: las partes caóticas, asombrosas, apasionadas, tristes, ardientes, rebosantes de placer, llenas de ira, valientes, extáticas, dolorosas, duras [*inserta aquí la palabra que quieras*], y también las partes geniales, las partes asquerosas y las partes «¡pero qué coño es esto!».

Quiero ver de verdad todo lo que el patriarcado nos ha hecho creer sobre nosotras y romperlo en pedazos. Y seguir rompiéndolo hasta que encontremos fuerza bruta en las heridas que hemos guardado en lo más profundo de nuestro vientre y la utilicemos para crear una medicina que sea nuestro apoyo individual, el apoyo de unas a otras y de nuestro fluir divino como mujeres en el mundo.

Sí, quiero un total y absoluto *SHE Bang*.

Y esa total explosión de ELLA se produce cuando eres capaz de vivir con plena confianza desde la sabiduría arraigada en tu matriz.

Eso significa que a veces lo que digas o hagas cabreará a la gente.

A veces no recibirás la aprobación externa que te han enseñado a intentar conseguir y a veces te sentirás muy sola.

Significa que a veces causarás suaves ondas expansivas y a veces provocarás terremotos.

A veces serás fuerte y a veces necesitarás que te sostengan en pie y te apoyen.

Sácalo todo y ámalo todo.

Ámate lo suficiente como para aceptar y acoger con entereza todo lo que supone ser una mujer salvaje, sensible, emocional, intuitiva, cíclica, como para dar la bienvenida a TODAS las emociones, sentimientos, fases y ciclos de la vida y amarlo. Es difícil.

Acógete con amor cada día, todos los días. Acoge en el espacio de tu matriz todas las caras y tonalidades de la mujer que eres sin dejarte ni una sola por ver o amar. La zorra, la provocadora, la manipuladora, la amante, la complaciente..., invítalas a todas. El poder de ELLA despertará en ti ante tu voluntad de estar con TODA tú.

Recupera la conexión con tu cuerpo

Es importantísimo que crees una relación con tu cuerpo y estés plenamente en él cada día. Es en él donde te encuentras cara a cara con ELLA y empiezas a conocer y asumir REALMENTE tu sabiduría y tu verdad. Así es como descubres que es seguro estar en tu cuerpo, disfrutar de estar en tu cuerpo, y que aprender a amar TODAS las partes de ti es la forma de recuperar tu poder.

Ponte las manos en el cuerpo, escúchalo, baila con él, camina con él, muévete con él en *SHE Flow*, di «es seguro estar en mi cuerpo» mirándote al espejo cada mañana, tócate, haz uso de la creatividad artística para honrar a tu *ioni*. Confía en todas las distintas formas que se te ocurran de reconectar con tu cuerpo y disfrutar de él.

**Ama el paisaje y el terreno
de tu cuerpo y ama a la
mujer que vive en él.**

Empápate de placer

Olvídate de las presiones, lo importante SIEMPRE es el placer. No es lo que nos han enseñado. Pero el placer no es algo que deberíamos buscar una vez que nos hemos ocupado de todo lo demás. Búscalo AHORA. Chapotea en él, baila en él, haz el amor en él. El placer es necesario.

Deja que ELLA te guíe

Deja que ELLA tome las riendas de tu vida. Escucha a tus labios vaginales, esa llamada interior que te dice «haz esto, ven aquí, quiero más de esto» y haz la prueba de hablar, vivir y actuar desde ESA verdad.

Confía en la voz de tu matriz, es tu intuición, y ELLA nunca miente. Te será más fácil oírla durante la segunda mitad del ciclo menstrual, y si aun así te cuesta, vete a dar un paseo por la naturaleza, hazle preguntas, inspira aire y energía a su interior. Después, haz la prueba de permitirte no dar explicaciones, disculparte ni entrar en razonamientos con nadie.

La sabiduría, las necesidades, los deseos y los guiños cósmicos dirigidos por ELLA son los que te llevan a convertirte en la mujer que REALMENTE has venido a ser.

Deja que tu ciclo menstrual sea tu musa

ELLA nos habla a través del cuerpo, y he descubierto que como más alto y claro se comunica es a través de nuestro ciclo menstrual. Sé que puede parecer que no es factible en el siglo XXI vivir en sintonía con las estaciones y con nuestro ciclo, pero esa es nuestra naturaleza de mujeres. Es nuestro superpoder. Y lo más importante, lo llevamos en la sangre y depende de nosotras recuperarlo.

Basta contemplar a Mamá Naturaleza coqueteando con cada estación para darse cuenta de que lo tiene muy claro; se deja llevar por el fluir de la vida, obedece a sus instintos, utiliza lo que necesita, deja atrás lo que no y empieza como nueva cada día y cada estación.

Todos los meses las mujeres hacemos magia. Durante la primera mitad de nuestro ciclo, somos capaces de adoptar el pensamiento lineal y «hacer» todo lo necesario en el exterior, y en la segunda mitad nos volvemos hacia dentro para encarnar, revisar, depurar y soltar lastre.

Dejar que el ciclo menstrual sea tu luz piloto y tu musa te da la valentía para creer en lo que sientes y responder en consecuencia. Dejar que la ancestral sabiduría cíclica femenina se despliegue y se convierta en un hilo conector rojo te guía hacia quien realmente eres. Una mujer brava y maravillosa, por si tenías dudas.

Confía en tu paisaje de mujer

La manera en que te presentas a la vida a diario está influida por tu paisaje femenino. Ese paisaje, la forma en que lo percibes en cada momento, es el pronóstico meteorológico externo e interno de ser mujer. Puedes comprobarlo cada mañana, antes de empezar el día. Vivimos en una sociedad lineal androcéntrica, que no concuerda con nuestra naturaleza cíclica, y el hecho es que SOMOS cíclicas.

Cuando recordamos que somos cíclicas, cuando recordamos que Mamá Naturaleza es nuestro espejo, empezamos a recordarnos y a reconectar con nosotras mismas.

Primero, ¿en qué etapa de la mujer estás?

- Doncella.
- Creadora (años menstruales).
- Mujer salvaje y sabia (perimenopausia).
- Guardiana de la sabiduría/ mujer madura/ anciana (posmenopausia).

Conoce tu etapa y hónrala, hermana.

Después, asómate a la ventana y contempla la estación del año en la que estás. ¿Es primavera, verano, otoño o invierno? La estación exterior que estés viviendo influirá en tu interior, así que procura comer de acuerdo con ella y, si es posible, aliméntate de productos que tú misma cultives, lo que significará que son los correspondientes a cada estación. Deja que salga tu espíritu de bruja y honra la Rueda del Año, los equinoccios y los solsticios: cuanto más conectes con Mamá Tierra y sus ciclos, más rica e intensa será la experiencia que vivas en la Tierra.

Si nos rindiéramos a la inteligencia de la Tierra,
creceríamos enraizados, como árboles.
Rainer Maria Rilke

A continuación, mira a ver en qué fase está la luna. Hoy, por ejemplo, está empezando a menguar, así que dejamos atrás la energía masculina lineal, de la que hemos participado durante las fases creciente y de luna llena, y entramos en la mitad femenina del ciclo lunar: las fases menguante y de luna nueva.

CONFIDENCIA SOBRE ELLA

Este día de transición puede ser un puto traidor si te pilla de improviso. Estamos programadas para creer que tenemos que «hacer» y producir y cumplir con nuestras obligaciones todos los días EXACTAMENTE de la misma manera para siempre jamás, pero las fases lunares nos muestran que donde hay luz hay oscuridad. Donde hay energía creciente, siempre hay energía menguante.

Luego, puedes ponerte superfriki y averiguar en qué signo zodiacal se encuentra la luna que estás experimentando. Yo uso una aplicación en el teléfono móvil que se llama «Iluna» (no hace falta registrarse, ¡me encanta!), que me dice en qué fase y en qué signo zodiacal está la luna en cualquier momento; eso sí que es brujería INSTANTÁNEA. Si te interesa de verdad la astrología, puede que ahora quieras ver qué significado tienen esos datos para tu carta astral personal. (Si encuentras una aplicación que hace *eso*, por favor dime cuál es).

Y LUEGO, si sangras todos los meses, estarás experimentando una de las cuatro fases:

- Preovulación (deja hecho todo lo que puedas).

- Ovulación (la reina del universo).
- Premenstruación (hechizada y peligrosa).
- Menstruación (déjate llevar).

Y la energía que trae CONSIGO también.

¡Uf!

ESTO es magia femenina.

Conocer el territorio de ELLA, tu paisaje de mujer, te ayudará a echar raíces en la experiencia de ser tú. Los cuerpos de las mujeres se mueven al compás de Mamá Naturaleza y de la luna, por lo que la mayor parte del tiempo nos sentimos en el mundo como pez fuera del agua. Conectarte con el territorio de ELLA te reconectará contigo y con tu cuerpo para que seas CAPAZ de dejar que tu naturaleza salvaje y libre empiece a vibrar en ti y a expresarse plenamente.

Fue una revolución para mí, y hubo momentos en los que pensé que estaba como una puta regadera.

Lo bueno es que no tienes por qué hacerlo todo de golpe en este mismo instante, vete practicando. No hay nada de malo en que sea así. NUNCA ha habido nada de malo.

Como mujeres, no nos faltan látigos que nos fustiguen. Recibimos los fuertes latigazos genéricos de la sociedad patriarcal, los que nos dan nuestras parejas, los miembros de nuestra familia, nuestros compañeros de trabajo, pero los latigazos más crueles y lacerantes de todos son los que nos damos a nosotras mismas, repetidamente, a diario.

Hasta ahora, cada día intentas desenvolverte en un mundo que está configurado de arriba abajo por y para la especie masculina: enfocado en conseguir objetivos, definido, consistente, así que cada vez que tratas de funcionar dentro de él sientes como una bofetada un «no sirvo para nada, soy una inútil».

Yo creo que tenemos derecho a enfadarnos por esto. El Vikingo suele decir que la ira no arregla las cosas, pero ¿sabes qué? A él, como a la mayoría, le han enseñado a pensar que una mujer enfadada es peligrosa e incontrolable y, aunque no me tiene miedo, sin duda alguna teme *por* mí, por cómo se ha representado en el mundo a una mujer furiosa. Sin embargo, la ira consciente, la ira justa, es el fuego que puede quemar TODA esta mierda hasta los cimientos.

Siente a Kali Ma en cada célula de tu ser, echa los látigos al fuego alquímico y deja que arda todo.

Todo. De. Todo.

La comparación, el miedo a lo que otros piensen de ti, la idea fantasiosa de lo que «debería» ser.

Todo. De. Todo.

Cuántos «me gusta» has recibido en las redes sociales, el ritmo frenético, los modelos de negocio lineales, la idea de que el deseo de placer es «egoísta» o «una flaqueza».

Todo. De. Todo.

Quémalo TODO hasta los cimientos.

Cuesta mucho mantenerse despierta a todo esto, pero tienes un arma secreta que es tu capacidad de sentir.

Tu capacidad de conectarte una y otra vez con tu cuerpo y con tus emociones, con TODAS LAS EMOCIONES, no solo las agradables, sino también las que son como un revolcón en el barro, las emociones descarnadas, sucias, de vulnerabilidad, de ardor, las emociones que escuecen, y exprésate desde AHÍ.

Sé sincera y veraz sobre lo que es vivir desde ahí.

Expresa, exterioriza lo que sientes, hermana, enséñale al mundo que tienes ovarios, y quema, nena, quema. Hay un antiguo proverbio que dice: «Decidieron enterrarnos, pero no sabían que éramos semillas». Nosotras ÉRAMOS esas semillas y ahora estamos echando raíces directamente desde la matriz y hundiéndolas en Mamá Tierra.

Somos fuertes, estamos enraizadas.

Cada vez que te descubras odiando alguna parte de tu cuerpo, comparándote con una hermana, permitiendo que se cree una separación entre tú y tu cuerpo, entre tú y otra mujer, cada vez que pienses que alguien lo está haciendo mejor que tú, respira hondo, pon los pies descalzos en la tierra y hunde los dedos para conectarlos con la placa madre.

Es hora de *remembrar* a la Diosa que el patriarcado desmembró.

Enraízate para elevarte, hermana.

Muéstrate en tu totalidad. Con el vómito de tu hijita que está enferma estampado en la delantera de la camisa, sin nada resuelto, con rabia, con ira, con preguntas, sin adoptar un aire imperturbable. Porque cuando te muestras entera y *re*membrada, otra hermana al verte se da permiso para mostrarse también así. Cuando en cualquier momento y circunstancia declaramos nuestra condición, cuando somos sinceras, cuando en vez de escondernos detrás de la información escrupulosamente seleccionada que compartimos en las redes sociales dejamos que nuestro coño diga su verdad, todas, una a una, cortamos las ataduras energéticas que nos han esclavizado, que nos han hecho sentirnos insignificantes y nos han impedido confiar en nuestra sabiduría radical.

Andar, danzar, vivir el camino liderado por ELLA no es fácil, es una constante revelación de lo no conocido, y tendrás que reafirmar a diario tus raíces para amar tu paisaje de mujer, pero damita, ha llegado el momento.

Enraízate con fuerza para ascender

Quiero compartir contigo la comunicación directa que recibí de ELLA en el templo de Hagar Qim, en Malta, y que finalmente me inspiró a escribir *Amar tu paisaje de mujer*:

Soy desde el principio de los tiempos, desde antes incluso.
Guardo secretos, innumerables secretos que conservo conmigo
en la clandestinidad del mundo subterráneo.
Pero me levantaré. Me levantaré con poder. No con fuerza bruta, sino con
fuerza enraizada: haré descender energía del cielo y de las estrellas, sacaré
energía de la tierra y me levantaré por mediación tuya.
Seré fuerte en ti.
Solo te pido que estés abierta a recibir.
Que te permitas estar completamente cargada de ELLA.
Descansa.
Sueña.
Muévete.
Suda.
Llora.
Baila.
Permítelo y recíbelo todo.
Tendrás que enfrentarte a las creencias y formas de percibir
de los demás, pero sobre todo a las tuyas. Cuando la oposición que
encuentres sea tan fuerte que te haga tambalearte, pon los pies
en Mamá Tierra y respira. Respira hondo.
Permítete confiar en que sabes.
Sabes exactamente lo que tiene que ocurrir a continuación.
Sabes exactamente lo que se te pide.
Sabes exactamente lo que necesitas remember por el bien de TODAS.
Confía en ti.
Confía en lo que sientes que es verdad.

¿Estás preparada?
Por favor, di que estás preparada.
Confía en tu matriz.
Extiende tus raíces para elevarte y brillar.
Ha pasado ya demasiado tiempo y me estoy poniendo
de mal humor aquí abajo.

TODAS somos *chicas llamada*.
La decisión es nuestra.

Ceremonia de cierre

La vela sigue encendida en estos momentos en que la ceremonia de la que hemos participado juntas está llegando a su fin. Te invito a que sacudas los brazos y las piernas, des unas vueltas y muevas el cuerpo antes de permitirte encontrar la quietud, ya sea sentada o de pie, con las palmas de las manos hacia arriba.

Imagina a todo tu linaje de mujeres de pie detrás de ti, un linaje que se remonta hasta el principio de los tiempos. Imagina a cada una de ellas sosteniendo una hebra de hilo rojo y luego imagina a tu madre, en un acto de puro amor, rodeándote con el hilo rojo la cintura mientras su voz, y la de todas las abuelas que te han precedido, dice:

Te amamos, amamos a la mujer que eres,
honramos y reconocemos tu poder. No temas hacerte
ver ni hacer oír tu voz. En el espacio de tu matriz
tienes cuanto necesitas. Eres amor, eres digna de
amor, eres una mujer amada. Estamos contigo.

Haz una respiración abdominal sonora, larga y profunda.

Ahora te toca a ti decirte:

«Amo a la mujer que soy. Honro y reconozco mi poder.
No temo hacerme ver ni hacer oír mi voz. En el espacio
de mi matriz tengo cuanto necesito. Soy amor, soy digna
de amor, soy una mujer amada. Estoy conmigo».

Inspira profundamente de nuevo y deja que la energía entre y eche raíces desde tu matriz, a través de los muslos, bajando hasta los pies y saliendo por cada dedo de los pies hasta llegar a la placa madre.

Eres una mujer para ti misma. Eres amor, eres digna de amor, eres una mujer amada.

Así... Sea...

CONFIDENCIA SOBRE ELLA

Para esos momentos en los que necesites un recordatorio, arranca esta página o, si te pasa como a mí y la idea de arrancar una página de un libro te produce un escalofrío de la cabeza a los pies —y no un escalofrío de placer precisamente—, fotocópiala, escanéala o escríbela con tu mejor letra y pégala en el ordenador, en el espejo del baño, en tu diario, haz un meme y cuélgala en las redes sociales o ponle la mano encima y recítala como si fuera una oración, porque..., bueno, de alguna manera lo es.

- Valora tu vagina.
- Bebe agua.
- Vive las aventuras a las que te guíe tu matriz.

- Escribe tú la historia de quién eres.
- Atrévete a compartir lo que sientes, piensas y ves. (Y nunca tengas miedo a cambiar de opinión).
- Confía en la sabiduría de tu cuerpo.
- Ocupa el espacio que necesites.
- Toma posesión de tus superpoderes cíclicos y úsalos bien.
- No tengas miedo a enfadarte. La ira consciente es necesaria.
- Tócate. A menudo.
- Recuerda que cuando la respuesta no es «¡claro que sí!» es «no». Actúa en consecuencia.
- Haz descansos regulares para bailar.
- Recuerda que tus ovarios son relámpagos de magia femenina.
- Honra todo lo que es ELLA.
- Ama apasionadamente.
- «Sangra» en cualquier decisión importante.
- Extiende tus raíces para estirarte y brillar.
- Evita las duchas vaginales y a los gilipollas.

Recursos

La ELLA descarada (*The SASSY SHE*)

thesassyshe.com es un sitio web de sabiduría ancestral, feroz y femenina, lunar y menstrual traducida a términos comprensibles, relevantes, devocionales y divertidos para las mujeres que navegan por el mundo moderno.

The SASSY SHE está dedicada a ayudarte a descifrar tu código de mujer utilizando el *SHE Flow* (yoga, danza sagrada y prácticas, rituales y ceremonias ancestrales para la salud menstrual) para que puedas aprovechar los superpoderes de cada fase del mes y los utilices para crearte una vida alucinante. Punto.

Si te ha gustado de verdad lo que has leído en este libro y quieres seguir profundizando, puedes probar a «fluir con ella» en los programas o clases de *SHE Flow* en Internet, en tutorías individuales, talleres y retiros.

Sanación y bienestar para tus partes femeninas

womansoul.co.uk te proveerá de hierbas para tus vaporizaciones del *ioni*, con instrucciones detalladas sobre cómo utilizarlas de la fabulosa Em Tivey.

fertilitymassage.co.uk es un sitio web dedicado al masaje tera-péutico que aporta armonía y equilibrio a las zonas reproductiva, digestiva y sacra.

earthbodymama.squarespace.com está dedicado a la sanación femenina del planeta.

El paisaje femenino desde dentro

beautifulcervix.com celebra la belleza y los misterios del cuerpo de la mujer y la fertilidad.

thelunarwomb.com te invita a experimentar el ciclo lunar como una relación dinámica tuya personal con la luna.

theriteofthewomb.com presenta el 13.º rito del Munay-Ki y te permite saber dónde encontrar al guardián o guardiana de la ma-triz más cercano. Si estás en el Reino Unido, te gustará saber que yo ofrezco el rito en todos los talleres de *Red Reconnection* (pági-na 183) y de *SHE Flow* (página 327).

mymoontime.com es una aplicación increíble que rastrea tu po-tencial energético femenino.

daysy.me pone a tu disposición un monitor de fertilidad y una calculadora de ovulación. Es la alternativa a los anticonceptivos hormonales que yo he elegido.

Brillantes productos menstruales ecológicos

honouryourflow.co.uk
holysponge.net
gladrags.com
lunapads.com
moontimes.co.uk

Al paisaje de mujer le encanta

jessgrippo.com, *coach* de creatividad y danza afincada en Nueva York y una auténtica leona con tutú.

theherosoul.com facilita experiencias de caminar sobre el fuego, con Lisa y Rich Lister.

facebook.com/thecrystalstudios es donde mi compañero creador de mandalas de matriz te proporcionará cristales de cuarzo de la mayor calidad y al mejor precio para que disfrutes de sus beneficios.

Ama tu paisaje de mujer: que empiece la exploración

Mi mayor deseo es que este libro signifique un despertar para tu coñito y sea el principio de una larguísima aventura con tu paisaje femenino. Estos son algunos recursos que pueden ayudarte a navegar y seguir explorando el terreno:

loveyourladylandscape.com

Conoce a las musas del *ioni*, descárgate listas de reproducción y prácticas de *SHE Flow* y visita la tienda de lubricantes orgánicos, espejos de mano y vulvas de peluche. Sí, como lo oyes. También encontrarás detalles de las clases, talleres y retiros de *Amar tu paisaje de mujer* y *SHE Power*.

Herramientas de paisajismo femenino (https://lisalister.com/lady-landscape-tools)

A lo largo del libro explico un montón de prácticas de respiración, movimiento y *nidra*, así que he preparado un «juego de herramientas» que puedes descargar de forma gratuita, con vídeos de instrucciones y hojas para imprimir. Y sí, también hay una vagina para colorear. ¿Se puede pedir más?

SHE Power - el curso en línea

Si lo que has leído te ha dejado con ganas de seguir aprendiendo a amar tu paisaje de mujer, te va a ENCANTAR el curso de *SHE Power*, una inmersión de veintiocho días en tu *ioni* que despertará en ti gratitud, reverencia y un amor feroz por tu matriz, tu cuerpo y tu poder.

#loveyourladylandscape

Comparte el amor por tu paisaje de mujer (me encantaría verte ahora leyendo el libro, haciendo representaciones artísticas del *ioni* o coloreando tu vagina) utilizando la etiqueta **#loveyourladylandscape** (o #amatupaisajede-mujer) en los medios sociales.

Sobre la autora

Lisa Lister es una experta en menstruación que, guiada por ELLA, se dedica a ayudar a las mujeres a descifrar el código secreto que entraña su cuerpo y a amar sus órganos femeninos.

Pertenece a la tercera generación de un linaje de brujas gitanas y es la fundadora de *SHE Flow*, una invitación a celebrar a través del movimiento, el masaje, los misterios menstruales y la magia el placer ferozmente sensual de ser mujer.

Lisa es una *chica llamada*, y por eso experimenta la vida momento a momento. Más que empeñarse en conseguir resultados concretos, lo que le importa es estar presente, mostrarse, elevar el corazón y los pechos al sol y estar abierta a las infinitas posibilidades que se presentan cuando colaboramos con ELLA: la Divina, la Diosa, la Amiga Universal del Alma.

Lisa viaja con ELLA al límite, y te llama a descubrir la sabiduría que conecta tu ciclo menstrual con los ciclos de la luna y de la

Madre Tierra para que tú también camines, bailes y rujas al límite con ELLA.

Luce además preciosos tatuajes y *piercings*, y tiene una particular habilidad para escoger los complementos.

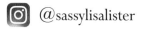 @sassylisalister

thesassyshe.com
loveyourladylandscape.com